KB270054

맥킨지
비밀수업

맥킨지 비밀수업

15년간 단 600명에게
허락된 리더십 교육

THE JOURNEY OF LEADERSHIP

다나 마오르 · 한스-버너 카스 · 컬트 스트로빈크 · 라미쉬 스리니바산 지음

박세연 옮김

문학동네

차례

2부 자신을 넘어서기

글로벌 CEO들이 은밀히 털어놓는 '리더의 고뇌'

코로나-19 팬데믹의 확산을 한 발 앞서 파악하고 발 빠르게 움직인 것으로 알려진 제약회사 모더나의 최고경영자, 스테판 방셀. 전례 없는 상황 앞에서 본인의 판단이 한 치라도 잘못되었을 경우에는 기업의 명운을 좌우할 수도 있었습니다. 그럼에도 그는 반대를 무릅쓰고 조직을 과감하게 정비하여 백신 10억 회분의 생산을 주도했으며 결과적으로 기업뿐 아니라 인류의 역사에 큰 획을 그었습니다.

그저 지나간 시대의 영웅담이라 생각할 수도 있지만, 이 사례가 던지는 메시지는 오늘날에도 여전히 유효합니다. 한 치 앞을 예측하기 어려운 불확실성의 시대, 이럴 때일수록 리더의 판단과 행동, 그리고 설득력에 매겨지는 가치는 큽니다.

하지만 리더십에 대한 기대치가 높아지는 반면, 현실의 리더들은 이 중압감 앞에서 당황하거나 때로는 물러서기까지 합니다. 실제로 조사에 따르면 전 세계 리더 중 80퍼센트 이상이 자신이 새로운 리더십 역할에 준비되지 않았다고 답변했습니다.

이런 고민을 함께 하기 위해 맥킨지는 '바우어포럼Bower Forum'이라는 CEO 프로그램을 운영하고 있습니다. 현재까지 세계 각국의 600명 이상의 최고 경영자들이 참여해서 각자의 리더십 여정과 경험을 나누고, 서로의 도전과 고민을 해결하는 장으로 활용해왔습니다.

이 책은 바우어포럼 프로그램의 익명성 안에서 CEO들이 털어놓은 고뇌, 이에 대한 공감과 분석, 나아가 맥킨지의 코치들이 제안하는 해결의 실마리를 소개하고 있습니다. 이론이나 전략에 머무르지 않고, 구체적 경험에서 우러나온 생생한 사례들로 구성되어 있습니다. 리더의 길을 고찰하며 끊임없이 앞으로 나아가고자 하는 여러분에게 영감을 전달하는 매개체가 되기를 진심으로 바랍니다.

송승헌, 맥킨지 한국오피스 대표

| 일러두기 |

• 단행본과 잡지 등은 『 』로, 논문 등은 「 」로, 게임, 영화 및 TV 프로그램 등은 〈 〉로 표기했다.
• 인명, 지명 등의 외래어 표기는 국립국어원 외래어표기법을 따랐으나, 회사명, 제품명 등은 일반적으로 통용되는 표기가 있을 경우 이를 참조했다.

북부 캘리포니아의 어느 화창한 날, 다양한 산업 분야에서 활동하는 CEO들이 기다란 창문으로 푸른 언덕이 내려다보이는 쾌적한 회의실에 모였다. 그러나 이들이 이곳에 온 목적은 와인 산지로 유명한 지역의 화창한 날씨와 풍광을 즐기기 위해서가 아니었다. 바쁜 일정의 연속으로 평소에는 엄두조차 못 냈던 CEO들은 큰맘먹고 뭔가를 배우고 개발하기 위해 이곳에 왔다. 그런 그들의 이야기를 들어본다면 아마도 깜짝 놀랄 것이다. 맥킨지앤드컴퍼니McKinsey & Company가 주최한 CEO 리더십 개발을 위한 바우어포럼Bower Forum 프로그램의 일환으로 이뤄진 이번 모임은 언제나 그렇듯 전략과 운영, 재무, 인사 등 경영자들의 관심이 높은 다양한 주제에 대한 논의로 시작되었다. 이들의 대화는 얼마 지나지 않아 이 모임에서만 찾아볼 수 있는 특별한 사안들에 관한 토론으로 흘러갔다.

한 유명 생명공학 기업의 CEO는 미래를 내다보며 조직을 이끌어나가는 과정에서 자신이 얼마나 큰 어려움을 겪고 있는지 토로했다. 무엇보다 이사회의 힘이 막강했다. 이사들은 기업의 방향과 관련해서 저마다 다른 의견을 피력했다. 그가 과감한 변화를 추진하려 할 때마다 이사회는 그를 다른 방향으로 밀어붙였다. 그는 혼란스러운 상황에서 자신의 결정을 강력히 밀고 나가지 못했다.

바우어포럼 모임에 참석한 CEO들은 그에게 그가 가진 기술과 지식, 비전에 관한 질문을 던졌다. 이 책의 공저자이자 바우어포럼의 코치인 라미쉬는 참석자들에게 그 CEO가 뛰어난 역량과 전문성을 갖추고 있음에도 불안을 느끼고 있는 이유에 대해 생각해보도록 했다. 라미쉬는 당시를 떠올리며 이렇게 말했다. "사업에 얼마나 투자했는지, 그리고 자신이 한 약속이 무엇인지, 투자자와 환자 들에게 얼마나 많은 관심을 기울이고 있는지 한번 생각해보라고 그에게 말했죠."

그 생명공학 기업 CEO는 자신의 생각을 조금씩 털어놓기 시작했다. 그리고 자기 자신을 이해하고, 자신의 장점을 파악하고, 편향을 없애고, 다른 사람의 말에 귀를 기울임으로써 이해관계자들에게 그들이 원하는 가치를 가져다줘야 한다는 사실을 깨달아갔다. 모임이 끝나갈 무렵에는 참석자들 모두 그 CEO에게서 완전히 달라진 모습을 봤다. 그는 자신을 깊이 이해하고 자신에 대한 확신을 갖고 과감하게 의사결정을 내리는 사람이 되어 있었다. 이후 그가 세계무대에서 기업을 재무적, 과학적 차원에서 가장 성공적인 조직으로 이끌어나가게 된 것은 결코 우연이 아니었다.

우리는 맥킨지의 시니어 파트너로서 그 생명공학 CEO와 같은 리더 수백 명과 협력하고 있다. 이들 대부분은 포천 글로벌 500대 기업이나 앞서가는 비영리단체를 이끌고 있다. 우리 두 사람, 즉 한스-버너와 라미쉬는 맥킨지 바우어포럼의 CEO 리더십 개발 프로그램의 공동 학장을 맡고 있다. 지난 십 년간 우리는 이틀에 걸쳐 열리는 바우어포럼 행사를 통해 500명이 넘는 세계 최고의 CEO와 비즈니스 리더들(이들이 관리하는 직원 수를 모두 합치면 1천3백만 명에 달한다)이 각자의 개인적, 직업적 도전 과제를 정면으로 바라보도록 만들어왔다. 이 책의 다른 공저자인 다나는 맥킨지의 인사 및 조직 프랙티스People & Organizational Performance Practice의 글로벌 공동 대표 및 유럽 책임자를 맡고 있다. 그리고 여러 조직과의 협력을 통해 리더와 인재를 발굴하는 일을 하면서 바우어포럼 코치로 활동하고 있다. 또다른 공저자인 컬트는 맥킨지 글로벌 CEO 이니셔티브 Global CEO Initiative를 이끌면서 뛰어난 CEO와 CEO 고문을 키워내는 일을 하고 있다. 바우어 프로그램은 맥킨지가 리더십을 주제로 추진해온 연구의 결과로 탄생했다. 약 3천 명의 맥킨지 파트너들은 전 세계 7천 곳에 달하는 기업 고객과 협력하고 있다. 우리는 바우어 프로그램을 통해 많은 CEO에게 맥킨지의 리더십을 잘 보여주는 최고의 사례를 제시하고 자기 자신을 새롭게 창조하는 검증된 접근 방식을 소개한다. 이 책을 함께 쓴 우리 네 사람은 바우어포럼에서 많은 CEO를 만나고 맥킨지 컨설턴트로 활동하면서 배운 모든 지식을 독자 여러분께 전달하고자 한다.

우리는 오랫동안 최고의 리더들이 자기 자신을 이해하고 돌아보는 방법을 배워나가는 모습을 지켜봤다. 그들은 액셀러레이터를 밟아야 할 때 오히려 브레이크를 밟는 자신의 심리적 패턴을 바라본다. 그런데 이러한 성향은 아이러니하게도 그들을 지금의 자리에 오르게 만든 행동과 습관에서 비롯되었다. 우리는 이 책에서 리더들이 업무적으로 또 개인적으로 자기 자신을 새롭게 창조하도록 만드는 단계별 접근 방식을 소개한다. 이는 그들을 심리적, 감정적으로 변화시키고 궁극적으로 자신을 최고 수준에 오르지 못하게 가로막는 리더십의 인간적인 측면을 바꿔나가는 여정이다.

우리는 경험 많은 리더들이 재정적인 치밀함과 전략·조직적 관리, 체계적 사고와 같은 모든 경영 기술과 더불어 스스로 확신과 열정을 갖추고 있음에도 성공의 비전을 실질적인 조직 성과로 이뤄내지 못하고 직원들의 열정을 자극하지 못한다는 사실을 목격하고 난 뒤, 가장 먼저 리더십의 인간적인 측면에 주목했다. 이 리더들은 강인한 전사의 외침으로 조직을 이끈다. 그러나 누구도 그들을 따르지 않는다. 직원들은 열정이나 활력 없이 시키는 일만 기계적으로

할 뿐이다.

우리는 무엇이 이처럼 뛰어난 리더들을 가로막고 있는지 깊이 있게 분석하고 난 뒤, 그들이 내면의 심리적 차원에서 자아와 연결되어 있지 않으며, 마찬가지로 직원들과도 연결되어 있지 않다는 결론에 도달했다. 바우어포럼 프로그램을 비롯하여 우리가 주최한 다양한 맥킨지 리더십 개발 행사에 참석한 이들 모두 논리적이고 실질적인 리더십의 기술이 무엇인지, 그리고 어떻게 그 기술을 획득할 수 있는지 잘 알고 있었다. 그런데 우리가 어떻게 합리적이면서도 인간 중심적인 리더가 될 수 있는지 물었을 때, 다시 말해 자기 자신을 잘 이해하고 공감 능력이 뛰어나며 겸손하고 신중하게 생각하고 자신의 약점을 그대로 드러내고, 이를 통해 직원들에게 열정을 불어넣음으로써 유연하면서 균형 잡힌 리더가 될 수 있는지 물었을 때, 그들은 이러한 개인적인 자질을 개발할 수 있는 방법을 구체적으로 설명하지 못했다. 우리는 설문조사를 통해 바우어포럼 참석자의 57퍼센트가 개인적인 과제를 해결하기 위해 프로그램에 참석했다는 사실을 확인했다. 그러한 개인적인 과제에는 인간적이고 다재다능한 리더로 성장하는 것, 그리고 강력한 리더십으로 조직을 이끄는 것이 포함되었다. 이 수치는 전략을 집중적으로 공부하기 위해 참석했다고 답한 비중보다 훨씬 더 높은 것이었다(자세한 설문조사 결과는 358~360쪽 참조). 인간적인 리더로 성장하는 과정은 대개 많은 도움이나 지침 없이 이뤄진다. 최고라 여겨지는 리더

중 몇몇은 그런 자질이 타고나는 것이라고 말한다. 또 어떤 리더들은 뛰어난 개인 코치를 만나는 행운이 따라야 한다고 말한다. 그러나 보다 진실되고 인간 중심적인 리더가 되기 위한 구체적인 지도를 제시한 사람은 아무도 없었다. 그래서 우리는 바로 이 책에서 그 일을 하고자 한다. 다시 말해 자신들의 내면을 탐험하는 리더들의 여정을 자세히 묘사하고 설명하면서 체계적으로 정리해보고자 한다. 이것은 자신의 팀, 나아가 거대한 조직을 이끌어가는 과정에 지속적인 영향을 미치는 주요한 지침이 될 것이다.

리더십의 여정은 복잡하고 미묘하다. 우선 개인적인 성장이 요구된다. 리더들은 끊임없이 배우고 듣고 사람들에게 열정을 불어넣고 관심을 쏟으면서 자기 자신을 리더로서 새롭게 개발해나가야 한다. 리더십은 뛰어난 CEO로서 끝없는 과제들을 수행해낼 뿐만 아니라, 한 인간으로서 자기 자신을 이해하고 계속해서 발전해나갈 때 얻을 수 있다. 즉, 자기 자신과 다른 사람을 변화시키는 것, 그것이 핵심이다. 동시에 인간 중심적인 리더가 되는 접근 방식을 채택하는 것도 이에 포함된다.

하지만 경영자 대부분이 리더십의 이러한 개인적 측면에 대해 충분히 고민하지 않는다. 다나는 이렇게 지적했다. "몇 달 동안 CEO들과 함께 그들이 고민하는 주제, 즉 전략과 실행 및 평가 기준에 관해 이야기를 나눴습니다. 그 과정에서 문화와 리더십의 의미, 그리고 그것이 마땅히 조직에 미쳐야 할 영향에 대해서도 살펴봤습니다. 하지만 그 주제는 우리의 공식 프로그램의 작은 일부에 불과합니다. 우리가 프로그램을 통해 만난 지 일 년이 지나서 한 CEO가 이런 말을 하더군요. '우리의 파트너십 덕분에 다양한 변화가 가능했습니다. 그중에서도 가장 중요한, 그리고 우리의 운영방식을 완전히 바꿔놓은 전환점은 일 년 전 함께 저녁을 먹고 산책하며 나눴던 대화였어요. 그날 당신은 조직 문화에 대해, 그리고 문화적 여정에서 조직에 영감을 불어넣기 위해 제가 인간으로서 어떻게 변화해야 할지 깊이 고민해보라고 말씀하셨죠. 그때 초점이 바뀌면서 무엇부터 시작해야 할지 깨달았습니다.'"

우리가 맥킨지에서 일을 시작했을 때 세상은 지금과는 많이 달랐다. 투자자와 이사회, 비즈니스, 언론 모두 제왕적 CEO를 숭배했다. 세상 사람 모두가 세상보다 더 거대해진 제너럴 일렉트릭의 잭 웰치와 크라이슬러의 리 아이아코카를 알았다. 모두가 인정하는 강인하고 성과 중심적인 이러한 리더들은 TV 토크쇼에 종종 출연하고 베스트셀러 책을 썼다. 직원들은 그를 떠받들었고 그가 한 모든 말을 가슴에 새겼으며 그가 모든 해답을 알고 있다고 믿었다. 그리고 오직 그러한 리더만이 중요한 결정을 내릴 수 있었다.

그러나 이제 이러한 제왕적 CEO의 시대는 끝났다. 그렇다. 물론 일론 머스크나 마크 저커버그 같은 리더는 지금도 헤드라인을 장식하고 인터넷 밈의 주인공으로 활약하고 있다. 하지만 이제 그들 혼자 할 수 있는 일은 없다. 그래서 그들은 뛰어난 경영자와 투자자, 혁신가를 곁에 두고 있다. 오늘날 리더는 새로운 지평을 열어가야 한다. 과거의 권위적인 리더들처럼 모든 해답을 알고 있는 척할 필요가 없다. 리더가 명령을 내리고 계획을 발표하면 모두가 일사불란하게 움직이는 시대는 저물었기 때문이다.

이제 리더를 위한 성공의 공식은 신호를 인지하는 것이다. 리더는 자신이 보내는 언어적, 비언어적 신호와 그 의미를 이해해야 한다. 그리고 자신의 감정과 항상 연결되어 있고 자신이 사람들과 어떻게 교류하는지 이해하면서 진정성 있게 행동해야 한다. 가치를 높이기 위해 듣고, 실험하고, 다른 이들에게 배우면서 상충하는 과제와 단기적, 장기적 목표 사이에서 균형을 잡고 다양한 이해관계자의 요구를 계속 고려해야 한다. 또한 팀원과 직원 들이 열정과 확신을 갖고 성과를 올리고 조직에 기여하게 만들어야 한다. 최고의 리더는 이러한 인간 중심적인 기술, 그리고 자신을 최고 자리에 오르게 만든 이성적인 기술 사이에서 균형을 잡아나간다. 이는 새로운 리더의 모델이다. 리더의 자격이 있는 사람은 조만간 다른 사람을 이끄는 것만큼 자기 자신을 이끄는 노력 역시 중요하다는 사실을 깨닫는 순간에 직면하게 된다. 그리고 바로 그 순간 그들은 '당연히' 되어야 한다고 믿었던 전통적인 리더에서 벗어나 인간적인 리더십으로 무장한 새로운 리더로 거듭난다. 이제 그들은 계속해서 배우고 자신에 대한 요구를 조금씩 충족시켜나가면서 담대한 비전을 실현하기 시작한다.

리더는 외로운 자리다. 오늘날 많은 리더가 급박하게 돌아가면서 끊임없이 진화하는 비즈니스 세상에서 표류하고 있다고 느낀다. 비즈니스 세상은 너무나 변덕스럽고 복잡하고 애매모호하다. 맥킨지에서 가장 오래 일한 글로벌 경영 파트너이자 20세기에 제임스 맥킨지와 함께 기업의 정체성을 일구어낸 마빈 바우어는 이렇게 말했다. "CEO가 되기 위한 유일한 훈련 방법은 직접 CEO가 되어보는 것입니다." 리더십 컨설팅 기업 DDI^{Development Dimensions International}가 발표한 연구 결과에 따르면, 전 세계 리더 중 83퍼센트가 새롭게 맡은 리더십 자리에 준비가 제대로 되어 있지 않다고 느낀다고 한다.[1] 사실 그 결과는 그리 놀랍지 않다.

최근 들어 리더십의 개념은 더욱 겸손하고 개방적인 쪽으로 변화하고 있다. 그 이유는 주변 환경이 그렇게 요구하기 때문이다. 리더십의 개념이 빨리 변화하면서 기존의 검증된 리더십 지도가 점점 쓸모없어지고 있다. 수익 창출은 이제 필요조건이지 충분조건이 아니다. 오늘날 리더는 디지털 전환과 인플레이션, 글로벌 공급망 붕괴, 인력 희소성, 다양성 부족, 사이버 보안, 기후변화는 물론, 직원들 사이에서 나타나고 있는 목적의식 추구와 같은 여러 복잡한 사안을 모두 알고 있어야 한다. 아무리 똑똑하거나 유능한 리더라도 모든 과제를 혼자서 처리할 만큼의 경험과 지식, 역량을 갖출 수는 없다는 뜻이다. 이러한 사실을 고려할 때 CEO의 위상이 점차 위태

로워지고 있는 것은 어찌 보면 당연한 일이다. 경영자 연봉 관련 데이터를 제공하는 기관인 이퀼라에 따르면, 2013년에서 2022년 사이 S&P 500 기업들의 평균 CEO 임기는 6년에서 5년 이하로 20퍼센트 정도 짧아졌다.[2]

오늘날 조직 내에서 인간적인 리더십의 중요성이 높아진 데는 한 가지 이유가 있다. 인공지능AI과 생성형 인공지능GenAI이 업무 환경에 빠르게 확산하는 가운데 소프트웨어가 앞으로 계속해서 개선된다면 시장분석과 프로젝트 관리, 예산 수립, 고객 서비스, 의사결정, 사실 확인 등 반복적이고 분석적인 관리 업무가 점차 AI 알고리즘으로 넘어갈 것으로 보인다. 그럴 때 계산과 계획 수립, 일정 조율 등에 경쟁력이 있는 기존 리더들은 일자리를 위협 받게 될 것이다. 앞으로 훌륭한 리더를 구분하는 기준은 직원들에게 목적의식과 열정을 불어넣고 자신이 어떤 존재이며 무슨 생각을 하고 무엇을 느끼는지에 관심을 기울여주는 인간적인 리더십 역량이 될 것이다. 오늘날 많은 근로자는 업무에 필요한 기술적, 분석적 도움을 AI 솔루션으로부터 쉽게 구할 수 있다고 생각한다. 시장조사 기업인 포텐셜 프로젝트가 실시한 설문조사에 따르면, 많은 근로자가 특정한 리더십 역량이나 업무 관리에서 인간 상사보다 AI를 더 신뢰한다고 한다.[3] 상사에게 무시나 괴롭힘을 당하지 않고도 업무를 처리할 수 있다면, AI를 마다할 이유가 어디 있겠는가?

하지만 AI 기술만 활용한다고 높은 성과를 올릴 수 있는 것은 아니다. 직원들은 리더에게서 발전의 기회와 경험, 관심, 지혜를 얻고자 한다. 구체적으로 말하자면, 최고의 기업은 리더십이 관리의 단계를 넘어서 인간적인 요소까지 수용할 수 있어야 한다는 사실을 이해한다. 이들 기업은 AI의 분석 기술을 차용함과 동시에 조직을 새로운 차원으로 끌어올려줄 최고의 인간적인 기술을 모두 지닌 인물을 리더의 자리에 앉힌다. AI는 두 가지 도움을 준다. 첫째, 분석적, 기술적 업무를 지원하거나 대체함으로써 리더가 리더십의 인간적인 요소에 더 많은 시간을 투자하도록 해준다. 둘째, 분석적, 성과 중심적 기술을 통해 어떻게 내면으로부터의 리더십을 발휘하고 있는지 피드백을 지속적으로 전달함으로써 인간 중심적인 리더십의 영향력을 강화한다.

재무적 성과와 AI/생성형 AI, 그리고 인간 사이에서 균형을 유지하려는 리더십 접근 방식은 CEO에게 업무적인 성공만이 아니라 실질적인 보상을 가져다준다. 인적자원에 대한 효과적인 관리가 곧바로 수익 창출로 이어지기 때문이다. 2023년 맥킨지 글로벌 연구소MGI, Mckinsey Global Institute는 15개국에 걸쳐 여러 산업 분야에서 활동하고 있는 1천 8백 곳의 대기업을 대상으로 설문조사를 실시했다.[4] 이에 따르면, 재무 성과와 '동시에' 인적자원 개발에 집중한 기업들은 장기적으로 높은 성과를 기록한 직원들을 1.5배 더 많이 붙잡아뒀으며 이익 변동성은 절반가량 낮은 것으로 드러났다. 그리고 코로나 전염병 기간 동안에도 수익성이 안정적으로 이어졌으며 매

출 증가 속도는 재무 성과에만 주목했던 기업들보다 두 배 더 높은 것으로 나타났다.[5]

　우리는 이 책에서 CEO들이 어떻게 개인적, 조직적 변화를 통해 자기 자신을, 그리고 다른 사람을 이끌고 있는지 들여다볼 것이다. 배움과 성장, 그리고 자신을 새롭게 바꾸는 것은 내면의 성찰에서 시작된다. 그리고 이 책에서 소개하는 CEO들 역시 자신이 누구인지, 그리고 무엇을 추구하는지에 대한 진지한 탐구로 그 여정을 시작했다. 그들의 이야기는 그 과정에서 무엇을 배웠는지, 그리고 그러한 깨달음을 현실 세상에 어떻게 적용했는지를 들려준다. 우리는 바우어포럼을 통해서 이와 같은 많은 이야기를 접했다. 일반적으로 바우어포럼 모임에서는 서로 경쟁 관계에 있지 않은 3~5명의 CEO가 깊은 관계를 형성하고 각자의 경험과 포부를 개인적인 차원에서 함께 공유하고, 다양한 주제와 관련해서 서로 도전 과제를 제시하면서 '내면으로부터의 리더십'에 관한 조언을 나눈다. 포럼에 참석한 CEO들은 모두 채텀하우스 규칙Chatham House Rule(회의 내용은 공개해도 되지만 누가 참석했는지 발설해서는 안 되는 규칙—옮긴이)을 준수한다. 그래서 공식적인 태도는 내려놓고서 자신이 하는 일을 잘 이해하는 동료들과 허심탄회하게 이야기를 나눈다(이 책에서 소개하는 이야기 모두 참석자들로부터 허락을 구했고 필요한 경우에는 가명을 사용했다). 바우어포럼에서는 맥킨지의 몇몇 시니어 파트너가 코치 역할을 맡고 두 명의 경험 많은 전직 CEO가 공동으로 프로그램을 진행한다(바우어포럼의 진행방식에 관한 자세한 설명은 부록 361쪽 참조).

이 책에서는 다음과 같은 깨달음을 자세히 살펴보고자 한다. 이 것들은 바우어포럼뿐만 아니라 맥킨지가 추진하는 리더십 프로그램을 통해 이끌어낸 것이다:

- 한 언론 기업 CEO는 누구도 자신에게 부정적인 소식을 전해서는 안 된다는 고정관념을 깨뜨리기 위해 조직 내 직급을 막론하고 "진실을 말하는 사람들"을 키워나갔다.
- 한 여성 CEO는 용기를 내서 자신이 남성 지배의 산업에서 활동하고 있다는 사실을 인식했다.
- 한 제약 기업 대표는 딥러닝 기술을 활용해서 코로나 전염병의 심각성을 예측하고 이를 통해 조직 전체가 새로운 백신 생산에 뛰어들도록 만들었다.
- 한 대규모 재단의 대표는 끊임없이 자신의 능력을 의심하는 가면증후군impostor syndrome을 극복했다.
- 미국의 특수작전부대를 이끈 한 해군 장성은 효율적으로 의사결정을 내리기 위해 팀원들이 사전에 수립한 계획에 집착하기보다 작전 지역에서 일어나는 변화에 따라 대응할

수 있도록 훈련을 진행했다.

- 한 대형 병원 원장은 조직을 효과적으로 이끌기 위해서는 직원들과 감정적인 차원에서 연결되어야 한다는 사실을 깨달았다.
- 한 제조 기업 CEO는 자신을 낮추고 직원을 가족처럼 대우함으로써 조직의 방향을 성공적으로 전환했고 덕분에 한 명의 해고도 없이 2008년 금융위기를 넘길 수 있었다.
- 자동차 부품을 생산하는 기업의 CEO는 직원들에게 동기를 부여하는 과제, 그리고 목표를 달성하도록 압박해야 하는 과제 사이에서 까다로운 심리적 균형을 유지함으로써 기업을 세계적인 브랜드로 키워냈다.
- 우주항공 및 방위산업 기업의 경영자는 급변하는 세상을 헤쳐나가는 과정에 필요한 신기술을 개발하기 위해 다양한 역량을 확보하는 방법을 배웠다.
- 자동차 부품을 생산하는 글로벌 기업 CEO는 자신의 경영 팀을 지도하기에 앞서 팀원들의 인생 이야기와 개인적인 문제를 듣기 위한 시간을 마련했다.

우리의 리더십 프로그램은 두 부분으로 구성된다. 1부는 자기 자신을 이끌어나가기 위한 심리적, 감정적, 인간적 측면에 집중하는 단계로, 우리는 이를 "자신으로부터 시작하기It Starts with You"라고 부른다. 다음으로 2부는 팀을 이끌고 조직을 구축하는 리더의 인간적인 측면에 주목하는 단계로, 우리는 여기에 "자신을 넘어서기Moving beyond Yourself"라는 이름을 붙였다. 여기서 우리는 이러한 질문을 던진다. CEO는 어떻게 내면으로부터 이끄는 방법을 배울 수 있을까?

1부에서 우리는 내면의 자아에 귀를 기울이고 자신이 만든 장벽과 편향을 극복하도록 도움을 준다. 정말로 성취하고 싶은 게 무엇인가? 이를 위해 어떤 가정(자기 자신에 대한 가정을 포함해서)을 세워놓고 있는가? 여기서는 자신이 지금 처해 있는 상황을 객관적으로 평가한다. 우리는 리더가 자신에게 무엇이 필요한지 이해하고, 리더로서 자신에게 조언을 줄 수 있는 이해관계자들로 이뤄진 네트워크에 진지하게 귀를 기울이도록 도움을 준다. 이를 통해 리더는 자기 자신을 더 깊이 이해하고 되돌아볼 수 있다. 다음으로 보다 인간적인 리더십 접근 방식을 받아들임으로써 서로 모순되는 주장들을 다루고 단호하면서도 유연하게 의사결정을 내릴 수 있게 지침을 주는 분명한 내적 나침반을 발견하도록 도움을 준다.

CEO는 어떻게 '내면으로부터 리더십'을 배울 수 있을까:
인간 중심적인 리더십 접근 방식

	1부 내면으로부터 이끌기 자신으로부터 시작하기	2부 내면으로부터 이끌기 자신을 넘어서기
	❶ 겸손 ❷ 확신 ❸ 이타심 ❹ 취약성 ❺ 회복탄력성 ❻ 유연성	❼ 목표 내재화하기 ❽ 용기를 불어넣기 ❾ 권한을 위임하기 ❿ 진실을 말하도록 격려하기 ⓫ 두려움 없이 배우기 ⓬ 공감을 불어넣기

> 리더십의 여정은 계속되어야 한다
> 지속적인 새로운 개발을 위한 자신만의 공간 발견하기

『맥킨지 비밀 수업』 2부에서는 열정을 끌어올리고 자신을 깊이 이해하고 1부에서 개발한 인간 중심적인 리더십 요소를 활용함으로써 직원들의 잠재력을 실현하고 조직 내에서 긍정적인 변화를 이끌어내는 과제에 대해 이야기한다. 다시 말해 리더가 직원들의 내면의 자아를 이끄는 법을 이해할 때, 비로소 직원들과 팀, 조직을 내면으로부터 리드할 수 있는 준비가 된다. 여기서 우리는 조직 내에

서 진정한 변화를 추진하는 과정에서 리더로서의 역할을 실천하는 방법을 들여다본다. 그리고 당신은 변화를 추진하기 위해 팀원들이 혁신적인 계획에 적극적으로 동참하도록 만들고, 힘있는 자에게 진실을 말하도록 격려하고, 또한 예기치 못한 상황이 발생했을 때 유연하게 대처하고 목적의식을 갖고 비즈니스 성공을 위해 달려가도록 만드는 법을 배우게 될 것이다.

우리는 냉철하고 분석적인 리더십 기술을 포기하라고 말하지 않는다. 핵심은 그러한 기술과 부드러운 리더십 기술 사이에서 균형을 잡는 것이다. 가령 프로 테니스 선수를 떠올려보자. 그는 포핸드와 백핸드, 서브 등 모든 기본적인 스트로크를 완벽하게 구사한다. 그리고 그런 기술적인 역량과 더불어 유연성과 강인한 정신, 상대의 장단점을 파악하는 능력을 고루 갖추고 있다. 기술적 역량만 뛰어나다고 중요한 토너먼트 대회에서 우승할 수는 없다.

이 책의 공저자이자 바우어포럼의 코치인 한스-버너 카스는 서로 모순된 것처럼 보이는 접근 방식 사이에서 균형을 잡는 경영자의 능력이 최근 많은 관심을 받고 있다고 말한다. 한 리더십 프로그램에 참가한 CEO들은 기업 전략에 대해 확신을 드러내는 방식, 그리고 기존 계획에 의문을 던지고 계속 수정해나가도록 직원들을 독려하는 방식 사이에서 균형을 유지하기 힘들다고 토로했다. 그리고 바우어포럼에 참석했던 한 CEO는 이렇게 말했다. "그처럼 고유한 문화와 역량을 개발하는 것이야말로 우리 조직에 꼭 필요한 과제입니다.” 한스-버너와 함께 코치로 일하는 파트너이자 미국 특수작전 부대 사령관을 지낸 해군 장성 출신인 에릭 올슨은 리더십 프로그램 참가자들에게 최고의 리더는 다양한 역량을 골고루 갖추고 있으며 상황에 대한 이해를 바탕으로 다양한 접근 방식을 시도한다고 설명한다. CEO는 마땅히 치밀한 계획에 완전히 집중해야 하지만, 최고의 리더라면 동시에 변화하는 외부 및 내부 상황에 따라 끊임없이 계획을 수정할(때로는 완전히 새롭게 바꿀) 수 있어야 한다. 올슨은 해군 시절 그랬듯이 포럼 참가자들에게도 이렇게 강조한다. “지도와 지형이 일치하지 않을 때는 당연히 지형을 따라야 합니다.”

한스-버너는 이러한 접근 방식을 바탕으로 바우어포럼에 참석한 많은 CEO에게 다섯 가지 균형 잡기 기술에 대해 설명한다.

뛰어난 리더는 다음 두 가지 역량 사이에서 균형을 유지한다

1. 자신의 행동에 대한 확신 ‘그리고’ 신속하고 창의적이고 객관적인 재평가와 배움을 통해 새로운 아이디어와 접근 방식을 발견하기(원래 계획에 대한 수정도 포함할 것).
2. 주주를 비롯한 모든 이해관계자의 요구를 충족시키기. 그리고 재무 성과 달성하기.
3. 조직의 관리자로서 책임을 다하기, 그리고 때로 과감하게 결정하고 철저한 계산 아래 위험을 감수하면서 기회가 왔

을 때 재빨리 움직이기.

　4. 팀을 통제하기, 그리고 팀원들에게 자율적인 권한을 위임하기.

　5. 업무적인 철저함, 그리고 인간적인 접근 방식.

오늘날 리더는 성공하기 위해 이처럼 모순되는 요구에 잘 대처해야 한다. 겸손하면서 결단력 있고, 부드러우면서 강하고, 신중하면서 대담하고, 관대하면서 집요하고, 확신과 더불어 변화를 기꺼이 받아들여야 한다. 스콧 피츠제럴드는 『무너져 내리다』에 이런 말을 남겼다. "최고의 지성을 가늠하는 기준은 두 상반된 생각을 동시에 품고서 자신의 기술을 발휘할 줄 아는 능력이다."

이 책에서 우리의 궁극적인 목표는 CEO를 비롯하여 재무 성과를 달성해야 하는 많은 리더가 내면의 비전과 리더십 역량을 실현하도록, 다시 말해 개인과 조직의 다양한 성장 가능성을 파악하고 모든 이해관계자에게 폭넓은 영향력을 행사하도록 만드는 것이다. 우리는 명령과 통제에 익숙한 경영자들이 직원들에게 권한을 위임함으로써 조직과 협력하는 인간적인 리더이자 파트너로 성장하도록 도움을 주고자 한다. 그리고 자기 확신으로 지배하고 통제하려는 리더들이 빠르고 깊이 있게 배우고 깨달음을 얻도록 만들고자 한다. 또한 마지막으로 다양한 관점으로 세상을 바라보면서 가장 좋은 버전의 진정한 자아로 거듭나기를 바란다.

세계 최고의 CEO들이 리더십의 인간적 요소가 중요하다는 사실을 깨닫고 자기 내면으로 들어가 그러한 역량을 개발한다면, 우리의 접근 방식은 다양한 분야에서 활동하는 많은 리더에게 틀림없이 도움을 줄 수 있을 것이다. 우리는 당신이 내면으로부터 시작하는 접근 방식을 바탕으로 자기 자신과 팀, 그리고 조직 전반을 변화시킴으로써 인간 중심적인 뛰어난 리더이자 자기 자신과 조직 전반, 더 나아가 많은 사람에게 열정을 불어넣는 롤모델로 거듭나기를 겸허한 마음으로 소망한다.

1부

자신으로부터 시작하기

겸손
Humility

이 방에서
제일 똑똑한 사람은 당신이 아니다

독일 프랑크푸르트에서 열린 바우어포럼 행사에서 한 아시아 IT 대기업의 CEO는 이사회와의 관계에서 많은 어려움을 겪고 있다는 이야기를 들려줬다. 그 이사회의 의장은 20년간 그 조직에서 CEO를 지낸 인물로 실제로 회사를 최고의 브랜드로 만든 장본인이었다. 그런데 문제는 이사회 의장이 여전히 경영에 깊숙이 관여하고 있어 자신이 권한을 행사하는 과정에서 많은 어려움을 겪고 있다는 것이었다. CEO는 내부적으로 중대한 변화가 필요하다고 느끼고 있었지만 조직을 장악하고 있는 의장의 동의를 끌어내기가 쉽지 않았다. 그는 꼼짝달싹할 수 없는 상황이라고 생각하면서도 자신의 스승이기도 한 의장의 신임을 계속 얻고 싶다는 마음에 혼란을 겪고 있었다. 그날 모임에 참석했던 또다른 CEO는 이렇게 말했다. "혼자 힘으로는 할 수 없습니다. 이사회 의장과 협력하려면 무엇보다 그를 잘 파악하고 이사회 내부에서 누가 그에게 영향력을 행사할 수 있는지, 그리고 누가 그의 진정한 친구인지 알아내야 합니다. 그런 인물을 만나서 의장의 생각에 영향을 미칠 수 있는 방법을 논의해보세요." 그러자 처음 이야기를 꺼낸 CEO는 기업 지분의 약 30퍼센트를 보유중인 인도네시아 투자펀드가 의장과 가까운 관계를 맺고 있어서 그의 생각에 영향을 미칠 수 있을 것이라 했다. 그러나 그는 그 투자펀드에 아무런 인맥이 없었다. 포럼에 참석한 다른 CEO들은 그에게 인도네시아로 가서 그 투자펀드의 펀드매니저들을 개인적으로 만나 분기 실적을 보고하라고 조언했다. 이후 그 CEO는 실제로 그런 방식으로 투자펀드 관계자들을 알게 되었고 자신이 구상하는 조직의 변화를 의장과 함께 추진해나갈 수 있도록 도움을 청했다.

모임에 참석했던 또다른 CEO는 논의 중간에 이런 말을 했다. "일단 의장의 생각을 파악했다면 솔직한 대화를 나누면서 자신의 전략 계획을 뒷받침해주는 증거를 제시해보세요. 하지만 단번에 생각을 바꾸려 하지는 마세요. 자신의 계획을 여러 가지 소규모 계획으로 나누고 여러 차례에 걸쳐 하나씩 제시하면서 이렇게 말씀하세요. '지금 상황에서 제 생각은 이렇습니다.' 그러고는 다음에 다시 더 많은 이야기를 나누고 싶다고 하세요. 그렇게 그를 설득할 때까지 계속해서 노력을 이어나가세요."

이후 몇 달 동안 그는 자신의 내면을 들여다보면서 혼자서는 지금 상황을 헤쳐나갈 수 없다는 결론에 이르렀다. 그리고 투자자와 의장의 친구 등 많은 사람을 찾아가 의장의 생각은 무엇인지, 그에게 어떻게 접근하면 좋을지 조언을 구했다. 결국 조직 내 두 경쟁자는 기업 전략을 놓고 서로의 생각을 주고받았고 마침내 함께 손잡고 조직을 발전시켜나갈 수 있었다.

아시아 IT 대기업 CEO의 이야기는 바우어포럼 프로그램의 첫번째 요소에서 도움을 얻은 좋은 사례다. 그 CEO는 자신이 처한 상황을 객관적으로 들여다봤고, 이를 통해 자신이 지금 상황에서 벗어나지 못하고 있으며 혼자서는 해결책을 찾을 수 없을 것이라는 결론에 도달했다. 그리고 다른 사람의 조언에 귀를 기울이고 도움을 줄 사람들을 찾아 나서야 한다고 생각했다. 이후 그는 이사회 의장과 협력하기 위한 자문 네트워크를 조직 외부에 구축했다. 처음에는 혼자 문제를 해결하기 위해 애썼지만, 다른 CEO들로부터 피드백을 얻고 나서 혼자서는 불가능하다고 판단했다. 언제나 자신이 방안에서 가장 똑똑한 사람일 수는 없다는 사실을 깨달은 것이다.

이 CEO의 사례가 잘 보여주듯이 개인적인 변화는 언제든 가능하다. 그는 자신을 평가하는 충분한 시간을 갖고 난 후 개방적이고 겸손한 태도로 경영팀과 외부 관계자, 이사회, 그리고 비즈니스 인맥이 넓고 의장의 생각을 잘 알 법한 이들을 찾아가 조언을 구했다. 그렇게 그는 절대 끝나지 않을 배움의 여정을 시작했다. 그것은 다른 이들에게 먼저 다가가 그들의 조언에 귀를 기울이는 용기 있는 여정이었다.

CEO들이 바우어포럼을 찾는 한 가지 중요한 이유는 고립과 고독의 상황에서 벗어나기 위해서다. 고독을 좋아하는 사람은 없다. 그러나 조직의 맨 꼭대기에 오르면 고독을 경험할 수밖에 없다. 리더의 자리에 오른 사람은 으레 제일 똑똑한 사람처럼 행동하기 때문에 누구도 선뜻 말을 걸지 않는다. 그리고 누구도 잘못을 지적하거나 나쁜 소식을 전하려 하지 않는다. 한 『뉴요커』 만화에서 CEO가 팀원들에게 이렇게 말한다. "저는 제 실수를 누구보다 더 적극적으로 인정할 것입니다. 제게 잘못을 지적할 만큼 충분히 멍청한 사람이 여기 있다면 말이죠."[6]

CEO들은 불안을 느끼거나 자신이 없을 때 종종 "한 단계 위"로 올라가려고 한다. 자신이 중요한 인물이라고 스스로 설득함으로써 불안감을 떨쳐버리기 위해서다(반면 최고의 리더들이 어떻게 "한 단계 아래"로 내려서서 팀워크를 다지는지는 나중에 다시 살펴보도록 하자). 그들은 한 단계 위로 올라서서 자신은 우월하고 똑똑하다고 말한다. 이러한 최면에 빠진 리더들은 대개 오만한 사람이 아니지만 자신이 모든 결정을 내리는 것이 자기 역할이라고 믿게 된다. 그러나 사실은 그렇지 않다. 워런 버핏의 측근이었던 전설적인 투자자 찰리 멍거는 이런 말을 했다. "똑똑하고 성실한 사람도 자신감 과잉에 따른 재앙에서 자유로울 수 없습니다. 자신은 누구보다 뛰어나며 해답을 알고 있다는 자기 평가에 집착할 때, 그는 스스로 선택한 힘든 항해에서 좌초되곤 합니다."[7]

한 단계 위로 올라서려는 것은 CEO들의 인간적인 속성이다. 그들은 불안감에서 벗어나기 위해 그렇게 본능적으로 움직인다. 팀원들이 CEO가 자신 있게 움직이고 모든 해답을 알고 있기를 기대하는 경우도 있다. 그럴 때, 리더는 직원들에게서 권한을 빼앗고 때로 위협적인 모습을 보일 수 있다. 팀원들은 CEO에게 모든 걸 맡기고 그가 해법을 내놓을 때까지 기다리게 된다. 한 언론기업 CEO는 토론 과정에서 까다로운 주제가 등장하자 혼자서 장황하게 이야기를 늘어놓으면서 문제를 해결하려는 모습을 보였다. 그러나 이러한 태도는 다른 사람들에게 위협적으로 보일 수 있다. 자신의 이러한 모습을 제대로 인지하지 못하는 이유는 이러한 방식으로 지금까지 많은 보상을 받았기 때문에, 그리고 긍정적인 감정을 느꼈기 때문이다. 그래서 CEO들은 자신의 에너지를 어떻게든 마구 분출하려고 든다.

하지만 역사가 말해주듯 자신이 제일 똑똑한 사람처럼 행동하는 태도는 치명적인 결과로 이어진다. 나폴레옹 보나파르트는 뛰어난 군사 전략가이자 정복자였지만 자신이 제일 똑똑하다고 믿었기 때문에 부하들의 조언을 들으려 하지 않았다. 1812년 그는 부관들의 경고를 무시하고 유럽 정복을 위해 러시아를 반드시 침략해야 한다고 결정했다. 그러나 그 전투에서 나폴레옹의 병력은 매서운 한파와 적군의 거센 저항으로 무너지고 말았다. 러시아로 진격할 당시 61만 2천 명이 넘었던 나폴레옹의 군대는 전투가 끝나고 11만 2천 명밖에 살아남지 못했다. 무적이라는 나폴레옹의 명성도 함께 사라졌다.[8]

자신이 모든 해답을 알고 있길 다른 이들이 기대한다는 생각은 함정에 불과하다. 그건 비즈니스 세상에서 가장 심각한 결과로 이어지는 믿음이다. 1970년대에 전 GM 경영자 존 들로리언은 들로리언 모터 컴퍼니를 설립했다.[9] 그리고 스테인리스 차체를 기반으로 미래지향적인 디자인의 스포츠카를 개발했다. 차문이 마치 갈매기 날개처럼 위로 젖혀지는 모델이었다. 들로리언은 카리스마와 획기적인 아이디어로 유명했지만, 동시에 다른 사람의 말을 듣지 않는 오만함으로도 유명했다. 많은 이가 비즈니스의 속도를 늦추라고 경고했지만(자동차 생산은 시작하기에 대단히 까다로운 비즈니스다) 그는 공격적으로 투자를 이어나갔다. 결국 들로리언의 스포츠카 개발은 재무위기를 맞이하면서 파산으로 끝나고 말았다.

우리는 바우어포럼에 참석한 리더들에게 이 사례를 염두에 두고서 자신의 태도를 솔직하게 정의해보도록 했다. 언제나 해답을 알고 있다고 생각하는가? 상대의 이야기가 끝나기 전에 끼어드는가? 회의실에 들어서기 전부터 이미 대답을 마음속에 정해놓고 있는가? 다음으로 우리는 이러한 비생산적인 태도를 수정할 수 있는 방법에

맥킨지 비밀 수업

대해 함께 논의해보도록 했다. 그리고 방안에서 제일 똑똑한 사람처럼 행동하기를 멈추고 다른 사람들의 주장과 아이디어에 마음을 열 때 일어날 수 있는 최악의 상황이 무엇인지 생각해보도록 했다. 다른 사람의 이야기에 '정말로' 귀를 기울인다면? 자신의 세계관과는 완전히 다른 이야기를 듣는다면? 그럴 때 무엇을 잃어버리게 될까? 오늘날 급변하는 비즈니스 상황에서 리더가 던져야 할 질문은 자신이 무엇을 알고 있는가가 아니라, 무엇을 더 알아야 하고 어디서 그것을 알아낼 수 있는가다. 그리고 이 말은 자신의 생각을 정당화하는 기술이 아니라 다른 사람의 말에 진정으로 귀를 기울이는 기술을 개발해야 한다는 뜻이다.

최고의 리더는 자신이 모든 해답을 갖고 있지 않다는 사실을 인정하고 주변 사람에게 자주 질문하면서 그들의 대답에 귀를 기울인다. 남의 말을 듣는 것은 쉬운 일처럼 보이지만 지금껏 오랜 경력에 걸쳐 단호함과 통제력, 확신을 통해 보상을 받았던 고위 경영자에게는 대단히 힘든 기술이다. 물론 CEO 자리에 오른 사람들 대부분 똑똑하지만, 그럼에도 그들의 진정한 가치는 거시적으로 바라보는 고유한 관점, 그리고 서로 떨어진 점을 연결해서 다양한 관점을 포괄하는 역량에서 비롯된다. 그리고 리더의 역할을 잘 수행하기 위해서는 개인의 경험과 지혜를 다양한 방식으로 활용해야 한다. 즉, 한 단계 위로 올라서는 것이 아니라, 신중하게 듣고 생각하며 근본 원인과 그 의미를 적극적으로 모색해야 한다. 또한 새로운 길을 보여주거나 반대 의견을 제시하고 새로운 관점을 받아들이도록 설득하는 자문들의 그룹을 만들어야 한다. 최고의 리더는 안전지대를 벗어나 두려움 없이 배우고 깊숙이 자리잡은 기존의 가정과 믿음에 언제든 의문을 던질 준비가 되어 있다. 간단하게 말해서, 그는 자신이 방안에서 제일 똑똑한 사람이 아니라는 사실을 이해한다.

그런데 한 가지 의문이 떠오른다. 그렇다면 누구의 말에 귀를 기울여야 할까? 그건 어떤 문제를 해결하고자 하는가에 달렸다. 일반적으로 조직 운영이나 업무 절차를 개선하고자 한다면, 부하직원들, 그리고 때로는 두세 단계 아래 직급 관리자들에게 귀를 기울여야 한다. 그리고 전략 방향이나 중요한 인사 선택과 관련해서는 이사회와 자신이 신뢰하는 투자자들의 이야기에 주목해야 한다. 또한 변화가 대규모로 일어날 때면 소비자와 고객의 이야기에도 주의를 기울여야 한다. 제품이나 서비스 관련 문제를 해결하고자 한다면, 당연히 소비자의 이야기를 들어야 한다. 사회적인 사안이나 기업의 사명에 관한 문제라면, 직원들을 비롯하여 비즈니스 운영의 기반이 되는 공동체의 이야기에 주목하는 노력이 언제나 도움이 된다. 어느 경우든 간에 다양한 관점에 주목하면서 상대가 들려주는 이야기는 물론, 그의 어조와 몸짓과 같은 미묘한 신호에 숨은 의미를 파악해야 한다.

무엇보다도 리더는 새로운 아이디어에 열린 태도를 보여줘서 자신의 권한을 만들어갈 수 있다. 이사회와 투자자를 비롯한 여러 이해관계자를 설득하여 자신의 전략을 실행할 수 있는 권한을 위임하도록 만드는 것이다. 누구도 CEO에게 무슨 일을 하라고 말하지 않는다. 어떤 권한을 행사해야 할지 아는 것은 CEO의 몫이다. 주주 자본주의 시대에서 CEO는 소비자와 직원, 투자자 및 사회 전반, 그리고 가족과의 관계에서 자신의 권한을 확고히 해야 한다. 그리고 아무런 편향이나 선입견 없이 마음을 열고 사람들의 말에 귀를 기울여야 한다. 여기서 우리가 말하는 '내면으로부터의 마음가짐inside-out mindset'이 도움이 된다. 리더는 내부자로서 기업을 바라보는 관점, 그리고 마치 외부자가 기업의 문화와 현재 상황, 유산을 이해하듯 기업을 들여다보는 관점 사이에서 적절한 균형점을 찾아야 한다.

최고의 리더는 처음부터 이러한 질문을 던진다. "나의 권한은 무엇인가?" 그리고 광범위한 이해관계자 집단으로부터 해답을 구한다. 그들이 조직의 내부자로 오랫동안 머물렀고 무엇이 필요한지 잘 알고 있다고 해도 마찬가지다. 또하나 중요한 점은 리더의 역할이 시간에 따라 변화한다는 사실을 이해하는 것이다. CEO 임기 초반에는 무시하고 넘어갈 경우 위기로 이어질 수 있는 몇몇 중요한 사안에 주의를 기울여야 한다. 그러고 나서 어느 정도 자리를 잡으면, 기업 혹은 더 광범위한 시스템을 변화시키기 위해 자신의 권한을 강력하고 폭넓게 구축할 기회를 찾아야 한다.

CEO는 자신의 역할을 고민하고 권한을 행사하는 과정에 걸림돌이 되는 구체적인 사안에 대해 생각함으로써 많은 도움을 얻을 수 있다. 사람들의 말에 귀를 기울이고 기꺼이 자신의 생각을 바꿀 수 있다는 의지를 드러내 보임으로써 여러 이해관계자로부터 자신의 권한에 대한 승인을 얻을 수 있다. 그러한 노력이 없다면 아무리 선의를 갖고 변화를 추구하더라도 조직 전반이 의지를 보이지 않거나, 이사회가 협조하지 않거나, 투자자들이 비전에 동의하지 않으면서 결국 실패로 끝나고 말 것이다.

그렇다고 부하직원들에게 권한을 넘겨줘야 한다는 말은 아니다. 오히려 그 반대다. 뛰어난 리더는 구성원들의 참여를 유도한다. 그는 여러 관점에 귀를 기울이지만 최종 결정은 여전히 자신의 몫으로 둔다. 포드 모터 컴퍼니에서 CEO를 역임하고 지금은 바우어포럼 코치로 있는 마크 필즈는 말한다. "물론 생각은 얼마든지 바뀔 수 있습니다. 하지만 이런 식이면 곤란합니다. '자, 같이 고민해봅시다. 그리고 투표로 결정합시다.'" 이는 리더가 경계해야 할 극단적인 접근 방식이다. 리더는 겸손해야 하지만, 동시에 지혜와 강인한 의지로 까다로운 의사결정을 내려야 한다. 특히 팀에서 합의를 도출하기 힘들 때는 더욱 그렇다.

많은 CEO가 경영팀이 하나의 방향으로 나아가도록 조율하는 과정에서 많은 어려움을 겪는다. 이를 위해서는 균형을 잡으려는 노력이 필요하다. CEO는 다른 사람의 말에 귀를 기울이고 때로 생각을 바꿔야 한다. 하지만 조직을 지휘하는 것은 결국 자신이다. 2부에서 살펴보겠지만, 리더는 직원들의 머리와 가슴에 동시에 호소함으로써 그들이 자신의 계획을 이끌어가도록 만들어야 한다. 머리에 호소한다는 말은 실질적인 상황, 즉 우리가 잡으려는 기회가 지금 여기에 있다는 사실을 보여주는 것이다. 그리고 가슴에 호소한다는 말은 자신의 계획을 기업의 사명과 연결 짓는다는 의미다. 그 일은 우리가 열정적으로 추구해야 할 대상인가? 우리는 어떤 유산을 남기길 원하는가? 실패로 남고 싶은가, 아니면 성공의 역사가 되고 싶은가?

팀이 하나의 방향으로 나아가게 만드는 것은 쉽지 않은 과제다. 10장에서 살펴보듯이 "모두가 상사에게 솔직하게 보고하는 것은 아니기 때문이다". 직속 부하도 조직 내에서 벌어지는 일을 정확하게 보고하지 않는다. 상사에게 나쁜 소식을 전하려는 사람은 없다. 누구도 CEO의 심기를 불편하게 만들고 싶어하지 않는다. 매번 "잘못되었습니다"라거나 "동의할 수 없습니다"라고 말하는 사람이 된다면 조직에서 살아남을 수 없을 거라고 걱정하기 때문이다.

그래서 CEO는 우리가 말하는 긍정적 리더십을 배워야 한다. 다른 사람의 말에 귀를 기울이고 긍정적으로 반응하면서 아이디어를 얻어야 한다는 말이다. 필즈는 말한다. "부정적인 소식을 들었을 때도 어떻게 긍정적으로 반응할 수 있는지 잘 보여주는 좋은 사례들을 목격했습니다. 그들은 정보를 공유해준 사람에게 고마움을 표하고 이를 통해 사람들이 기꺼이 다양한 의견을 제시하도록 안전한 공간을 마련합니다. 반대로 끔찍한 사례도 봤습니다. 그들은 나쁜 소식을 전한 직원을 마구 몰아세웁니다. 이러한 행동은 회의실에서 입을 닫으라고 모두에게 가르치는 겁니다."

귀를 기울이는 태도의 또다른 장점은 팀원들의 사기를 북돋워줄 뿐 아니라 그들이 어떻게 의사결정을 내리는지 알 수 있다는 것이다. 리더는 귀를 기울임으로써 직원들의 사고 과정, 다시 말해 그들이 어떻게 생각하고 얼마나 성장할지 일상적으로 평가할 수 있다. 필즈는 이렇게 말했다. "어떤 직원이 별로 좋지 않은 아이디어를 들고 너무 자주 찾아온다면 이런 생각이 들겠죠. '이 사람은 더이상 참아줄 수가 없군. 우리 회사에 맞지 않는 사람일지도 모르겠어.'"

또다른 바우어포럼 코치는 이렇게 말했다. "모든 해답을 안다고 확신하면서 다른 사람의 말을 들으려 하지 않고 오만하고 자아도취적이고 으스대고 돈만 밝히면서 비즈니스와 사람에게 관심을 기울이지 않는 리더는 언젠가 난관에 봉착하게 됩니다."

겸손하고 개방적인 태도는 아주 중요하고 게임의 판도를 바꿀 수 있는 의사결정을 내리는 과정에서 특히 힘을 발휘한다. 최고의 CEO는 자신이 올바른 궤도를 따라가고 있다는 사실을 확인하기 위해 밖으로 나가 다양한 이해관계자를 만나서 솔직한 대화를 나눈다. 그는 겸손한 자세로 사람들의 조언에 주의를 기울이고 강한 의지로 조언에 따라 행동한다. 그리고 다른 사람으로부터 조언을 얻는 행동이 개인적인 약점을 드러내는 게 아니라 올바른 해결책을 구하기 위한 중요한 통로라고 생각한다.

오랜 경력에 걸쳐 대형 제약 기업 노바티스에서 CEO를 지내고 현재 바우어포럼 코치로 활동하고 있는 댄 바셀라는 사람들의 이야기에 귀를 기울임으로써 자신의 권한 행사를 위한 계획을 수립하는 능력을 주요 성공 이유로 꼽는다. 그는 사람들에게 먼저 다가가 조언을 구한다. 바셀라는 급속도로 변하고 합병 흐름이 확산되는 글로벌 제약 산업 현장에서 기업을 경영하는 동안 모래 위에서 보트를 끌어당기고 있는 듯한 느낌을 받았다고 했다. 의사이자 스위스 제약 기업 산도즈의 마케팅 임원을 지낸 바셀라는 1992년 그 기업의 CEO 자리에 올랐다. 그는 빠르게 진화하는 제약 산업 현장에서 성장을 이어나가기에 산도즈는 충분히 크지도 강하지도 않다고 생각했다. 그리고 수익성은 높지만 동시에 위험도 높은 특허 약품에 대한 기업 의존도를 낮춰야 한다고 판단했다. 그런데 어떻게 해야 할 것인가? 여기서 바셀라는 이사회와 의장에게 맞서기보다 오히려 그 반대 전략이 필요하다고 느꼈다. 다시 말해 변화를 위해 그들의 조언과 지혜를 구하기로 했다.

그는 기업의 경쟁력을 유지하기 위해 무엇이 필요한지 파악하고자 이사들과 투자자 및 산업 전문가들과 계속해서 이야기를 나눴다. 그 결과, 1996년 당시로서는 기업 역사상 최대 규모에 해당하는 합병을 성사시켰다. 그는 산도즈와 스위스의 또다른 유명 제약 기업인 시바가이기를 합병해서 바젤에 기반을 둔 새로운 조직인 노바티스를 설립했다. 당시 노바티스의 연매출은 290억 달러가 넘었다. 바셀라는 외부 자문가 그룹을 통해 새로운 기업의 비전과 전략을 수립하고 두 기업의 문화를 합치는 과정에 따른 불확실성을 줄이고 합병을 통해 새롭게 탄생한 기업을 제약 산업에서 가장 혁신적인 브랜드로 만드는 과정에서 많은 도움을 받았다.

바셀라는 이후 다시 한번 다양한 이해관계자 집단을 대상으로 자신의 권한을 행사하기 위한 도움을 청했다. 그리고 이를 통해 제약 산업의 흐름을 바라보는 다양한 견해를 접했다. 그는 이렇게 말했다. "당시 컴퓨팅 기술과 유전공학을 생명의학 분야에 적용하는 시도가 폭발적으로 이뤄지고 있었습니다. 1천 달러 미만의 비용으로 인간 게놈을 확인할 수 있는 기술 개발이 눈앞에 와 있었죠. 흔히 말하는 맞춤형 의료의 시대로 진입하고 있었던 겁니다. 개인의 질환에서 구체적인 특성을 파악함으로써 치료법을 선택하는 날이 다가오고 있었습니다." 그런데 이러한 새로운 기술의 이점들을 어떻게 활용해야 할 것인가?

바셀라는 이사회와 경영팀, 그리고 연구원들을 만나 최근 보스턴을 중심으로 특히 생명공학 분야에서 혁신적인 연구가 이뤄지고 있으며, 그렇기 때문에 연구개발센터를 스위스에서 보스턴으로 옮겨야 세계 최고의 인재를 확보할 수 있다는 자신의 생각을 공유했다. 그가 신뢰하는 경영팀 사람들은 바젤에서 진행되고 있는 연구를 중단하는 방식이 아니라, 기업 역량을 추가적으로 확대하는 방식으로 이전이 이뤄져야 한다고 말했다. 바셀라는 보스턴 이전을 통해 새로운 연구 영역과 새로운 사고방식을 창조해낼 수 있을 것으로 기대했다. 그러나 이전은 큰 모험이었다. 수억 달러의 비용이 들고 조직 내 몇몇 사람은 기업의 핵심 연구개발 조직을 스위스에서 이전하는 방안에 반대할 것이기 때문이었다. 그럼에도 2010년 바셀라는 매사추세츠주 케임브리지에 주요 연구개발 단지를 설립하기로 결정을 내렸다. 이는 지금까지 연구개발센터를 스위스에 뒀던 유럽 기업으로서 과감한 움직임이었다. 또한 바셀라는 해외에 연구개발센터를 짓는 프로젝트의 경제성과 비용 문제를 해결하기 위해 경영팀의 조언을 구했다. 연구소 이전은 과감한 도전이었지만 시간이 흐르면서 점차 엄청난 성공으로 드러났다. 결국 생명의학연구소 Institute of Biomedical Research라는 이름의 보스턴 연구센터는 모범 사례로 주목을 받았다. 현재 노바티스는 전 세계에 걸쳐 총 여섯 곳의 연구개발 캠퍼스를 운영하고 있다.

바셀라는 이렇게 설명했다. "자신의 팀과 이사회를 비롯하여 여러 가까운 조언자에게 자신이 갖고 있는 의구심을 솔직하게 드러내야 합니다. 그러지 않는다면, 혹은 그런 척만 한다면 그건 연극에 불과합니다. 사람들은 이를 금방 알아차릴 것이며 결국 부정적인 상황으로 이어질 겁니다. 물론 고해성사처럼 모든 걸 말해야 한다는 뜻은 아닙니다. 의구심이 남아 있다면, 판단을 내려야 할지, 그리고 언제 내려야 할지 고민해야 합니다. 그리고 필요하다면 불확실한 상황에서도 칼을 뽑아들어 고르디우스의 매듭Gordian knot(알렉산드로스대왕이 칼로 잘랐다는 전설 속 매듭. 대담한 방법을 써야만 풀 수 있는 문제라는 의미—옮긴이)을 잘라야 합니다. 이렇게 말하면 안 될 것 같지만, 중요한 의사결정을 내리는 과정에는 도박과 같은 짜릿함이 있습니다. 그런 감정을 즐기지 못한다면 두려움으로 얼어붙고 말 겁니다. 그러니 너무 개인적으로 받아들이지 않고, 또한 모든 부담을 떠안지 않는 선에서 위험을 감내할 줄 알아야 합니다. 지나치게 개인적인 차원에서 모든 결정을 내리려 하면 정신 건강에 좋지 않습니다."

우리가 아는 한 리더는 "방안에서 제일 똑똑한 사람이 아니다"라는 교훈을 마음에 품고서 아시아 지역에서 새롭게 얻은 자리에 적응해나갔다. 2017년 에디 아메드는 매스뮤추얼 인터내셔널 경영자로 임명되었다. 그리고 미국 이외 지역의 보험 및 금융 서비스 사업을 총괄하는 역할을 맡았다. 그전에 아메드는 시티그룹과 모건 스탠리에서 일하면서 재무 및 기술 분야의 경력을 쌓았다. 그는 자신이 모든 해답을 알고 있는 것은 아니라는 사실을 이해했다. 그래서 경영자로 취임하자마자 홍콩 본사를 떠나 여러 지역을 돌아다니기 시작했다. 그 과정에서 많은 기술을 익혔고, 이후 여러 시장에 걸쳐 합작회사를 설립함으로써 그 분야에서 많은 것을 배웠다.

아메드는 매스뮤추얼의 글로벌 비즈니스를 구축하면서 미지의 시장을 헤쳐나가려면 많은 사람의 도움이 필요하다는 사실을 깨달았다. 자신이 모르는 것을 알아야 했다. 다양한 제품과 서비스를 가지고 다양한 국가에서 비즈니스를 하기 위해 반드시 필요한 과제였다. 이를 위해 아메드는 직업적 삶과 개인적 삶 모두에서 피드백 시스템을 마련했다. 질문이나 문제가 떠오를 때마다 사람들에게 연락해서 자신의 아이디어에 대한 솔직한 반응과 공정한 피드백을 요구한 것이다. 기업 내부의 피드백 시스템은 공식적인 것이었던 반면, 외부 피드백 시스템은 비공식적으로 이뤄졌다. 아메드는 여러 직급에 걸쳐 신뢰할 만한 직원들을 찾았고 조직 외부에서도 몇몇 자문을 구했다. 그는 이렇게 설명했다. "실수가 반복된다면 잘못을 인정할 용기가 필요합니다. 그리고 그런 신호를 전달해줄 피드백 시스템을 조직 내부에 만들어야 합니다."

아메드는 지역 차원의 어려움이 지속되면서 글로벌 확장이 여의치 않은 상황에서도 이러한 접근 방식을 의사결정의 주요 기반으로 삼았다. 그가 바우어포럼에서 자신의 이야기를 들려줬을 때, 그 자리에 참석한 경영자들은 아메드가 자신의 행동을 인식하고 자신의 리더십 스타일을 분명하게 정의하고 개선하도록 조언했다. 한 경영자는 아메드가 개방적인 태도를 계속 유지함으로써 다양한 정보를 선입견 없이 받아들이고 그 의미를 조합해서 많은 것을 배울 수 있었다고 언급했다. 아메드는 경영팀과 이사회의 신뢰를 얻기 위해서 개방적인 자세를 계속 유지해야 했다. 또다른 CEO는 아메드가 정보를 받아들이는 것 이상의 노력을 했다고 지적하면서 이렇게 설명했다. "그는 장기적, 단기적으로 균형을 유지하면서 전 세계 동료들과 대화를 나눴습니다. 그리고 분기 실적에 주목하면서도 거시적인 관점으로 20~50년 이후를 내다보면서 기업이 직면하는 기회와 위험에 신중하게 접근했습니다. 이 모든 일은 일상적인 과제에서 벗어나 장기적인 관점으로 내다보고자 했던 아메드의 노력에서 시작되었습니다."

앞서 두 사례에서 살펴봤듯이 겸손이란 자신이 모든 해답을 갖고 있지 않다는 것을 알고 다른 사람의 이야기를 주의깊게 들으면서 문제 해결의 실마리가 숨겨진 중요한 질문을 발견하려는 태도다. 진정한 듣기 기술에는 음과 양이 있다. 한편에서 리더는 마음을 열고 사람들의 아이디어를 받아들여야 한다. 그리고 다른 한편에서 자신이 듣고 있는 이야기의 특수성에 주목해야 한다.

- **열린 마음**: 다른 사람의 이야기에 마음의 문을 여는 이는 지금 이 순간에 집중한다. 그들은 상대가 이야기를 하도록 충분한 여유를 준다. 이를 위해 무엇보다 자신을 인식하고 통제하며 내면의 재잘거림을 멈추고 내적 자아(신체 감각과 감정 및 생각)와 연결된다. 이를 통해 상대의 생각과 관점, 감정, 동기, 의도에 적절하게 반응한다. 이 말은 자기 생각과

감정이라는 필터를 거쳐 반응하는 게 아니라 더욱 진정성 있게 행동한다는 의미다.

- **집중**: 누군가 아이디어와 메시지를 들고 찾아올 때, 그의 생각에 마음의 문을 여는 것은 물론 그의 이야기에도 집중해야 한다. 이는 마치 소란스러운 술집에서 소음을 뚫고 흘러나오는 음악에 귀를 기울이는 것과 같다. 상대의 이야기에 집중하지 않을 때, 그의 두려움과 걱정, 의도를 파악할 수 없다. 상대의 말에 귀를 기울이고 집중한다.

이러한 태도는 실제로 어떤 모습일까? 포천 글로벌 50대 기업의 한 CEO가 주최한 난롯가 모임에서 누군가 그에게 질문을 했다. 그 CEO는 잠시 뜸을 들이더니 곧바로 대답을 내놓는 대신 질문 속에 숨어 있는 상대의 두려움에 관해 물었다. 그렇게 두 사람은 질문의 진정한 의미에 대해 짧지만 진심어린 대화를 나눴다. 그 CEO의 이러한 반응에 강한 인상을 받은 모임의 사회자가 물었다. "그 질문을 받았을 때 무슨 생각이 들었나요?" 그의 대답은 이랬다. "단지 질문을 듣고 이해하려고 했습니다." 즉, 그 CEO는 마음을 열고 질문을 있는 그대로 받아들이면서 상대가 무엇을 정말로 궁금해하는지에 주목한 것이다. 사회자는 그 CEO에게 상대의 이야기에 귀를 기울이는 기술을 어떻게 개발했는지, 그리고 어떤 식으로 집중하는지 물었다. 그는 이렇게 답했다. "매일 자연 속에서 산책을 즐깁니다.

그리고 스트레스가 심할 때면 아내와 함께 스쿠버다이빙을 하러 떠
나곤 하죠." 그 CEO의 이야기처럼 우리는 차분하게 자신을 돌아보
고 자연과 함께하면서 문제를 분석하고 해결하는 능력, 그리고 사
람들과 인간적으로 교류하는 기술을 높일 수 있다.

잘 듣고 많은 아이디어를 얻기 위해 스스로 던져야 할 질문들

- 나는 회의실에 들어가면서 대답을 이미 알고 있다고 생각하는 유형인가?
- 동료가 이야기를 마치기 전에 끼어드는가?
- 상대가 이야기할 때 차분하게 듣는가? 아니면 한눈을 팔고 지루함을 느끼는가?
- 방에서 제일 똑똑한 사람 행세를 중단하고 다른 사람의 생각과 주장에 마음의 문을 열 때 일어날 수 있는 최악의 경우는 무엇인가?
- 나의 세계관과 모순되는 생각을 받아들일 때, 무엇을 잃게 될까?
- 팀원들이야말로 "방에서 가장 똑똑한 사람들"이라는 믿음으로 더 나은 선택과 결론을 내리기 위해 어떻게 다양한 아이디어를 조율해야 할까?

요약

상대의 말에 진심으로 귀를 기울이면서 그 의도를 파악하고 다양한 주장과 아이디어를 조율해서 "최고 중 최고"의 결론을 이끌어내는 것은 리더의 핵심 기술이다. 하지만 리더십이란 항상 다수결로 의사결정을 내리는 민주주의와 동의어가 아니다. 예전에 한 CEO는 우리에게 리더십은 40퍼센트의 겸손과 60퍼센트의 용기로 이뤄진다고 말했다. 최고의 리더는 자신이 생각한 해결책과 결정을 근간으로 다양한 주장과 관점을 듣고 조율한다. 그리고 이러한 접근 방식이야말로 과학이자 기술이라는 사실을 똑똑히 이해하면서 자신 있고 용감하게 최종 결정을 내린다.

2장

확신
Confidence

지금 그곳이 당신이 있어야 할 자리다

유럽의 한 수도에서 바우어포럼이 열렸다. 그런데 원형 테이블 앞에 앉은 한 젊은 CEO는 줄곧 창문으로 먼 곳을 바라보고 있었다. 주의 집중을 못하는 듯, 혹은 어쩔 줄 모르는 듯한 표정이었다. 이를 알아차린 한 경영자가 그에게 무슨 생각을 하느냐고 물었다. 알고 보니 최근 유럽 지역에서 고급 소비재를 생산하는 수십억 달러 규모의 가족 기업을 이끌게 된 젊은이었다. 어린 나이에 그런 자리에 올랐다면 영향력 있는, 성공적인 조직의 리더가 되었다는 기대감에 잔뜩 부풀어 있을 거라 생각하겠지만, 그의 반응은 이랬다. "비참한 기분이 듭니다. 대체 뭘 해야 할지 모르겠어요."

그의 설명에 따르면, 가족 기업의 이사회는 친척들이 모여 수익이 얼마나 낮은지 성토하면서 기업의 운영 방향을 놓고 설전을 벌이는, 나아가 새로운 CEO의 자격에 대한 의문을 제기하는 싸움터였다. 젊은 CEO는 친척들 때문에 경영에서 어려움을 겪고 있었고, 자신이 살아남으려면 몇몇을 쫓아내야 한다고 생각했다. 하지만 그건 그에게 무척 두려운 일이기도 했다.

그가 바우어포럼에 참석한 이들에게 자신의 이야기를 들려주자 같은 테이블에 있던 다른 CEO가 이렇게 말했다. "반드시 해결해야 할 문제로군요. 한번 생각해봅시다. 친척들은 어떠한 이유로든 당신을 그 자리에 앉혔고 이사회는 분명 당신을 신뢰하고 있습니다. 이제 당신은 용기를 내서 무엇이 발목을 잡고 있는지 확인하고 그것을 똑바로 바라보면서 자신감을 회복해야 합니다." 그의 간단한 조언을 들은 젊은 CEO는 친척들의 심기를 건드릴까봐 걱정을 하면서도 기업을 위해 올바른 결정을 내려야 한다는 사실을 깨달았다. 그리고 자신의 두려움을 다른 관점에서 바라봄으로써 행동할 용기를 끌어모을 수 있었다. 프로그램에 참석했던 한 임원은 이렇게 표현했다. "애벌레가 나비로 변하는 모습을 지켜보는 것 같았어요." 그날 포럼에 참석한 이들은 계속해서 독창적인 해결책을 제시했다. 그 기업에는 가족위원회라는 오래된 조직이 있었는데 당시에는 이를 제대로 활용하지 못하고 있었다. 그 CEO는 가족위원회를 친척들의 다양한 관심사를 논의하는 공간으로 만들기로 했다. 그리고 이사회 모임과는 달리 각자 개인적인 불만을 자유롭게 털어놓도록 했

 맥킨지 비밀 수업

다. 효과는 좋았다. 친척들 모두 존중받고 있다고 느꼈고 CEO는 이 사회 모임에서 개인적인 사안들을 배제할 수 있었다.

젊은 CEO의 사례에서처럼 리더는 행동을 위한 확신이 없을 때 어려움을 겪는다. 그들은 새로운 아이디어를 밀어붙이거나 조직을 위해 새로운 방향을 과감하게 제시하거나 자신의 역량을 발휘할 권한이 없다고 느낀다. 그리고 자기 역할을 수행할 의지와 힘이 없을 때, 대부분 실패한다. 리더십을 구성하는 두번째 요소인 확신은 객관적인 관점으로 자신을 똑바로 바라보고 자신의 약점을 파악하고 개선함으로써 불안을 이겨내야 함을 알려준다.

역사는 내면의 용기를 끌어모아 장애물을 넘고 스스로 소외된 곳에서 성공을 거둔 인물들의 사례로 가득하다. 세계적인 항해사인 엘런 맥아더 역시 두려움과 불안을 이겨내고 꿈을 이룬 인물이다. 두 교사의 딸로서 사면이 육지로 둘러싸인 더비셔 지역에서 자란 맥아더는 경쟁이 치열한 해양 경주 세계에 그리 적합해 보이지는 않았다. 맥아더는 TV에서 항해에 관한 프로그램을 봤던 때를 떠올렸다. 그때 열일곱의 그녀는 이렇게 혼잣말을 했다. "저게 바로 내가 해야 할 일이야."[10] 성공 가능성은 별로 높아 보이지 않았지만 맥아더는 자신이 이미 그 세상에 속해 있다고 느꼈다. 그녀는 항해를 향한 열정을 키워나갔고 배를 타고 온 세상을 누빌 거라고 자기 자신에게 말했다. 맥아더는 이렇게 설명했다. "중요한 것은 자신이 뭔가를 절대적으로 원한다는 사실을 깨닫는 겁니다. 전 운좋게도 열일곱 살에 이렇게 말할 수 있었습니다. '내가 가야 할 곳은 저기다.' 어디로 가고 싶은지 모른다면 열정도 간직할 수 없습니다." 결국 맥아더는 세계적인 항해사로 성공을 거뒀다. 2005년에는 배로 세계 일주를 하는 기록을 세웠다.

바우어포럼 코치 린 엘센한스는 석유 회사인 서노코의 CEO를 지내고 지금은 베이커 휴스와 사우디 아람코의 이사로 있다. 엘센한스는 남성이 지배하는 세상에서 여성으로 살아가는 불안감을 극복한 좋은 사례다. 휴스턴에 위치한 로열 더치 셸에서 사회생활을 시작했을 때, 그녀는 50명의 남성이 근무하는 사무실의 유일한 여성이었다. 그녀는 살아남기 위해 매일 정신무장을 해야 했다. 엘센한스는 이렇게 말했다. "많은 여성이 가면증후군으로 어려움을 겪고 있죠. 그들은 자신이 그곳에 속해 있지 않다고 느낍니다. 저는 항상 이곳에 속해 있다고 자신을 설득했고 이 방법은 꽤 효과가 있었습니다." 엘센한스는 불안이 엄습할 때마다 자신이 받은 졸업장을 떠올렸다. 그녀는 라이스대학교에서 응용수학을 전공하고 하버드에서 MBA를 받았다. "그 사무실에 있는 어떤 남성보다 더 높은 수준의 교육을 받았거든요."

그럼에도 몇 번 위기는 있었다. 그녀는 남성이 지배하는 세상에서 수많은 미묘한 차별과 무시를 견뎌내야 했다. 몇몇 남성은 의식적이든 아니든 그녀를 귀여운 아가씨 정도로 여겼다. 그녀를 비서로 착각했던 한 간부는 커피 심부름을 시키기도 했다. 그때 엘센한스는 곧바로 거절할 수도 있었지만 좀더 부드러운 방식을 택했다. 그녀는 그 간부에게 차분한 목소리로 이렇게 말했다. "커피를 가져 다드릴 수 있어서 기뻐요. 다음번엔 저한테 갖다주시는 거예요." 그녀는 이러한 태도로 갈등의 위험을 낮추면서 자신이 동등한 동료라는 메시지를 모두에게 전했다.

수십억 달러 규모의 솔벤트 사업부를 이끌고 있던 무렵 런던 사무소에서 열린 콘퍼런스에 참석하게 되었다. 거기서도 엘센한스는 유일한 여성이었다. 자신이 이끄는 사업부 규모가 콘퍼런스에 참석한 몇몇 남성 것보다 훨씬 더 컸음에도 그녀의 직함은 그들보다 아래였다. 그 때문에 그녀는 최고 경영자만 들어갈 수 있는 식당에서 식사를 할 수 없었다. 하지만 그녀는 아랑곳하지 않고 들어갔다. 그때 한 임원이 다가오더니 말했다. "당신이 여기 있는 거 아무도 안 반겨요. 남편과 아이들과 집에 계셔야죠." 엘센한스는 그에게 당장 꺼지라고 말하고 싶었다. 하지만 내면의 자신감을 끌어모아 차분하게 말했다. "생각을 나눠주셔서 감사해요. 그런 생각은 한 번도 해본 적이 없네요." 그러고는 예상치 못한 반응에 놀란 임원과 꽤 깊은 대화를 나눴다. 엘센한스는 이렇게 설명했다. "핵심은 자기 입장을 굳게 지키는 겁니다. 자신이 그곳에 속해 있다고 믿고 거기 있다는 데 미안한 마음을 갖지 않아야 하며, 또한 지나치게 공격적인 태도를 드러내지 말아야 합니다." 여기서 중요한 것은 진정한 자아를 발견하는 일이다.

물론 모든 남성이 엘센한스를 얕본 것은 아니었다. 경력 후반에는 몇몇 동료로부터 질투를 받기도 했다. 유명 대학 졸업장과 신속하고 철저한 분석 기술, 뛰어난 업무 역량을 두루 갖춘 그녀에게 그들은 위협감을 느꼈다. 그 무렵 셸은 조직 내에서 다양성을 강화하고자 했고 이러한 분위기에서 일부는 엘센한스가 여성이라는 이유로 그들보다 먼저 승진할 거라고 생각했다. 그녀는 당시를 이렇게 떠올렸다. "사람들이 제게 위협감을 느낀다는 사실을 알 만큼 저 자신을 잘 이해하게 되었을 때, 위협감을 느끼는 이들이 업무 능력에 관해 불편한 마음을 갖지 않도록 안심시키고자 많은 시간을 투자했습니다. 저의 핵심 과제는 남성과 여성 모두가 자기 자신을 믿고 불가능한 일을 해낼 수 있다고 생각하게 함으로써 그들의 자신감을 높여주는 일이었습니다." 그녀가 자신을 믿어준 조직 내 한 멘토로부터 얻은 교훈이었다. 그는 자신의 이름을 걸고 공학 분야의 학위가 없는 엘센한스를 제조 사업부의 핵심 역할을 맡도록 추천했다. 다른 임원들은 그녀가 재무부서에 그대로 있길 원했지만 엘센한스가 판단하기에 그곳에서는 사업부를 이끌 기회를 잡을 수 없었다. 제조 사업부로의 이동은 CEO로 도약하기 위한 중요한 디딤돌이 되어줄 것으로 기대했다. 이후 엘센한스는 자신이 관리하는 정유 공장에서 운영상 개선점을 발견하고 문제를 해결함으로써 하루 1만 달러의 비용을 절약하는 성과를 거뒀다. 그 금액은 1992년 당시로서 꽤 큰 규모였다. 멘토로부터 얻은 깨달음을 깊이 간직했던 엘센한스는 이후 자신의 주변에서 인재를 발굴하고 그들을 육성하는 일에 집중했다. 그녀는 그렇게 다른 이를 도움으로써 자신을 도왔다.

확신은 개인의 경력에서도 중요한 역할을 한다. 엘센한스는 몇몇 젊은 임원, 특히 여성 임원들이 다음 승진을 자신 있게 요구하지 못하는 모습을 종종 지켜봤다. 그들은 자신이 그 자리에 오를 만한 자격이 없다고 생각함으로써 스스로 앞길을 가로막고 있었다. 젊은 관리자는 많은 역량이 요구되는 자리에 오르기 위해 용기를 내야 한다. 그리고 CEO 자리까지 원한다면 한동안 가족과 해외에서 살 각오도 해야 한다. 엘센한스는 이렇게 말했다. "CEO가 되고 싶다면 기꺼이 그런 기회를 잡아야 합니다. 비록 한참 돌아가는 길처럼 보인다고 해도 말이죠. 그동안 이사회가 CEO에게 기대하는 역량을 키울 수 있으니까요."

엘센한스의 설명에 따르면, 많은 젊은 관리자가 개인의 역량을 키울 수 있는 자리가 최고의 기회일 수도 있다는 사실을 잘 이해하지 못한다. 누구도 일을 맡자마자 완벽하게 해내리라고 기대하지 않는다. 그러려면 학습 곡선을 거쳐야 한다. 장기적인 관점에서 그러한 과정을 통해 새로운 기술을 확보할 수 있다. 그리고 이러한 경력 개발의 기회를 주는 상사들이 젊은 관리자가 모든 것을 완벽히 수행할 거라고는 기대하지 않는다. 엘센한스는 이렇게 말한다. "힘든 임무를 받아들일 때 자신에게 벌어질 수 있는 최악의 상황이 무엇일지 스스로 물어봐야 합니다. 실수를 저지른다면 다시는 그러지 말라고 하기밖에 더하겠어요. 일을 해도 될지 허락을 구하는 것보다 용서를 구하는 편이 낫겠죠.”

엘센한스가 겪었듯이 남성의 세상에서 여성으로 살아간다는 것은 무척 고달픈 일이다. 게다가 실리콘밸리 같은 곳에서 유색인종 여성으로 살아간다면 그 어려움은 배가된다. 안주 팟와단은 남성이 지배하는 핀테크 기업에서 성공하기 위해 비교적 단순한 방법을 사용했다. 성공적인 핀테크 기업의 임원인 팟와단은 전 세계에서 온 많은 고위 인사들을 만난다. 또한 끊임없이 세상을 돌아다니며 여러 이사회에서 활동하고 있다. 여기에는 국부펀드의 후보에도 올랐던 사우디은행 이사회도 포함되어 있다. 투자 분야는 남성이 지배하는 세상으로 유명하다. 인도 여성인 팟와단은 때로 자신이 투명인간이라는 느낌을 받았다. 남성 임원들은 그녀를 종종 말단 사원이라고 여긴다. 그녀는 기업 부회장임에도 여러 시간대에 걸쳐 있는 다양한 업무를 효율적으로 처리하고자 직접 일정관리를 한다. 이러한 모습을 본 사람들은 팟와단이 높은 직급이 아니라고 짐작한다. 그녀는 여성이고 비서도 없다. 팟와단은 이렇게 떠올린다. “백인 남성과 함께 회의에 들어가면 대부분 백인 남성이 상사라고 생각합니다.” 결국 그녀는 차선책으로 자신의 프로필을 길고 구체적으로 작성했다. 특히 시티그룹과 스탠다드차타드에서 최고의 은행가로서 거둔 성과와 화려한 교육 배경, 그리고 글로벌 수상 내역을 강조했다. 그녀의 비서는 회의 시작 24시간 전에 그 프로필을 회의 참석자들에게 보낸다. 팟와단은 이렇게 설명한다. "그렇게 하니 대화의 분위기가 바뀌더군요. 그들은 제 프로필을 읽고서 저를 동등한, 혹은 더 우월한 사람으로 대우해줬습니다."

그러나 단지 자신을 평등하게 대우하는 남성 임원들 때문에 그녀가 소속감을 얻는 것은 아니었다. 그건 독립적으로 판단하고 행동하는 그녀의 업무 스타일 때문이었다. 그녀는 처음부터 자기가 조직에 속해 있다고 생각하고 그러한 마음가짐으로 회의에 참석했다. 팟와단은 자신이 피해자가 아니라 "나는 이곳에 속해 있다"라는 믿음으로 접근했다. 그리고 이러한 믿음을 실현하기 위해 움직였다. 여기서 중요한 사실은 그녀가 이미 승자라는 것이다. 테이블에 자리가 났다면 잽싸게 앉아야 한다(팟와단의 이야기는 나중에 더 자세히 살펴보도록 하자)!

우리는 여러 리더에게서 갑자기 해외 근무를 시작하면서 느낀 당혹감에 관한 이야기를 종종 듣는다. 그들 대부분 현지의 언어와 문화, 혹은 비즈니스 관행을 알지 못한다. 소속감도 느낄 수 없다. 행동할 용기도 내기 어렵다. 그렇다면 어디서 시작해야 할까? 앞으로 벌어질 일을 어떻게 예측할 수 있을까? 그리고 짧은 시간에 어떻게 현지 문화에 적응할 수 있을까?

1998년 포드의 마크 필즈는 일본으로 건너가 마쓰다에서 일을 하겠느냐는 제안을 받았을 때 딜레마에 빠졌다(당시 포드는 마쓰다

지분 3분의 1을 보유하고 있었다). 결국 일본행을 결정한 필즈가 그곳에 도착해서 가장 먼저 한 일은 일본 문화를 이해하는 것이었다. 그는 6개월 동안 일본 동료들과 이야기를 나누고, 일본 기업의 경영에 관한 책을 읽고, 일본 사회와 사람들에 대해 최대한 많이 느껴보고자 했다. 그는 당시를 이렇게 떠올렸다. "미국인 총잡이가 다짜고짜 쳐들어가서 '제 계획은 이렇소'라고 외친다면 틀림없이 실패할 거라는 걸 알았죠."

포드는 당시 어려움을 겪고 있던 마쓰다를 살리기 위해 필즈를 일본으로 파견했다. 필즈는 파산 위험에서 벗어나기 위해 최대한 빨리 계획을 실행에 옮기고 싶었지만 일본 문화에 대해 배운 것을 고려할 때 90일 전환 계획을 밀어붙이는 방식은 최고의 선택이 아니라고 결론을 내렸다. 그는 말했다. "일본 기업의 경우 각각의 부서가 독자적으로 움직이는 성향이 강합니다. 가령 생산팀 관리자는 자신이 책임을 다하면 기업이 성공할 거라고 생각하죠. CFO 역시 자신의 역할을 다하면 기업이 제대로 굴러갈 것으로 기대합니다. 하지만 누구도 기업이 어떻게 수익을 올리고 있는지 정확하게 이해하지 못하고 있었죠."

필즈는 마쓰다의 CEO로 부임하고 4~5개월 동안 매월 두 번의 주말을 경영팀과 함께 보냈고 그들이 비즈니스에 더 집중하도록 격려했다. 그는 말했다. "일본 관리자들은 그런 제 모습에 충격을 받았습니다. 일반적으로 마쓰다 문화에서 재무나 생산 부서의 책임자는

   맥킨지 비밀 수업

세부적인 사안은 들여다보지 않는 일종의 정치인이기 때문이죠." 또한 필즈는 일본인들이 기업의 유산을 대단히 중요시한다는 점을 깨달았다. 이를 고려해서 그는 경영팀에 이렇게 말했다. "지금 상황이 왜 나빠졌는지 얼마든지 논의할 수 있습니다. 하지만 저는 피해자 행세에 별 관심이 없습니다. 대신 우리가 다음 세대의 직원들에게 어떤 유산을 남기고 싶은지 생각해봤으면 합니다." 일본의 기업 문화가 대단히 배타적이라는 사실을 깨달은 필즈는 외부 전문가들을 불러들여 글로벌 자동차 비즈니스를 주제로 이야기를 나눴다. 이러한 노력으로 그는 새로운 전환 계획에 대해 경영팀의 동의를 얻어낼 수 있었다. 이후 그는 그 전략의 이름을 "필즈 플랜"에서 "마쓰다 플랜"으로 바꿨다.

필즈는 일본에 도착한 지 얼마 지나지 않아 네마와시ねまわし(과수의 좋은 결실을 위해 나무의 둘레를 파고 잔뿌리를 미리 쳐내는 일―옮긴이)라는 말을 배웠다. 네마와시란 씨앗을 뿌린다는 의미다. 그는 처음에 그 진정한 의미를 몰랐다가 나중에야 깨닫게 되었다. 그는 전환 계획을 성공적으로 추진하기 위해서 경영진과 협력하는 방식으로 설계해야 했다. 하지만 그러자면 많은 시간과 인내가 필요했다. 필즈는 설명했다. "전 A형(경쟁적이고 목표 지향적이며 성취욕이 강한 성격 유형을 이르는 말―옮긴이) 인간입니다. 아시죠? 사실 당장 계획에 착수하고 싶었습니다. 하지만 그런 마음을 억눌러야 했죠. 하루에도 몇 번씩 머리를 벽에 들이받고 싶은 충동이 들었습니다." 나

중에 필즈가 미시간에 있는 포드 본사로 복귀했을 때, 경영팀은 왜 그리 오랜 시간이 걸렸는지 물었다. 필즈는 일본 기업 문화에서는 경영자가 오랜 시간에 걸쳐 계획과 전략을 수립한다고 답했다. 그리고 그 과정에서 모두가 계획을 공유하기 때문에 실행은 빠르게 이뤄진다고 덧붙였다. 반대로 서구 기업에서는 계획을 빨리 수립하고 나서 오랜 시간에 걸쳐 조직을 이끌고 나간다. 얼핏 일본의 접근 방식이 더 오래 걸릴 것처럼 보이지만 실상은 그렇지 않다.

필즈는 아웃사이더로서 조직에 소속되기 위한 방안을 찾아냈다. 그는 일본에서는 어떻게 인간관계가 형성되는지 연구했다. 일본 문화의 경우, 직선적인 태도는 별로 좋은 인상을 주지 못했다. 일본인들은 특히 체면을 중요시했다. 그런데 필즈가 일본으로 올 무렵 포드에서 넘어온 CFO가 그곳에서 일하고 있었다. 그는 똑똑하고 유능했지만 일본 동료들과 종종 갈등을 빚었다. 그 CFO는 공격적인 스타일로 기업의 많은 이에게 소외감을 불러일으키고 있었다. CEO로 부임한 직후에는 크게 개의치 않던 필즈였지만 결국 조직 내에서 많은 신망을 얻고 있던 또다른 포드 임원을 CFO 자리에 앉히는 결정을 내렸다. 필즈는 설명했다. "지금까지 부적절하다고 해서 곧바로 인물을 교체한 적은 없었습니다. 그러나 CFO 자리를 놓고 중대한 결정을 신속하게 내리고 나니 경영팀 분위기가 완전히 달라지더군요. 제가 나서서 사람들의 이야기를 귀담아듣고 인사 업무에 적극적으로 임하는 모습을 보이자 경영팀 전체가 마음의 문을 열었습니다."

바우어포럼에 참석한 CEO들은 조직 운영에 필요한 산업 지식이나 기술 관련 전문성이 스스로 부족하다는 이야기를 종종 꺼낸다. 이들은 성공 궤도를 밟아온 뛰어난 리더임에도 회사의 핵심 역량을 뒷받침하는 소프트웨어와 AI, 공학, 의학 분야의 전문가를 항상 곁에 두고 있다. 한 CEO는 이렇게 말했다. "제가 이 조직에 속해 있다는 느낌을 받지 못했습니다."

마이클 피셔도 2010년 비영리재단인 신시내티 아동병원 의료센터의 CEO로 취임하면서 그런 문제에 직면했다. 그는 당시를 이렇게 떠올렸다. "CEO로서 의료연구소를 이끌게 되었습니다. 하지만 전 의사도 과학자도 간호사도 아니고 이전에 그 분야에서 일해본 경험도 없었습니다." 피셔는 매년 1백7십만 명에 달하는 환자를 치료하는 의료센터를 운영하기 위해 자신의 역량과 확신을 높이고자 노력했다. 그리고 이를 위해 환자와 그들 가족은 물론, 의사와 간호사 및 거기서 일하는 모든 연구원의 요구 사항을 정확히 파악하기 위해 사람들의 말에 귀를 기울이고 적극적으로 협력했다. 피셔가 부임하고 난 뒤로 신시내티 의료센터는 더욱 발전했지만, 몇 년의 시간이 흐르고 나서 그는 자신과 의료센터가 더 발전할 수 있는 여지가 있다고 판단했다. 그리고 조직의 잠재력을 완전히 실현하기 위한 몇 가지 중요한 변화를 아직 시작도 못했다는 걱정스러운 마음이 들었다.

피셔는 이렇게 설명했다. "우리는 환자 관리와 연구 및 재무 실적에서 충분히 잘해나가고 있었지만, 여전히 모든 엔진을 가동하지는 못하고 있다는 사실을 깨달았습니다. 제가 이 조직에 소속되어 있고 거대하고 복잡한 기업체를 위한 유능한 CEO라는 확신은 들지 않았습니다." 피셔는 바우어포럼 모임에서 자신이 느끼는 불안감, 그리고 필수적인 기술이 부족하고 의료센터를 과감하게 변화시키기 못하고 있다는 우려를 털어놨다. "공식 모임에서, 혹은 휴식시간이나 식사 모임에서 이야기했듯이 제가 스스로의 한계를 뛰어넘어 더 높은 꿈을 추구하길 바라는 동료들의 기대가 점점 커지고 있던 기억이 떠오릅니다." 포천 글로벌 50대 기업을 이끈 경력이 있는 한 포럼 코치는 피셔에게 말했다. "당신이 해야 할 일은 에너지를 끌어모으는 겁니다! 시간은 계속 흐르고 있습니다. 몇 년 남은 나머지 임기 동안 자신의 임무를 다할 의지를 불태워야 합니다."

피셔는 바우어포럼 모임을 마치고 나서 활력을 느꼈다. 그리고 머지않아 자신이 이끄는 고위급 팀에서 여러 인사를 교체했고 자기 자신은 물론 팀 구성원들의 개인적인 리더십 역량과 더불어 팀 전체의 협력과 화합에 더 많이 투자했다. 피셔가 깨달았던 것처럼 소속감을 느낀다는 것은 함께 일하는 이들이 자신의 가치를 인정한다는 믿음을 바탕으로, 즉 단지 업무 능력 때문이 아니라 자신의 정체성과 장점 때문에 가치를 인정한다는 확신을 기반으로 자기 자신과 팀에 대해 건전한 자존감을 갖는다는 뜻이다.

　바우어포럼 행사를 끝내고 다시 자신의 일터로 돌아왔을 때, 피셔는 조직을 향한 열정이 한층 높아진 것을 실감했다. 몇 년 전 그는 환자들의 안전을 개선하기 위해 아동병원들을 대상으로 네트워크를 조직하기 시작했다. 이제 새롭게 에너지를 얻은 피셔는 그러한 노력에 더욱 박차를 가했고, 실제로 그가 CEO 자리에서 물러날 무렵에는 북미 지역에 걸쳐 140곳이 넘는 아동병원이 그 네트워크에 합류했다. 그 협력체의 이사회 의장을 맡은 피셔는 안전기준을 놓고 서로 경쟁을 벌일 것이 아니라 데이터와 최고 사례를 서로 공유하는 방식으로 협력을 강화했다. 그 결과, 10년간 의료사고에 따른 심각한 피해로부터 2만 명의 아동을 지켰고 전체 의료 시스템은 수억 달러에 달하는 비용을 아낄 수 있었다. 바우어포럼에서 새로운 열정을 얻고 나서 몇 년이 흘러 피셔는 소아 및 청소년 정신 건강으로 시선을 돌렸다. 그리고 그 일환으로 새롭게 구상한 정신건강 시설을 구축하기 위해 1억 달러 규모의 투자를 유치했고 정신건강을 위한 연구 및 제도적 협력을 크게 강화해나갔다. 피셔는 이렇게 설명했다. "결론적으로 중요한 것은 저 자신의 자신감을 높이고 저만의 가치와 기술, 그리고 리더십을 강화하려는 노력이었습니다."

　소속감은 우리 모두의 내적 권리다. 우리가 내면으로부터 소속감을 느낄 때, 자신의 정체성에 대한 건강한 인식을 얻는다. 그리고 그럴 때 비로소 안전에 대한 믿음을 바탕으로 개인적인 위험을 감수하고 실수를 인정하고 도움을 요청할 수 있으며, 또한 많은 지지를 얻지 못하는 상황에서도 힘든 결정을 과감히 내릴 수 있다. 다음번에 힘든 의사결정이나 까다로운 상황에 직면한다면 스스로 이렇게 물어보자. "내가 여기에 속해 있다는 사실을 믿는다면(나 자신과 나의 선택, 나의 똑똑함을 증명하거나 모든 걸 혼자서 해결하려는 태도가 아니라) 이 상황이나 의사결정에 어떻게 접근할 것인가?" 내가 이 조직에 속해 있음을 증명하기 위해 의사결정을 내릴 것인가? 아니면 조직의 이익을 위해 선택할 것인가? 우리는 이러한 물음을 통해서 최종 결정을 내릴 수 있을 뿐 아니라, 결정권을 포기하지 않으면서도 더 많은 이가 참여하는 쪽으로 의사결정 방식을 전환할 수 있다.

소속감을 높이기 위해 자신에게 던져야 할 질문들

- 이 조직에 남을 어떤 이성적, 감정적 근거가 필요한가?

- 내가 역할을 제대로 해낼 것이라고 신뢰받지 못했더라도 이사회는 나를 선택했을 것인가?

- 내 역할에 대해 점점 더 높아지는 요구를 충족시키기 위해 역량을 개발하고 있는가?

- 안전에 대한 믿음을 바탕으로 개인적인 위험을 감수하고 실수를 인정하고 협력을 요청하면서 별로 지지받지 못하는 상황에서도 힘든 의사결정을 내릴 수 있는가?

- 내가 여기에 속해 있다고 믿는다면 (나 자신과 나의 선택, 똑똑함을 증명하거나 모든 걸 혼자서 해결하는 것이 아니라) 이 상황이나 의사결정에 다른 방식으로 접근할 것인가?

요약

최고의 리더는 어느 정도 불안감을 느끼면서도 자신이 이 자리에 적합한 인물이라고 스스로를 설득함으로써 진정한 소속감을 느낀다. 그는 용기를 끌어모아 무엇이 자기 발목을 잡고 있는지 확인하고 그것을 똑바로 바라보면서 자신감 부족에 대처한다. 또한 주변 사람들의 솔직한 피드백에 마음을 열고 의미 있는 방식으로 조직에 기여하는 법을 배운다. 우월감을 느끼거나 사람들의 관심을 받으려는 것이 아니라, 많은 지지를 얻지 못하거나 개인적인 위험을 감수해야 하는 상황에서도 과감하게 의사결정을 내리는 태도를 기반으로 소속감을 느낀다. 그런데 불확실한 세상에서 무엇이 올바른 선택인지 어떻게 알 수 있을까? 다음 장에서는 리더가 조직의 이익을 위해 의사결정을 내리는지, 아니면 개인적인 명예나 관심을 위해 내리는지 더 자세히 들여다보도록 하자.

3장

이타심
Selflessness

자신을 증명하려는 노력을 멈추자

플로리다에서 열린 바우어포럼 모임에서 소프트웨어 기업을 운영하는 한 CEO가 업무적인 정체 상황에 따른 혼란에 대해 이야기를 시작했다. "전략도 훌륭하고 팀원들도 유능하다고 생각하는데 막상 지시를 내리고 돌아서면 아무도 저를 따르지 않는다는 사실을 발견하게 됩니다." 그 젊은 리더의 경영 스타일을 놓고 솔직한 대화가 오고간 후, 그가 자신의 지위에 대한 확신이 없고 이로 인해 직원들에게 자신의 존재를 증명해야 한다는 압박감을 느끼고 있다는 사실이 드러났다. 그 CEO는 다양한 의견에 마음을 열거나 직원들이 좋은 아이디어를 내놨을 때 생각을 바꾸기보다 고정된 마음가짐으로 일관했다. 그는 언제나 정답을 알고 있어야 하고 항상 옳은 선택을 해야 한다고 믿었다. 어쨌든 자신은 CEO가 아닌가? 자신 말고 누가 답을 알겠는가?

그 모임에 코치로 참석한 한 경험 많은 CEO는 그 젊은 경영자에게 이렇게 말했다. "그건 너무나 만연한 질병입니다. 당신의 에고는 거짓 우월감을 스스로에게 요구하고 있으며 이로 인해 당신과 팀원들 사이에 벽이 생겼습니다. 이제 자기 존재를 입증하려는 노력에서 벗어나 조직의 입장에서 무엇이 최선인지 고민해야 합니다. 고정된 마음가짐을 버리고 유연한 태도를 갖춰야 합니다. 객관적인 증거가 나올 때, 생각을 적극적으로 바꾸고 자신의 에고보다 조직 전반을 우선시해야 합니다. 자신을 증명하고 세상에 자신의 훌륭함을 보여주려 하지 마세요. 기업과 팀이 경쟁력을 발휘하려면 먼저 리더가 에고를 내려놔야 합니다." 그 코치는 우리가 말하는 리더십의 세번째 요소를 언급했다. 그건 다름 아닌 "이타심"이다.

물론 에고가 그 자체로 나쁜 것은 아니다. 리더는 자기 이미지를 잘 가꿔야 한다. 하지만 에고가 비대해질 때 문제가 생긴다. 에고는 점점 커진다. 에고는 때로 자신을 다른 사람들에게 증명해 보이려는 욕망에서 비롯된다. 그 대상이 부모든 배우자든 동료든, 혹은 자기 자신이든 간에 말이다. 에고는 우리가 최고의 자아에 이르지 못하게 막는 강력한 방해 요인으로 작용한다. 특히 직장 내에서는 사내 정치나 자기과시, 오만, 혹은 사람들이 함께 일하기 꺼리게 하는 다양한 태도를 촉발한다. 우리가 말하는 세번째 리더십 요소인 이타심은 자신이 언제 과도한 자의식으로 행동하는지 인식하고, 그럴 때 자기 자신의 영광보다 조직의 이익을 우선시함으로써 이러한 본능적인 성향을 억제한다.

우리는 중요한 의사결정을 내려야 할 때 뛰어난 CEO는 먼저 가치를 고민한다는 사실을 확인했다. 그는 자신이 아니라 조직을 위해, 혹은 자신이 일하는 시스템을 위해 가치를 창조하고자 지금 이 자리에 있다고 스스로 말한다. 이타적 리더십이라는 개념은 비교적 잘 알려져 있지만, 우리의 경험에 비춰볼 때 자신의 에고보다 더 거대한 선을 우선시하는 방법을 진정으로 이해하는 리더는 대단히 드물다. 최고의 리더는 스스로 이렇게 묻는다. "나를 움직이게 만드는 원동력은 조직과 직원들, 그리고 기업 사명인가, 아니면 내 에고의 욕망인가? 나는 지금 내 명성을 높이고 체면을 살리기 위해서, 혹은 언론이 다음 기사에서 나를 어떻게 평가할지 걱정하면서 의사결정을 내리고 있는가? 아니면 정말로 내려야 할 올바른 선택을 하고 있는가?"

최고의 리더는 자신감을 갖고 다른 이들의 말에 귀를 기울인다. 그리고 그런 행동 때문에 체면을 구길까봐 걱정하지 않는다. 오히려 그 반대다. 그는 모든 이해관계자의 입장에 주목하면서 인기 있는 선택이 아니라 확신을 갖고 올바른 선택을 한다. 그가 내리는 선택은 이해관계자 모두를 만족시키기 위해 수정한 타협안이 아니다. 또한 다른 이들의 이야기를 참조해서 필요하다면 생각을 과감히 바꾼다. 그리고 전망이 불확실할 때도 과감하게 나아간다. 리더는 자신의 어떤 부분이 의사결정을 내리고 있는지 스스로 물어봐야 한다. 창조적이고 과감하면서 열정적이고 에너지 넘치는 자신인가? 아니면 갈등을 회피하거나 인정을 갈망하는 자신인가?

역사는 우리에게 에고를 내려놓고 거대한 선을 향해 나아가는 과정에서 성공을 거둔 이들의 이야기를 들려준다. 마하트마 간디는 의식적으로 부와 권력을 멀리했고 자신의 건강과 생명을 감수하고서 영국의 통치에 반발하여 비폭력 저항운동을 이끌었다. 그리고 넬슨 만델라는 남아프리카 정권의 탄압을 받아 무려 27년간 투옥 생활을 하면서도 인종차별주의를 종식시키겠다는 꿈을 잃지 않았고 결국 국가의 최고 지도자 자리에 올랐다.

미국에서 이타적 리더로 가장 유명한 사례는 아마도 에이브러햄 링컨일 것이다. 그는 개인의 권력보다 국가의 요구를 앞세우려는 강한 의지로 연합 체제를 끝까지 유지했고 노예제를 폐지했다. 역사가 도리스 키언스 굿윈은 자신의 책 『권력의 조건』[11]에서 남북전쟁이 이어지는 동안 링컨이 자신의 많은 정적을 행정부 인사로 발탁했던 사례를 소개했다. 이러한 인사로는 윌리엄 수어드와 새먼 체이스, 에드워드 베이츠 등이 있다. 이들 모두 그전까지 오랫동안 링컨과 그의 정책에 강하게 반발했다. 그럼에도 링컨은 에고를 내려놓고 아첨하는 사람들 대신 최고의 인재들을 영입했다. 그는 미국 역사상 최대 위기의 순간 혼자 힘으로는 절대 헤쳐나갈 수 없다고 믿었다. 그에게는 다양한 생각을 가진 행정가들이 필요했다. 실제로 링컨은 겸허한 자세로 논의를 격려하고 사람들의 말에 귀를 기울였으며 필요하다면 생각을 바꿨다.

그런데 이처럼 훌륭한 역사적 인물들과는 반대로 오늘날 많은 CEO가 자신의 위대함을 입증하기 위해 너무 많은 에너지를 소비하면서 실질적이고 생산적인 과제는 등한시하고 있다. 게다가 기업 가치를 창조하기보다 자신의 영광을 얻는 데 집착한다. 한 스위스 금융 기업의 CEO 역시 그러한 문제점을 깨닫고 극복하여, 성공적인 전환을 이뤄냈다.

삶에서 많은 일이 그렇듯 타이밍이 가장 중요하다. 이 말은 특히 금융 기업인 스위스라이프에서 CFO로 있던 브루노 피스터가 2008년 리먼 브라더스 사태가 터지기 몇 달 전 CEO 자리에 올랐을 때, 온전한 진실로 드러났다. 당시 리먼이 무너지면서 금융계도 함께 무너지고 있었다. 금융상품들 대부분 유동성을 잃었고 신용 스프레드credit spread(국고채와 회사채 사이의 금리 차이를 뜻하는 것으로, 신용 스프레드가 커졌다는 말은 기업이 자금을 빌리기가 어려워졌다는 것을 뜻한다―옮긴이)가 폭발적으로 커지면서 스위스라이프 같은 기업들은 투자 포트폴리오에 상당한 타격을 받아 대부분 수십억 달러에 달하는 장부상 손실을 기록했다. 피스터는 금융위기 동안 많은 유명 리더와 마찬가지로 극심한 스트레스에 시달렸고 어떻게 대처해야 할지, 그리고 어떤 순서로 안정화 작업을 해서 국면을 전환해야 할지 알 수 없었다.

피스터는 이러한 난국을 개인적인 노력으로 타개하기 위해 자신이 믿고 따르는 멘토에게 조언을 구했다. 멘토는 말했다. "중요한 비즈니스 문제와 개인적인 문제 모두에 관심을 기울여줄 사람을 찾게. 최고의 자리에 있으면 누구나 외롭기 마련이야. 서유럽의 보수적인 기업 문화에서 그런 사람을 발견하기는 쉽지 않겠지만, 그래도 노력해볼 가치가 있다고 생각하네."

그러고는 그에게 특별히 한 가지를 당부했다. 당시만 해도 피스터는 그 조언을 좀 이상하게 여겼다. "브루노, 자네 뒤를 이을 후계자에게 어떤 유산을 남길 건지 한번 생각해보게." 피스터는 끝내 짜증 섞인 목소리로 이렇게 대꾸했다. "대체 무슨 말씀을 하시는 건가요? 전 위기를 겪고 있다고요. 이제 CEO가 되었는데 굳이 제가 남길 유산까지 벌써 고민할 필요는 없을 것 같은데요." 그가 엉뚱한 이야기를 한다고 생각한 피스터는 그의 조언을 진지하게 여기지 않았다. 그런데 그로부터 몇 달이 흘러 그때의 이야기가 계속 머릿속을 맴돌기 시작했다. 그는 자신도 모르게 자기가 떠난 뒤 기업의 모습을 그려보고 있었다. 그것도 단지 재무성과나 핵심 성과 지표와 관련된 결과가 아니라, 스위스라이프의 기업 문화와 태도, 행동, 의사결정 방식, 그리고 직원들이 교류하고 협력하는 모습을 떠올리고 있었다.

피스터는 직원들이 대차대조표와 손익계산서를 철저하게 분석하고, 제품과 유통 채널의 수익성을 꼼꼼하게 파악하고, 상황에 따라 신속하게 대처하고, 상품 개발에 박차를 가하고, 규제 기관과 내부 규정이 허용하는 범위에서 신규 사업을 끊임없이 추진해나가는 모습을 상상했다. 다시 말해 스위스라이프가 보수적이고 느리게 움직이는 문화에서 벗어나 더 도전적이고 단호하면서 고객의 요구에 집중하고 전반적으로 더 빨리 변화하길 원했다. 그리고 그런 변화를 이끌어가기 위한 일관적인 기준과 행동 지침을 마련하고 싶었다.

그러던 어느 일요일 오후, 피스터는 몇 주간 재택근무를 하다가 잠깐 업무를 멈췄다. 업무 요청 사항 두 건이 도착해 있었는데, 들여다보니 여러 부서가 일관성도 없고 서로 모순되기까지 한 용어들을 뒤죽박죽 사용하고 있었다. 사실 그 내용을 제대로 이해할 수조차 없었다. 그는 월요일에 임원 회의를 소집해서 이런 지시를 내렸다. "내부 규정을 구체적으로 정하고 간단하고 체계적인 관리 시스템을 구축하고 여러 과제를 하나씩 처리하는 방식으로 내부 규정과 규제 기준을 깔끔하게 정리하길 바랍니다." 그의 지시는 처음에 임원들에게 전달되었고, 이후로 점차 하위 직급으로 내려갔다. 이를 통해 피스터는 어떤 의사결정을 누가 개별적, 혹은 집단적으로 내려야 하는지에 관한 뚜렷한 기준을 확립했다. 덕분에 모두가 특정 사안에 대한 책임자를 정확히 확인할 수 있게 되면서 의사결정 속도는 더 빨라졌다. 게다가 일관성 없는 상향식 업무 요청은 곧바로 사라졌다.

피스터가 기업의 미래를 시각적으로 뚜렷이 그릴 수 있게 되기 시작하면서 의사결정 과정이 크게 개선되었다. 그는 말했다. "제가 상상한 미래 비전은 나침반이 되었습니다. 그리고 그 비전을 실현하는 과정에 기여하는 요청 사항들을 체계적으로 승인하기 시작했습니다. 반대로 비전을 방해하는 요청 사항은 모두 거부했고 중립적인 요청 사항은 비즈니스에 도움이 될 경우에만 지원했습니다."

피스터는 도전적인 형태의 조직을 구축하려고 하면서도 중앙 집중적인 비즈니스 모형을 기반으로 조직을 운영해야 한다고 믿었다. 이러한 확신은 지금까지 업무 경험과 깨달음에서 비롯된 것이었다. 물론 주변 사람들에게 여전히 충분한 권한을 부여하면서도 CEO가 사업부 운영에 더 깊숙이 관여해야 한다고 믿었다.

그런데 피스터가 중앙 집중적인 모형으로 조직을 변화시키기 위한 구체적인 방안을 제시하기 시작하자 몇몇 고위 임원이 반발을 하고 나섰다. 피스터는 생각했다. 사내 유능한 이들이 비즈니스를 뒷받침하는 모든 요소를 일일이 통제하지 않고도 기업가답게 움직이게 만들 방법은 없을까? 왜, 그리고 어떤 이익을 위해서 기업이 모든 변화를 받아들여야 할까? 피스터는 다양한 주장과 관점에 귀를 기울이는 가운데 그들의 논리에서 타당한 부분을 발견했다. 하지만 역사적으로 CEO는 강한 목소리를 내고 언제나 옳아야 했다. 특히 하향식 관리방식으로 유명한 스위스 기업들에서는 더욱 그랬다.

맥킨지 비밀 수업

피스터는 말했다. "솔직히, 제가 기존 생각을 바꾸면 지위나 권한이 위협받고 영향력이 줄어들고 직원들이 저를 무시할 거라고 우려했던 시절이 있었습니다. 한번은 조용한 방에 혼자 들어가 제가 틀렸다는 사실을 인정하면 어떤 기분이 들지 시험해본 적이 있습니다. 그때 이런 걱정은 조직의 이익이나 DNA보다 제 에고와 더 밀접한 관련이 있다는 사실을 깨달았습니다. 조직에 관한 두려움이 아니라 자기중심적인 두려움이었던 겁니다. 흥미로운 사실은 제게 반발했던 몇몇 임원은 제가 오랫동안 알고 지내면서 존중하고 신뢰했던 사람들이었습니다. 결국 저는 그들의 말에 귀를 기울이고 그들의 의견을 받아들이는 모습을 보이는 것이 오히려 저의 권한과 지위, 영향력을 실제로 강화해줄 거라는 결론에 도달했습니다."

피스터는 자신의 에고를 억누르고 임원들에게 그들의 생각이 옳다고 인정했다. 그 진실의 순간 이후로 피스터와 경영팀은 강력한 영향력을 발휘하는 리더십에 기반을 둔 분산화된 형태의 의사결정 시스템을 구축했다. 예를 들어 피스터는 한 사업부가 주변 상황에 유연하게 대처할 수 있도록 IT 예산을 따로 배정해줬다. 그러고는 그 사업부 책임자에게 IT 예산을 지원받은 대가로 앞으로 3년간 총비용의 40퍼센트를 줄이도록 요구했다. 그렇게 자율권을 부여받은 책임자는 이렇게 답했다. "어떻게든 방법을 찾아내겠습니다!" 그리고 채 2년이 되기도 전에 그보다 더 많은 비용을 줄였다.

그러나 분산화된 비즈니스 모형과 원칙, 속도를 받아들인 새로운 기업 문화를 달갑지 않게 여긴 사람들에게는 조직을 떠날 것을 권고했다. 피스터는 말했다. "모든 기술과 역량을 가장 효율적으로 활용하면서 협력할 수 있는 인재를 발굴해야 했습니다." 이후 피스터는 올바른 태도와 마음가짐을 지닌 인재를 올바른 자리에 배치하고자 만 명이 넘는 직원 중 백 명의 고위 관리자들에게 주목했다. 그는 경영팀과 함께 논의하여 이들 중 3분의 1을 새로운 관리자 자리로 옮겼다. 그리고 다른 3분의 1은 외부에서 영입한 인사로 교체했다. 그렇게 18개월 후 고위 관리자들 중 자리를 그대로 보전한 사람은 3분의 1에 불과했다.

피스터는 조직을 자신의 에고보다 중요하게 생각하면서 진정한 가치 창조를 발견하기 시작했다. 그의 팀은 덜 정치적이고 더 효율적인 조직이 되었다. 직원들은 지시에 따르기보다 기업의 소유주처럼 움직이기 시작했다. 피스터는 이렇게 언급했다. "개인의 책임감과 사명에 호소했습니다. 무슨 일을 하든 어떤 판단을 내리든 항상 최선을 다하고 기업의 관점에서 가장 경제적인 방식을 선택하라고 당부했습니다. 간단하게 말해서 직원들에게 사장처럼 일하라고 한 거죠."

2013년 봄, 피스터가 기업 문화를 바꿔나가기 시작한 지 고작 4년이 흐른 시점에 스위스라이프의 미래에 대한 그의 시각적 비전은 현실이 되었다. 이 기업은 자본 비용을 훨씬 넘어서는 수익을 기록했고 피스터의 삶은 바뀌었다. 그는 100시간이 넘었던 주당 근무

시간을 60시간으로 줄였다. 처리해야 할 이메일도 절반으로 줄었고 과도한 업무로 항상 그만두겠다고 으름장을 놓았던 비서는 오히려 더 많은 업무를 요구했다. 2014년 자문이 조직을 떠나고 난 뒤로는 그 자리를 아예 없애버렸다. 2022년 피스터가 남긴 유산은 단단한 바위처럼 남아 있다. 스위스라이프는 지금도 수익 기록을 계속 갱신해나가고 있다.

조직에서 전략 변화가 필요할 때, 대부분 시작이 힘들다. 리더는 아마도 그때까지 개인적인 권한을 바탕으로 많은 시간과 자원을 투자하며 기존 전략을 이끌었을 것이다. 이러한 상황에서 갑작스럽게 새로운 방향이나 목표 수정이 필요하다는 사실을 인정하기란 쉽지 않다. 어쩌면 기존 계획을 포기하거나 수정함으로써 직원들이 자신에 대한 믿음을 잃어버리거나, 우유부단하게 망설이고 있다고 생각할지 모른다는 두려움이 들 수 있다. 하지만 그렇다고 해도 자신의 에고를 치워두고 새로운 계획을 선택하는 편이 더 낫다. 이타적인 리더는 자신에게 이렇게 묻지 않는다. "내가 어떻게 지금까지 명성을 유지해왔던가?" 대신 그들은 이렇게 묻는다. "어떤 조직을 남겨줘야 할까? 나는 어떤 리더들을 발굴했는가? 조직을 새로운 단계로 끌어올렸는가? 나 자신의 이익을 포기하면서 기업을 위해 올바른 결정을 내렸던가?"

전략을 수정하는 과정에서 어려움을 극복하기 위해서는 조직의 가치를 지키고 있는지 확인하고 변화의 요구에 부응하는 의사결정을 내리기 위한 도구를 활용해야 한다. 변화가 반드시 필요한 상황에서 조직의 문화적 가치와 조화를 이루는 방식으로 의사결정을 내린다면, 직원들은 기꺼이 변화를 이해하고 받아들일 것이다.

문구류와 라이터, 면도기 등을 생산하는 세계적인 기업인 빅BIC의 CEO 곤잘브 비크가 우리의 바우어포럼 모임에 참석한 적이 있었다. 설립자의 손자이기도 한 비크가 2018년 아버지로부터 회사를 물려받았을 때, 그 조직은 새로운 혁신과 활력을 절실히 필요로 하는 상황이었다. 빅은 주식을 공개한 기업이었음에도 비크 가문이 여전히 63퍼센트의 의결권을 보유하고 있었다. 이러한 상황에서 그 젊은 CEO는 투자자는 물론 기업에 몸담고 있는 가족 및 친척들의 요구까지 만족시켜야 했다. 당시 주식시장은 하락중이었고 비크의 도전 과제는 소비자들이 점차 유지가능성이라는 개념에 주목하는 시대에, 일회용 제품을 생산하는 그 기업을 시대에 맞게 재편하는 일이었다.

그때까지도 빅에서 전 세계 다양한 지역의 비즈니스를 책임지고 있던 비크는 의사결정 과정에서 많은 어려움을 겪었다. 그는 말했다. "데이터가 너무 많았습니다. 사무실에 앉아 빽빽하게 묶여 있는 300장짜리 파워포인트 자료를 다 읽고도 핵심이 뭔지 종잡을 수 없었습니다." 그는 CEO로 취임하고 난 뒤 개인적인 편향이나 어마어마하게 많은 데이터 대신 기업에 실질적인 도움이 되는지를 기준으로 판단할 수 있도록 의사결정 과정을 단순화하고자 했다.

하버드에서 역사학을 전공했던 비크는 미국 대통령 우드로 윌슨이 백악관 시절 어떻게 의사결정을 내렸는지에 주목했다. 윌슨은 실무적인 차원에서 다양한 사안을 요약한 보고서를 바탕으로 스스로 가설을 세우고 자신이 신뢰하는 3~5명으로 구성된 백악관 내부 및 외부 전문가와 함께 이야기를 나눈 뒤 최종 의사결정을 내렸다. 이러한 윌슨의 의사결정 방식에 착안한 비크는 새로운 접근 방식과 방법론을 기반으로 수정한 의사결정 과정을 활용함으로써 많은 시간을 절약했다.

그럼에도 의사결정은 쉽지 않았다. 때로는 당연해 보이는 결정에도 확신이 서지 않았다. 비크는 말했다. "한번은 새벽 2시 반에도 잠들지 못한 채 다섯 가지 사안을 놓고 씨름하고 있었습니다. 과제는 계속 쌓여만 갔죠. 보고서를 읽고 계산을 하고 전문가와 통화하면서 이런 생각을 했습니다. '어쨌든 결정을 내려야 해. 그래야 몇 시간이라도 잘 수 있으니까.' 그런데 한 시간 더 고민한다고 더 나은 판단을 내릴 수 있을 거라는 생각은 들지 않더군요. 그냥 잠자는 시간만 날려버리는 게 아닌가 생각이 들었어요. 연설이든 협상이든 다음날 일을 하려면 에너지를 보충해야 했으니까요."

최고의 리더는 에고를 넘어서서 이타적으로 선택할 뿐 아니라, 그렇게 결정하기 위한 시스템을 구축하는 법을 배워나간다. 비크는 살아가는 동안(그리고 잠자는 동안에도) 스트레스를 덜 받고 자신의 결정을 팀원들에게 납득시키기 위한 세 가지 윤리적 원칙을 세우고 이를 모든 의사결정의 기준으로 삼았다. 비크는 이 기준을 통해 CEO의 에고를 세우는 게 아니라 조직의 이익을 추구하는 방향으로 의사결정을 내리고자 했다. 비크의 설명에 따르면, 그 원칙에 따라 의사결정을 내림으로써 긍정적인 느낌을 얻고 실패 위험을 크게 낮출 수 있었다. "중요한 의사결정은 새벽이 아니라 오후 6시에 내립니다. 그리고 퇴근해서 아이들에게 요리를 해줍니다. 그렇게 즐거운 저녁 시간을 보냅니다."

비크는 그 세 가지 원칙을 지키기 위해 자신이 65세가 되었을 때 자연으로 둘러싸인 곳에서 흔들의자에 앉아 CEO 시절 스스로 내렸던 결정을 돌이켜보는 자기 모습을 종종 상상해봤다. "한 인간으로서 그때의 선택에 대해 긍정적인 느낌을 받을 수 있을까? 그렇게 온전히 확신할 수 없다면 다른 방법을 고민해야 하는 거죠."

비크는 의사결정을 내릴 때마다 자신에게 세 가지 질문을 던진다. 가치를 창조하는가? 기회를 창출하는가? 선을 위한 것인가? 여기서 그가 말하는 가치란 재무적인 의미만은 아니다. 그것은 단기적으로 이익이 줄어든다고 해도 기업의 장기적인 비전을 강화하는 시도를 말한다. 그리고 그가 생각하는 기회란 다음 질문에 대한 대답을 뜻한다. 이 결정은 새로운 비즈니스를, 혹은 새로운 일자리를 만들어낼 것인가? 그리고 마지막 질문은 다음과 같다. 이 선택은 공동체에 도움을 줄 것인가? 기후변화를 완화할 것인가, 아니면 더 악화시킬 것인가? 쓰레기를 줄일 것인가, 아니면 더 많이 만들어낼 것인가? 다양한 생각을 자극할 것인가? 비크는 이렇게 설명한다. "저는 평생 공직을 선택하지 않았습니다. 화가나 시인의 삶도 선택하지 않았죠. 예술적인 재능이 없었으니까요. 하지만 일을 하면서 공동체에 도움이 될 수 있다면 마음 편히 잘 수 있을 겁니다."

신속하고 자신감 있게 행동하기 위한 체계적인 의사결정 시스템을 마련했음에도 비크는 때로 순간적인 감정으로 원칙을 외면하고 본능에 따라 행동하고 나서 후회했다. 2019년 CEO로 취임한 후 비크는 조직 개편을 결정하면서 자신이 무엇을 원하는지 분명히 알았다. 그는 시장과 제품 카테고리를 기반으로 비즈니스를 운영하는 분산화된 글로벌 기업에서 벗어나 업무를 중심으로 자원과 정보를 공유하는 중앙 집중적인 기업으로 나아가고자 했다. 그리고 향후 인수합병을 통해 비즈니스 규모를 확장해나갈 계획이었다. 또한 그 과정에서 더 많은 사람이 기업가정신으로 무장하기를 기대했다.

"당시 저의 선택에 80퍼센트 정도 확신이 있었지만 최종결정은 여전히 쉽지 않았습니다. 저의 에고는 실수를 용납하지 않았으니까요. 팀원들이 말했죠. '시간이 없어요. 빨리 결정을 내려야 해요.'" 그러나 자신의 신속한 의사결정 역량에 자부심이 높았던 비크는 팀원들에게 양해를 구하고 예전에 좀처럼 하지 않았던 일을 했다. 최종결정을 잠시 미루고 일주일 동안 좀더 고민해보겠다고 한 것이었다. 결국 그는 주말에 기업을 중앙 집중적인 조직으로 개편하기로 판단을 내렸다. 그런데 그는 왜 결정을 미뤘던 걸까? 그건 지금까지 의사결정 방식을 깊이 고민하지 않았다는 사실을 깨달았기 때문이었다. 그는 조직 개편과 관련해서 그때까지 한 번도 논의에 참여하지 않았던 한 전문가에게 전화를 걸어 이야기를 나눴다. 비크는 이렇게 설명했다. "그와 통화하고 이틀 만에 생각이 바뀌었습니다. 놀라운 경험이었죠."

결론적으로 비크는 신중한 의사결정 과정을 거쳐 올바른 판단을 내렸다. 자신의 에고가 아니라 조직을 위한 결정이었다.

조직의 이익이 아니라 자신의 에고를 위해 행동하는 것은 아닌지 확인하기 위해 스스로 던져봐야 할 질문들

- 나의 어느 부분이 의사결정을 내리고 있는가? 창조적이고 과감하고 열정적이고 에너지 넘치는 나인가, 아니면 갈등을 회피하고 인정을 구하는 나인가?

- 유산으로 남겨줄 조직을 위해서가 아니라 나의 명성과 에고를 위해 의사결정을 내리고 있는 것은 아닌가?

- 언제, 어떻게 다른 사람들의 이야기를 참조해서 생각을 바꾸는가?

- 나의 신뢰성이 위협받지 않을 거라 안심하면서 다른 이들의 말에 자신감 있게 귀를 기울일 수 있는가?

- 모든 이해관계자의 주장에 귀를 기울이면서도 내적 확신으로부터 올바른 판단을 내리고 있는가? 그들의 요구를 충족시키기 위해 인기에 영합하는 판단을 내리는 것은 아닌가?

- 내 생각이나 믿음에 오류가 있는지, 그래서 수정해야 할지, 그리고 객관적인 관점에서 더 나은 의견을 찾아야 할지 어떻게 판단할 수 있을까?

요약

최고의 자리에 오른 많은 리더가 의사결정 과정에서 어려움을 겪고 있다. 의사결정 자체가 힘들어서가 아니라 확고한 자신감과 자존감이 부족해서다. 판단을 내렸지만 성공적인 결과로 이어지지 않았거나 팀원들로부터 기대했던 지지를 끌어내지 못했던 최근의 경험을 떠올려보자. 자신이 정답을 알고 있고 더 똑똑하고 강인하고 자신 있게 보이기 위해 의사결정을 내린 것은 아닌가? 좋은 의도로 결정을 내렸지만, 자신의 에고로 인해 사람들이 의사결정 과정에 참여하거나 반대 목소리를 내는 것을 막지는 않았나? 혹은 자신이 무슨 실수를 저질렀는지 물어봤던가? 나아가 사람들의 관심을 받고 그들의 기대에 부응하려는, 혹은 이해관계자 모두를 만족시키겠다는 욕심으로 결정을 내린 것은 아닌가?

앞서 살펴봤듯이 조직의 이익을 위한 (기업의 성공을 위한 목표나 우선 과제에 집중하면서) 의사결정을 내리기 위한 핵심 자질은 이타심이다. 자의식을 넘어 팀과 조직, 그리고 외부 세상을 위해 최고를 추구하는 태도는 성공에 대단히 중요하다. 이것이야말로 이타적인 리더십에 대한 최종 정의다. 그런데 동료와 자문, 친구로부터 최고의 아이디어와 지혜를 구했는지 어떻게 알 수 있을까? 여기서 우리는 취약성의 개념에 주목해야 한다.

4장

취약성
Vulnerability

스스로를 솔직하게 드러내자

파리의 어느 비 오는 날, 바우어포럼에 참석한 몇 명의 CEO는 그들 중 한 사람이 겪고 있는 심각한 어려움에 깜짝 놀랐다. 그는 가족 소유의 글로벌 제조업체를 성공적으로 이끌면서 이사회와 경영진은 물론, 외부 이해관계자들과도 강한 유대관계를 유지하는 것으로 유명한 인물이었다. 그는 테이블에 둘러앉은 다른 참석자들에게 이런 이야기를 들려줬다. "제가 겪고 있는 문제는 사람들과 정면으로 맞서지 못한다는 겁니다." 그러고는 회사 경영팀의 일원인 한 친척이 마치 자신이 그 기업의 소유주인 양(물론 지분의 일부를 갖고 있기는 하지만) 거드름을 피운다고 했다. 그 친척은 다음과 같은 이야기를 떠들고 다니면서 조직에 부정적인 영향을 미치고 있었다. "그 사람은 멍청해. 아무개는 아무짝에도 쓸모가 없어. 저 사람은 뒤에서 그 사람 욕을 하고 다녀.” 그 CEO는 이 문제를 놓고 친척과 맞서야 한다고 생각했지만 도무지 용기가 나질 않았다.

그 자리에 있던 한 CEO는 그에게 왜 그렇게 느끼는지 물었다. 두 사람의 깊은 대화 끝에 그 CEO는 어머니가 모두를 만족시켜야 하는 사람으로 자신을 키웠다는 사실을 깨달았다. 그는 어머니와 깊은 관계를 가져본 적이 없다고 했다. 그가 자신이 겪는 문제에 대해 이야기할 때마다 어머니는 항상 이런 식으로 답했다. “아무 문제 아니란다. 금방 해결될 거다. 걱정하지 말거라.” 그의 가족들은 저녁 식사 자리에서 말다툼을 하는 법이 없었고 언제나 서로 예의바르고 공손하게 대했다. 그는 자신의 뛰어난 사교 능력으로 이사회 및 여러 이해관계자와 좋은 유대관계를 유지했지만 그 친척처럼 공격적인 성향의 인물들을 만나야 할 때면 주눅이 들었다. 하지만 그 이유를 깨닫고 나자 자신감을 찾을 수 있었다. 언제나 어머니의 가르침에 따라 행동할 필요는 없었다. 그후 그는 친척을 만나 조직 외부에서 새로운 기회를 찾아보는 게 좋겠다고 말했고, 그의 입장에서는 참으로 다행스럽게도 친척은 분란을 일으키지 않고 회사를 떠났다.

이 사례에서 알 수 있듯이 리더는 자신의 감정을 인정하고 들여다봄으로써 지금까지 인생에서 형성된, 그러나 제대로 인식하지 못했던 심리적 패턴을 다룰 수 있다. 부모와 교사, 경력 초반에 만난 상사에 의해 형성되고 강화된 행동방식이 바로 이러한 패턴에 해당한다. 한 경험 많은 CEO는 이렇게 지적했다. "자신의 감정을 깊숙이 들여다보지 않고는 깨달음을 얻을 수 없습니다." 하지만 많은 이가 이러한 생각에 종종 의문을 제기한다. 우리가 알고 있는 또다른 경영자는 이러한 생각에 대해 자신의 기업이 직면하고 있던 중요한 과제를 이야기하면서 되물었다. "제 감정이 왜 중요하죠? 전 엔지니어입니다. 감정이 아니라 사실을 똑바로 보라고 훈련을 받았습니다."

리더십 과정의 네번째 요소에서 중요한 과제는 주어진 상황에서 자신을 솔직하게 드러내는 법을 배우는 일이다. 많은 사람은 이러한 태도가 개인의 약점을 보이는 것이라 생각하지만, 사실은 강함을 보여주는 것이다. 자신을 있는 그대로 보여준다는 의미의 취약성 개념은 적절하게 다룰 때 힘이 된다. 하지만 감정을 드러내지 않는 태도는 리더에 대한 전형적인 이미지로 우리의 집단적 의식 속에 깊이 각인되어 있다. 리더는 사무실에서 감정을 표현해서도, 직원들과 인간적으로 교류해서도 안 된다. 또한 모든 걸 책임지는 리더는 개인적인 약점이나 취약성을 보여서도 안 된다.

그러나 이러한 리더상은 요즘 세상에서 직원들에게 열정을 부여하지 못한다. 특히 밀레니얼 세대는 진정성 있고 취약성을 포함하여 인간적인 측면을 공유하는 리더를 원한다. 그들은 그렇지 않은 리더에게 마음의 문을 닫거나 심리적으로 거리감을 두고, 혹은 아니면 리더에 대한 기대를 충족시켜주는 다른 직장을 찾아 떠나기까지 한다. 모든 일을 완벽하게 처리하고 스스로 초인적인 리더임을 입증하려는 태도는 오히려 팀워크를 망치고 직원들을 멀어지게 만든다. 리더는 자신을 입증하려는proving 태도를 버리고 대신 스스로 항상 더 발전할improving 수 있다고 믿는, 열려 있고 진실된 마음가짐을 가져야 한다. 직원들과 연결되기 위해서는 자신의 진정한 자아를 일터로, 그리고 직면하는 모든 상황으로 가져와야 한다. 또한 이미지 관리가 아니라 개인적인 성장에 주목해야 한다. 위험을 감수하면서 보상이 불투명한 관계에 투자하고 아무것도 보장되지 않은 상황에서 기꺼이 움직일 수 있어야 한다. 즉, 리더는 취약성을 드러내야 한다.

취약성을 보이기 위해서는 다른 사람의 감정과 입장, 그리고 주장에 스스로 영향을 받도록 마음의 문을 열어야 한다. 또한 사람들이 진정한 자신의 모습을 들여다볼 수 있도록 허용해야 한다. 스스로 취약해지기를 선택할 때, 사람들로부터 평가받을 두려움과 함께 최고의 강인함과 희망, 꿈, 걱정, 불안, 질문들도 공유하게 된다. 일반적인 사회 인식과는 달리 취약성은 약점이 아니다. 오히려 마법 같고 강력한 힘이 될 수 있다.

가장 강하고 위압적인 몇몇 리더도 취약성의 가치를 이해했다. 애플의 스티브 잡스만큼 조직을 강력하게 장악했던 기업가는 찾아보기 힘들다. 하지만 그런 그도 경력 후반에는 진정한 자신을 드러내고 사람들과 생각과 감정을 공유하는 노력이 중요하다는 사실을 깨달았다. 췌장암을 비롯해서 여러 건강 문제로 평생 고통을 겪었던 잡스는 그 유명한 2005년 스탠퍼드대학교 졸업식 연설에서 암 투병과 시한부 운명에 대해 공개적으로 밝혔다. "인생에서 중요한 결정을 내려야 할 때, 저는 무엇보다 조만간 죽을 거라는 사실을 떠올립니다." 그의 이러한 열린 태도는 개인적인 명성을, 그리고 지금까지 주목해야 할 기업가로서의 명성을 남겼다.

사람들의 신뢰를 얻으려면 자신의 취약성을 드러내야 한다. 자기 자신을 그대로 드러내고 강인한 정신을 유지하는 것은 우리 모두에게 힘든 과제다. 대규모 이사회 회의에서 자신의 취약성을 드러내고픈 사람은 아마도 없을 것이다. 그러나 동료들과 어려운 문제를 해결하기 위해 모인 자리라면 이러한 태도는 중요하다. 취약성을 드러내는 궁극적인 목적은 동료, 자문, 친구로부터 다양한 아이디어와 지혜를 얻는 것이다. 만약 주변에 높은 방어막을 쌓아놓고 은밀하게 행동한다면 사람들은 우리와 관계를 맺으려 하지 않을 것이다. 나아가 조직 전반에 걸쳐 신뢰의 분위기를 구축하고자 한다면, 경영팀 구성원들 역시 마음의 문을 열도록 만들어야 한다. 이 과제는 2부에서 자세히 살펴보도록 하자. 연구 결과들은 팀이 실패하는 가장 중요한 원인이 신뢰의 결핍이라는 이야기를 들려준다.

취약성은 우리를 자극하는 방아쇠를 관리하는 것과 깊은 관련이 있다. 방아쇠는 우리가 감정적으로 반응하도록 만든다. 사람들의 말이나 행동, 혹은 주변 상황과 도전 과제가 이러한 방아쇠로 기능할 수 있다. 방아쇠는 그 자체로 긍정적이지도 부정적이지도 않다. 방아쇠는 우리 내면의 두려움을 촉발하는 역할을 한다. 조직에 피해를 주는 행동을 계속하는 팀원, 당신의 문을 두드리는 사회 활동가, 지난 사분기 실적을 비난하는 이사회 멤버, 혹은 자신의 진보적인 가치관을 비난하는 주지사 모두 그러한 방아쇠가 될 수 있다. 리더가 자신의 방아쇠를 이해하지 못하면 자기 패턴에 갇히고 만다. 그리고 이러한 상황은 부정적인 행동과 성과 하락으로 이어진다. 상황에 반사적으로 반응하거나, 혹은 기업을 위해 의사결정을 내리는 게 아니라 상황을 통제하거나 에고를 지키기 위해 기존의 오랜 패턴으로 되돌아가는 것은 대단히 위험한 행동이다. 최고의 리더는 자신을 자극하는 방아쇠를 인식하고 공개적이고 긍정적인 방식으로 상황에 대처할 줄 안다.

바로 여기서 취약성이 힘을 발휘한다. 어떤 방아쇠가 자신을 부정적이거나 방어적으로 행동하도록 만든다면, 그리고 그런 상황을 인식할 수 있다면, 자신이 왜 그런 식으로 반응하는지 스스로 물어보거나 다른 사람과 이야기를 나눠봄으로써 행동을 바꿔나갈 수 있다. 우리는 외부의 영향에 문을 열어놔야 한다. 취약성을 근간으로 자신을 인식하고, 이를 통해 반응의 순간 자기 상태를 파악하면서 잠시 틈을 두고 긍정적이고 창조적인 방식으로 새롭게 반응하려는 시도는 대단히 중요하다. 이러한 방식으로 자신의 취약성을 드러낸다는 것은 우리가 '들어가며'에서 설명했던 것처럼 통제에서 협력으로, 그리고 경쟁에서 공동의 창조로 넘어가는 것을 포함하여 리더의 다섯 가지 균형 잡기 행동을 익혀나간다는 뜻이다.

자신의 방아쇠가 무엇인지 이해하기 위해서는 때로 내면 깊숙이 들여다봐야 한다. 한 CEO는 이사회 회의에서 자기 말을 이해하지 못하는 한 이사의 표정을 볼 때마다 분노가 치밀었다. 그리고 그 이사가 자신이 생각하기에 오류가 있거나 뻔한 이야기를 꺼내면 즉각 끼어들어서 대화의 흐름을 바로잡았다. 하지만 그럴 때면 회의실에 항상 어색함이 감돌았다. 이후 그 CEO는 깊은 자기 성찰을 통해서 자신이 언제나 올바른 모습을 보여야 한다고 생각한다는 사실을 깨달았다. 그는 항상 정답을 알고 있는 아이가 되어야 했던 어릴 적 패턴으로 종종 되돌아간다는 사실을 이해했다. 그리고 CEO는 이사가 자신과 경쟁 관계에 있으며 자신의 정체성을 항상 위협한다고 느꼈다. 이러한 생각은 내면의 두려움을 자극했고, 그럴 때면 현재 상황에 대처하거나 기업의 이익을 위해서가 아니라 순전히 반사적으로 행동했다. 그래도 그 CEO는 결국 그런 자신을 이해하고 태도를 바꾸기 위해 노력했다. 그는 말했다. "외부 자극을 받으면 자동적으로 방어 태세를 취합니다. 그러면 창조적인 생각을 할 수 없게 됩니다." 이후 그 CEO는 그 이사가 말을 할 때 가만히 들었다. 그리고 이사회가 중요한 비즈니스 당면 과제에 집중하도록 애를 썼다.

또한 리더 스스로 팀원들에게 다가가 도움을 요청함으로써 자신의 방아쇠를 무력화시킬 수도 있다. 우리와 함께 일했던 한 영국 대형 은행 임원은 회의 시간에 자신이 존중받지 못한다는 느낌을 받으면 화가 난다고 했다. 그리고 다른 사람들이 뒤에서 자기 험담을 하거나 자기가 내놓은 아이디어를 가로채간다는 느낌을 받는다고 했다. 우리는 그에게 자신의 그런 느낌에 대해 팀원들과 솔직하게 대화를 나누는 방법을 제안했다. 즉, 취약성을 드러내 보이도록 한 것이다. 이후 그는 자신의 팀원들에게 무시당한다는 느낌이 들면 화가 나면서 아무 말도 듣거나 하기 싫어진다고 털어놨다. 그러자 한 팀원이 말했다. "그렇군요. 그러면 어떻게 해야 그런 상황에서 벗어날 수 있을까요?" 그 임원은 대답했다. "글쎄요. 무엇보다 열린 마음이 필요하다고 생각합니다. 무엇 때문에 화가 나는지 서로 이야기를 나눌 수 있다면 도움이 될 것 같습니다. 다음으로 당신이 나의 분노를 자극했다면, 그건 아마도 당신이 나를 존중하지 않는 행동을 했기 때문일 겁니다." 그 대화를 통해 임원의 방아쇠를 이해한 팀원들은 더 부드러운 방식으로 협력하기 시작했고, 또한 그 임원은 더 높은 열정과 활기를 느낄 수 있었다. 그는 팀의 분위기를 완전히 바꿔놨다.

그렇다면 취약성은 어떤 모습으로 나타날까? 그리고 자신의 단점과 자기 의심을 드러내면서도 어떻게 직원들에 대한 영향력을 유지할 수 있을까? 우리는 직원들이 편안하고 개방적이고 진실하고 진정한 리더에게 더 마음의 문을 열고 존중하며 중요한 정보를 제공하려 한다는 사실을 확인했다. 리더는 취약성을 드러냄으로써 자신의 감정을 공유할 뿐 아니라 다른 사람들로부터 소중한 정보를 얻을 수 있다는 점을 명심하자. 그렇다. 취약성은 사람들에게 다가가게 해준다.

마스터카드 재단의 CEO 리타 로이는 스스로 모범을 보이면서 조직을 이끄는 인물이다. 그녀는 취약성을 드러내고 신뢰를 보여줌으로써 관계를 형성할 수 있다고 믿는다. 로이는 2008년부터 자산 가치가 4백억 달러에 달하는 세계적인 규모의 그 재단을 이끌고 있다. 그녀는 자신에 대한 인식과 타인에 대한 공감을 바탕으로 진실을 말하는 것과 겸손한 태도를 유지하는 것 사이에서 까다로운 균형을 유지하고 있다. 그녀는 앞으로의 과제에 대한 직접적이고 구체적인 비전과 함께 직원들과 깊은 유대감을 유지하는 능력을 모두 갖추고 있다. 그리고 도전 과제에 어떻게 접근해야 할지, 혹은 어떻게 문제를 해결해야 할지에 대한 직원들의 의견을 진실된 태도로 물어봄으로써 그들이 존중과 관심을 받고 있다고 느끼게 만든다.

2006년 마스터카드는 교육을 개선하고 금융 서비스의 접근성을 높이고자 토론토에 재단을 설립했다. 그리고 2008년 재단 이사회는 새롭게 설립된 재단의 방향을 잡기 위해 로이를 영입했다. 당시 그녀는 의료 기업인 애보트에서 기업의 사회적 책임과 정책을 담당하는 부서를 이끌고 있었다. 거기서 그녀는 자신의 업무와 동료들을 좋아했지만 조금씩 지쳐간다는 느낌과 함께 자기 역량을 시험해보고 싶다는 생각이 들었다. 새로운 도전의 시간이 왔다. 마스터카드 재단의 초창기 시절 로이는 외부로부터 많은 제안을 받았다. 어떤 이는 캐나다에 집중하라고 했고 다른 이는 인도가 합리적인 선택이라고 조언했다. 그리고 또다른 이들은 풍부한 자원을 바탕으로 전 세계 모든 곳에서 활동할 수 있을 거라고 제안했다.

결국 로이는 자선단체 분야에서 논란을 낳았던 결정을 내렸다. 그녀는 재단 이사회에 아프리카 사히라 남부 지역에 집중하는 것을 재단의 비전으로 생각한다는 뜻을 전했다. 그러나 외부의 일부 비판자들은 아프리카는 심각하게 부패했기 때문에 후원금이 정말로 도움이 필요한 이들에게 전달되지 않을 거라고 반박했다. 또다른 이들은 아프리카는 거대한 규모의 원조를 받아들일 역량 자체가 없다고 지적했다. 그녀는 다양한 이의 생각과 주장을 고려하는 과정에서 정확한 상황을 파악했고 다른 이들이 보지 못하는 가능성을 믿게 되었다. 더욱이 신생 재단의 리더였던 그녀는 이렇게 말했다. "아프리카 지역에 실질적인 영향을 미칠 수 있다는 확신이 있었죠."

아프리카 지역에 집중해야 한다는 로이의 강한 확신은 그녀가 경력 전반에 걸쳐 수행했던 다양한 집단으로부터 듣고 배우는 노력에서 비롯되었다. 그 과정에서 그녀는 자신의 취약성을 드러냈다. 로이는 몇 달 동안 에티오피아와 케냐, 우간다, 세네갈을 여행하면서

    맥킨지 비밀 수업

많은 정보와 조언을 구했고, 또한 공동체 지도자와 교육자, 사업가, 그리고 가장 중요하게는 젊은이를 많이 만나 이야기를 나눴다. 그녀는 그곳의 여성들이 사업을 시작하기 위해, 혹은 자녀 교육을 위해 금융기관에 접근하는 과정에서 맞닥뜨리는 장벽의 존재를 알게 되었다. 그리고 가난한 이들에게 금융 서비스를 제공하려는 정부기관이나 비정부기구들이 겪는 어려움에 대해 들었다. 로이는 당시를 떠올리며 말했다. "비전과 전략을 세우기 위해 몇 가지 간단한 질문을 하고 겸손한 자세로 배워야 했습니다. 안 그러면 배울 수 없습니다. 동아프리카 지역을 많이 돌아다니면서 일하긴 했지만 아프리카에 대해 별로 아는 게 없었거든요."

로이는 아프리카가 자신에게 평생에 한 번 있을 기회를 선사했다고 확신했다. 무엇보다 노동인구가 젊었다. 대부분이 서른 살 아래였고 변화를 갈망했다. 그녀는 이들이 교육에 더 쉽게 접근하고 더 양질의 금융 서비스와 네트워크를 누릴 수 있다면 경제에 온전히 참여할 수 있을 것으로 기대했다. 그리고 그렇게 된다면 지역의 번영에 강한 영향력을 미칠 것으로 봤다.

로이가 캐나다로 돌아와 자신의 새로운 비전을 이사회에 들려줬을 때, 그들은 망설임 없이 승인했다. 이후 마스터카드 재단은 몇 년 동안 아프리카 전역에 걸쳐 다양한 협력 관계를 맺으면서 여러 프로그램을 개발했다. 그리고 젊은이들, 특히 젊은 여성들이 교육을 받고 소상공인들이 금융과 시장에 수월하게 접근할 수 있도록 지원했다. 2016년 말을 기준으로 약 2천만 명이 재단의 프로그램을 통해 금융 서비스를 이용했다.

로이와 그녀의 이사회 동료들은 10년 동안 일을 하고 난 뒤 잠시 한 발 물러서서 그들의 배움과 성취를 살펴보고 놓친 기회들을 분석했다. 그리고 젊은이들과 지도자들, 그리고 공동체에 재단이 앞으로 10년간 어디에 집중해야 할지 물었다. 그렇게 해서 2018년 '영 아프리카 웍스Young Africa Works'가 출범했다. 이는 아프리카에서 젊은 층의 실업 문제를 해결하기 위한 프로젝트였다. 로이와 재단 경영팀은 전략을 실행에 옮기려면 조직을 변화시키고 아프리카에서 입지를 강화해야 한다는 사실을 곧바로 깨달았다. 그래서 로이는 2019년 르완다 키갈리로 넘어갔다. 오늘날 마스터카드 재단의 직원과 간부 대부분이 일곱 개 나라 출신의 아프리카인들이다. 코로나-19 전염병 발발에 따른 혼란에도 불구하고, 2023년 말 마스터카드 재단의 협력체들 중 65퍼센트는 아프리카에서 생겨난 조직이었다. 이들 협력체는 660만 명의 젊은이가 일자리를 찾을 수 있도록, 또한 수백만 명이 마스터카드 재단 프로그램을 통해 기술 관련 교육을 받고 금융 서비스를 이용하도록 도움을 줬다.

그러나 성공을 향한 로이의 여정이 순탄치만은 않았다. 그녀는 말레이시아에서 자랐다. 그녀가 열네 살 되던 해 아버지가 세상을 떠났을 때 가족에게 남아 있는 돈은 거의 없었다. 로이는 어머니에게서 겸손과 용기를 배웠다. 자식들을 가르쳐야 한다는 어머니의 의지는 강했다. 로이는 말했다. "제가 처음으로 받은 장학금은 어머니가 주신 것이었어요." 그녀의 어머니는 가족의 유일한 자산인 집을 담보로 잡아서 로이가 노스캐롤라이나에 있는 고등학교에 다닐 수 있도록 했다. "어머니는 이렇게 말씀하셨어요. '널 그 학교에 보낼 순 있지만 그다음부터는 스스로 길을 찾아야 한다.'" 이후 로이는 세인트앤드루스장로교대학교(현재 세인드앤드루스대학교)에 장학금을 받고 입학했다. 그리고 용돈을 벌기 위해 장애 학우를 도와주거나 교수의 행정 업무를 보조하는 등 여러 가지 일을 했다. 카페테리아에서도 다양한 일을 했다. 그녀는 말했다. "제가 생각하는 첫번째 가치는 언제나 겸손이었어요. 저의 겸손함은 어린 시절 비롯되었습니다. 막대한 부나 영향력을 가진 조직 또는 개인은 세상에 모르는 게 많고 그래서 배워야 한다는 사실을 인정할 만큼 충분히 자기 자신을 잘 이해하고 통이 커야 합니다. 이러한 마음가짐을 현명한 이기심enlightened self-interest이라고 불러도 좋겠군요."

그녀는 계속해서 이야기를 이어나갔다. "너무 많은 사람이 삶을 개인적인 부분과 직업적인 부분으로 구분하는 방식으로 서로 상충하는 요구 사항들 사이에서 균형을 잡으려 애쓰고 있습니다. 하지만 우리는 다양한 영역에 걸쳐 살아가고 있으며 삶은 질서보다 혼란에 더 가깝습니다. 달력에 구분해놓은 시간이 아니라 평생의 경험으로부터 삶의 균형점을 더 잘 확인할 수 있습니다. 리더십은 우리가 살아가고 공감하고 배우고 기여하기 위한 기술입니다."

마스터카드 재단을 구축하는 동안 이러한 관점은 로이가 힘든 상황에서 올바른 판단을 내릴 수 있게 해주었다. 로이가 가장 중요시한 것은 사람들을 존중으로 대하는 방식이었다. 예를 들어 마을과 시장, 농업 공동체 혹은 학교가 직면하고 있는 경제적 상황이나 문제에 관한 데이터를 수집할 때, 재단은 그 데이터를 그들이 소유한다고 생각하지 않았다. 발견한 것에 대해 논의하고 해결책을 찾기 위해, 그리고 정보와 아이디어를 구하기 위해 재단은 그 원천인 사람들에게 주목했다. 로이는 이렇게 설명했다. "우리는 그들에게 들은 이야기를 함께 공유하면서 '동의하시나요?'라고 물었습니다. 사람들의 말에 귀를 기울이지 않을 때, 언제든 잘못된 판단을 내릴 위험이 있고 실질적인 변화를 일궈낼 기회를 잃어버리고 맙니다."

예를 들어 재단 초창기 시절 한 비정부기구가 야심 있는 젊은 아프리카 사업가에게 아주 낮은 금리로 대출을 해주는 소액금융 프로그램을 제안했다. 그런데 그 프로그램이 시작되고 6개월이 지났는데 한 건의 대출도 이뤄지지 않았다. 로이와 재단 경영팀은 그 지역을 직접 방문해 젊은이들이 대출을 원하지 않는다는 사실을 발견했다. 그들이 원한 것은 저축 상품이었다. 결국 재단은 프로그램을 새로운 형태로 바꿨다. 이는 공동체가 요구하는 것을 제공하는 과정에서 선입견이 중대한 걸림돌이 될 수 있다는 사실을 잘 보여주는 사례였다. 그래도 실수를 기꺼이 인정하는 열린 마음과 의지를 통해 재단은 공동체와 업무적으로 더 긴밀한 관계를 형성할 수 있었다.

취약성을 드러낸다는 말은 때로 자존심을 내려놓고 사과한다는 것을 의미한다. 마스터카드 재단은 청년 취업 전략을 수립하는 과정에서 직원들을 한 아프리카 국가로 보내 상황을 파악하도록 했다. 그런데 그 직원들은 아쉽게도 그곳의 문화적 규범을 잘 알지 못했고, 또한 그 지역을 잘 아는 사람들에게 도움을 요청하지도 않았다. 결국 그들은 정부 관료들과의 논의에서 중요한 의미를 제대로 파악하지 못했고 적절한 판단도 내리지 못했다. 로이는 직원들이 그 과정에서 결례를 범했다는 말을 들었다. 그녀는 문제를 해결하기 위해 조언을 구했고 그 나라 대통령과의 만남을 요청했다. 그녀는 대통령에게 재단의 전략을 설명하고 실수에 대해 사과했다. 대통령은 로이와 이야기를 나누고 나서 말했다. "오늘이 우리가 협력 관계를 시작하는 첫날이라고 생각합니다." 그 말은 로이에게 감동적인 신뢰의 화답이었다.

또다른 사례에서 로이는 협력 기관과의 회의에 참석하여 프로그램 진척 상황과 확장 방안에 대해 설명했다. 그 자리에는 마스터카드 재단과 협력 기관 사람 약 스무 명이 원을 그리며 가깝게 앉아 있었다. 회의 분위기는 좋았다. 그런데 협력 기관의 리더가 갑자기 대화를 끊고 이렇게 말했다. "당신들은 우리를 존중하지 않고 있습니다. 마치 우리가 돈을 구걸하고 있는 느낌이 듭니다. 이런 식으로 흘러가서는 안 됩니다." 이러한 지적에 그들은 더 이야기를 나눴고,

결국 프로그램을 시작하면서 협력 기관이 제기한 질문에 재단의 한 직원이 제대로 답변하지 않았다는 사실이 드러났다. 로이는 곧바로 일어나 사과했다. "그때 이렇게 말했습니다. '솔직한 말씀 감사합니다. 부디 저희에 대한 기대를 버리지 말아주세요. 행동으로 변화를 보여드리겠습니다.' 그리고 우리는 실제로 그렇게 했습니다."

로이는 당시 상황을 재단을 위한 배움의 기회로, 그리고 어떻게 문제가 발생하고 그것을 어떻게 바로잡아야 하는지 직원들이 깨닫는 기회로 삼았다. 또한 그 사례는 재단의 가치가 언제나 개인의 행동을 통해 드러난다는 사실을 상기시켜주는 역할을 했다. "중요한 전환점입니다. 우리가 영향력을 행사하려면 협력자들과 신뢰를 기반으로 생산적인 업무 관계를 구축해나가야 한다는 사실을 항상 떠올려야 합니다."

로이가 받아들인, 그리고 취약성과 밀접한 관련이 있는 또다른 접근 방식은 자신을 너무 심각하게 생각하지 않는 것이다. 자기 자신, 그리고 자신의 지위와 권위에 대해 지나치게 신경쓸 때, 자신을 드러내고 상대를 이해하기 어려워진다. 여기서 자기중심적 사고에서 벗어나거나 유머를 활용하는 것은 도움이 된다. 문제 해결이 어려워 보일 때, 한 걸음 물러나 크게 바라보는 노력이 필요하다. 로이는 이렇게 설명한다. "그럴 때 정말로 중요한 게 눈에 들어옵니다. 스스로 물어보세요. '나는 최선을 다하고 있는가?' 지구의 나이와 비교할 때, 우리 인생은 찰나에 불과합니다. 그렇다면 이 찰나의 순간에 무엇을 해야 할까요?"

자신의 취약성을 드러내기 위해서는 위험을 감수해야 한다. 적절하게 관리하지 못하면 어떤 사람들에게는 당신의 영향력이 감소한 것처럼 보일 것이다. 유동적인 조직 구조에서 리더는 겸손과 취약성, 그리고 존중받아야 할 필요성 사이에서 어떻게 균형을 잡을 수 있을까? 직원들과 똑같이 옷을 입고 열린 사무실 공간에서 그들과 함께 일할 때, 리더는 나약해 보이거나 쉽게 영향력을 잃어버릴 수 있다. 리더는 존재감을 확고히 해야 한다. 노바티스에서 CEO를 지낸 댄 바셀라는 이렇게 설명한다. "균형을 잡는 것은 대단히 힘든 과제입니다. 오늘날 리더는 역량과 함께 솔직한 태도를 갖춰야 존경을 받을 수 있습니다. 솔직하다는 말은 자신의 생각을 모두 드러내는 게 아니라 진정성을 갖춰야 한다는 뜻입니다. 그런 태도를 갖고 맡은 일을 잘한다면, 직원들은 그를 책임자로 인정할 겁니다."

책임자가 된다는 것은 추종자들에게 휘둘리지 않고 조직의 방향을 결정하는 힘을 갖고 있다는 의미다. 리더는 상황을 파악하고 사람들의 다양한 견해를 파악해야 한다. 그리고 동시에 힘든 의사결정을 내려야 한다. 바셀라는 말한다. "리더의 역할은 올바른 목표와 방향을 인식하고 직원들이 기업의 장기적인 성공을 향해 달려가도록 조율하고 설득하는 겁니다. 직원들은 리더가 이끌어주기를 기대합니다. 리더는 조직을 이끄는 과정에서 상처를 주기도 합니다. 때로는 만족감을 줍니다. 성과를 치하하기도 하고 인간적인 방식으로 힘든 피드백을 주기도 합니다. 이 모든 게 리더의 일입니다. 리더가 직원들과 허물없이 지내려면 중심을 잡고 솔직한 태도를 보여야 합니다."

앞서 살펴봤듯이 리더가 열정을 불어넣기 위해서는 자신을 투명하게 드러내야 한다. 그러나 투명함에는 위험이 따른다. 자신의 존재와 아이디어를 직원들에게 편하게 드러내기 때문에 스스로 권위를 잃어버렸다고 느낄 수 있다. 이러한 느낌은 부정적인 감정으로 다가올 수 있다. 많은 이가 리더에게 자신의 감정을 드러낼 것이다. 그들은 권위와 관련해서 과거의 긍정적이고 부정적인 경험을 마치 영화 스크린처럼 리더에게 투영할 것이다. 이러한 일상적인 모든 반응을 받아들이는 것은 쉬운 일이 아니다. 이와 관련해서 바셀라는 경력 전반에 걸쳐 개인적인 차원에서 항상 실용적인 입장을 취해왔다. "모든 비판이 자신에 대한 것이 아니라는 사실을 이해해야 합니다. 리더로서 당신이 그들에게 보여준 모습에 대한 것이죠. 그들이 비판하는 대상은 개인으로서의 리더가 아니라 조직이나 기존 권력입니다. CEO는 개인이 아니라 하나의 직책입니다." 바우어포럼에서 대화를 나누는 동안, 일부 참석자는 비난의 화살이 자신을 향했을 때 이를 개인적으로 받아들이면서 자신은 그 직책에 어울리는 사람이 아니라는 생각이 들기 시작했다는 이야기를 들려줬다. 이에 대해 바셀라는 이렇게 말했다. "훌륭한 리더가 되려면 현실왜곡장reality distortion field(카리스마 넘치는 리더가 비전을 제시하고 조직의 구성원들이 객관적인 현실에서 벗어나 이상적인 목표를 향해 달려가게 만드는 힘—옮긴이)에 대한 집착을 떨쳐버려야 합니다. 이 말은 모든 단계의, 모든 리더에게 해당됩니다. 비판은 리더가 아니라 조직을 향한 겁니다. 이것을 이해해야만 리더는 온전한 정신을 지킬 수 있습니다."

전부는 아니라고 해도 리더들 대부분 일상적인 업무를 처리하기 위해 해야 할to-do 목록이 있다. 그런데 "되어야 할to-be" 목록, 다시 말해 자신이 누구인지, 그리고 매일 출근해서 어떻게 행동해야 할지 상기시켜주는 목록을 가진 리더는 얼마나 될까? 나는 자기중심적인 리더인가, 아니면 다른 사람들에게 열려 있는 리더인가? 사람들에게 퉁명스러운가, 아니면 부드러운가? 감정적으로 거리를 두는가, 아니면 취약성을 드러내는가? '되어야 할 목록'은 당신이 가진 리더십 스타일의 인간적인 요소에 기반을 두고 있으며 당신의 성격이 갖는 주요한 특성들과 긴밀하게 연결되어 있다.

강함과 취약함 사이에서 균형을 잡기란 쉽지 않다. 직원들은 리더가 강하고 확신에 가득차 있고 결단력 있기를 기대한다. 그러한 기대에 부응해야 할 때가 있다. 그러나 동시에 취약성을 드러내야 할 때도 있다. 가령 리더는 해고나 예산 할당, 홍보, 급여와 관련해서 까다로운 의사결정을 내려야 한다. 여기서 리더는 자신에게 주어진 권한을 포기해서는 안 된다. 하지만 이와 같은 힘든 결정을 내리기 '전에' 이상적인 차원에서 다양한 관점을 지닌 여러 사람으로부터 이성적이고 감정적인 피드백을 얻으려면 취약성을 드러내야 한다.

마이클 피셔는 신시내티 아동병원 의료센터를 운영하는 동안 영향력을 지키는 과제와 자신의 취약성을 드러내는 과제 사이에서 균형을 잘 유지했다. 2020년 봄, 흑인 남성인 조지 플로이드가 미니애폴리스 경찰에 체포되는 과정에서 살해당하며 미국 전역에서 시위가 일어났다. 당시 다양성과 평등, 포용과 관련된 사안에 오랫동안 많은 노력을 기울여왔던 피셔는 여러 흑인 직원과 함께 이야기를 나누면서 자신과 조직이 그들을 더 효과적으로 지원할 수 있는 방안에 대해 논의했다. 피셔는 말했다. "흑인 직원들이 직장에서 겪은 고충을 들으면서 몇 번이나 울음을 참지 못했던 기억이 납니다. 그 중에서도 몇몇 사례는 제게 감동과 아픔으로 다가왔습니다. 저 자신의 취약성을 드러내 보임으로써 직원들과 깊은 관계를 형성하고 우리가 조직으로서 무엇을 해야 하는지 깨달을 수 있었습니다."

2018년 암 진단을 받고 6개월 자리를 비워야 했을 때, 피셔는 그 소식을 어떻게 전해야 할지 고민했다. 그는 개인적으로 조용히 떠나서 치료를 받고 싶었다. 그러나 신시내티 아동병원의 여러 직원과 이해관계자에게 자신의 상황을 정확하게 알리는 것이 무엇보다 중요하다는 생각이 들었다. 그래서 다양한 방식으로 그들에게 자신의 소식을 전했다. 가장 먼저 직원과 공동체에 보내는 서한을 통해 자신의 건강에 문제가 생겼으며 한동안 자리를 비워야 한다는 사실을 알렸다. 다음으로 두 개의 영상을 찍었다. 첫번째 영상에서는 고강도 화학치료 덕분에 차도를 보이고 있다고 이야기했다. 두번째 영상에서는 치료 경과가 좋아서 몇 주일 후면 복귀가 가능하다는 발표를 했다. 피셔는 말했다. "취약성과 권위 사이에서 균형을 유지하기란 대단히 어렵습니다. 그래도 우리 모두는 인간이며, 직원들은 투명하고 진정성 있고 팀과 조직의 가치와 행동에 모범이 되는 사람과 함께 일하기를 원합니다."

취약성과 관련해서 스스로 던져야 할 질문들

- 실패할 가능성과 자신의 약함이 드러날 위험을 감수하고 자신을 열어 보일 용기가 있는가?

- 진정한 나로 비치고 있는가? 아니면 경영자로 비치고 있는가? 진정한 나로 보이려면 어떻게 행동을 바꿔야 할까?

- 사람들의 평가에 대한 두려움에도 나의 최고 장점과 희망, 꿈, 관심사, 불안, 의문을 공유하는가?

- 나는 냉철한 사람인가, 따뜻한 사람인가? 감정적으로 거리를 두는 사람인가, 진정성을 드러내는 사람인가?

- 내가 감정적인 측면을 더 많이 드러내지 못하게 막는 것은 무엇인가? 두려움이 아닌 자신감으로 나의 약점을 드러내도록 만들어주는 것은 무엇인가?

- 모든 리더에게는 '해야 할' 목록이 있다. 그런데 '되어야 할' 목록은 있는가? 다시 말해 내가 누구인지, 그리고 매일 출근해서 어떻게 행동해야 할지 상기시켜주는 목록이 있는가?

- 지금 내게 '되어야 할' 목록은 무엇인가? 미래에 '되어야 할' 목록을 작성할 때 나의 생각을 함께 정리해줄 사람은 누구인가?

요약

약점을 드러낸다는 것은 자신의 감정을 자극하는 요인을 인식하고 그 감정을 긍정적인 에너지로 전환하는 법을 안다는 말이다. 우리는 취약성을 드러냄으로써 다른 사람들의 영향력을 허용하고, 동시에 자신의 희망과 두려움, 관심사를 공유함으로써 사람들의 도움을 얻는다. 이러한 태도는 자신이 약한 존재가 아니라 강한 존재라는 사실을 말해주는 신호다. 휴스턴대학교 교수이자 저자인 브렌 브라운은 말했다. "취약성은 힘이다."

자신의 취약성을 드러내는 접근 방식은 많은 경영자가 여전히 활용하고 있지 않은 성장과 개발의 원동력이다. 우리가 오랫동안 바우어포럼을 이끌면서 깨달았듯이 적절한 상황에서 자신의 취약성을 드러내는 태도는 '내면으로부터 이끄는 리더십'의 핵심이다. 여기서 중요한 것은 취약성을 언제, 어디서, 어떻게 드러낼 것인지 신중하게 고민해야 한다는 점이다. 물론 삶은 계획대로 흘러가지 않는다. 취약성을 드러낸다는 것은 실패에 대처하는 법을 안다는 뜻이기도 하다.

5장

회복탄력성
Resilience

실패한 후가 더 중요하다

런던에서 열린 맥킨지 리더십 프로그램에서 우리는 전 세계 다양한 산업 분야에서 온 서른 명의 여성 경영자에게 일이 계획대로 진행되지 않아 실패라고 느꼈던 경험에 대해 글을 써보도록 했다. 그리고 그 자리에 함께 참석한 다른 경영자들과 함께 각자의 경험을 공유해보도록 했다. 가장 먼저 자신의 사례를 소개한 사람은 이야기를 마칠 즈음 눈물을 보였다. 두번째로 발표한 여성은 이야기를 마치면서 아주 심란한 표정을 지었다. 그날 우리는 기업에서 큰 영향력을 지닌 여성들도(어쨌든 기업이 그들이 가진 크나큰 잠재력을 확신하지 않았다면 이처럼 국제적인 행사에 보내지 않았을 것이다) 모두 실패한 경험이 있다는 사실을 분명히 확인할 수 있었다. 모임에 참석했던 한 여성은 말했다. "중요한 점은 우리가 때로 실패한다는 것이 아니라(모두가 그러하기 때문에) 실패에 대처하는 법을 아는 것임을 깨달았습니다. 성공하는 사람은 실패의 소용돌이에서 벗어나 내면의 에너지에 집중함으로써 계속 앞으로 나아가는 사람입니다. 그게 비결입니다."

사람들은 대부분 자신의 실패 경험에 대해 이야기하기를 꺼린다. 당연한 일이다. 그래도 세상이 점점 더 복잡해지고 빠르게 변화하면서 실패는 점차 일상적인 일이 되어가고 있다. 사회생활을 하면서 적어도 한두 번 큰 실패를 겪지 않은 사람은 찾아보기 힘들다. 일반적으로 사람들은 학교를 마치고 40년 정도 일을 한 뒤 65세 무렵 은퇴한다. 그런데 그러한 틀이 점차 변하고 있다. 무엇보다 수명이 길어지면서 머지않아 사람들은 50년이나 60년, 혹은 그 이상 일하게 될 것이다. 그래서 우리는 이제 100세 시대를 설계해야 한다. 사람들은 더 오래 일해야 한다는 이유만으로 해고를 당한다거나 원치 않는 곳에 억지로 있는 등 어려움을 더 많이 겪게 될 것이다. 여기서 핵심은 어떤 대단한 일을 해내고자, 위대한 무언가를 성취해내고자 용감하게 도전한다면, 그리고 자신보다 더 큰 목표를 향해 나아가고자 한다면 때로 실패할 수밖에 없다는 사실이다.

실패를 경험할 때, 죄책감이나 분노, 불안, 자기 연민 등 다양한 감정이 든다. 어떤 이들은 조직과 동료에 피해를 입혔다고 자책한다. 다른 이들은 상처를 그냥 잊으려 한다. 우리의 리더십 프로그램에서 다섯번째 요소는 바로 회복탄력성이다. 우리는 리더십 프로그램을 통해 실패에서 빨리 회복하는 리더는 왜 그런 일이 자신에게 일어났는지 묻는 데 많은 시간을 허비하지 않는다는 사실을 발견했다. 대신 그들은 실패의 원인이 자신의 행동인지, 선입견인지, 아니면 자신이 미처 확인하지 못한 문제인지 파악하는 데 시간과 에너지를 집중하고, 그렇게 얻은 결론에 따라 전략을 수정한다. 그들이 실패에서 회복하는 최고의 방법은 잠시 멈춰 서서 실패로 얻은 모든 교훈을 가지고 앞으로 나아가는 것이다.

비즈니스 세상에는 이처럼 유연한 리더가 많다. 월트 디즈니는 회사생활 초반 "그림 실력이 형편없다는 이유로" 광고대행사에서 쫓겨났다.[12] 그리고 디즈니와 헨리 포드 모두 사업 초반에 파산했고 스티브 잡스는 애플에서 해고 통지를 받았다. 그가 역사상 최고의 IT 기업으로 손꼽히는 애플로 복귀하기까지는 오랜 시간이 걸렸다. 제너럴 일렉트릭의 CEO 자리에 올랐던 잭 웰치는 기업의 플라스틱 공장에서 폭발 사고가 일어났을 때 부실한 설계로 많은 비난을 받았다. 『포천』 잡지는 '실패했다. 이제 다시 일어서자So You Fail. Now Bounce Back!'라는 제목으로 널리 알려진 표지 기사에서 코카콜라 CEO 로베르토 고이주에타가 세르지오 지만을 글로벌 마케팅 책임자로 임명했던 이야기를 소개했다. 사실 지만은 위험을 무릅쓰는 유형의 리더로서 포드의 에드셀 이후로 역대 최악의 실패로 알려진 뉴코크를 출시한 인물이었다. 고이주에타는 『포천』 기사에서 이렇게 설명했다. "실수를 용납하지 않으면 경쟁력을 잃어버리게 됩니다. 실패를 피하는 것이 행동의 동기가 되는 순간, 우리는 오도 가도 못하는 상황에 처하고 맙니다. 움직이고 있을 때만 비틀거릴 수 있습니다."

우리는 때로 자기 자신의 최대의 적이 되어버린 경영자를 만나게 된다. 그들은 자신의 감정에 휘둘린다. 부정적으로 미래를 바라보고 쉽게 절망에 빠진다. 4장에서도 살펴보았지만, 최고의 리더는 무엇이 자신의 분노와 두려움을 자극하는지 안다. 그리고 좌절의 감정(정당하든 아니든)이 어디서 비롯되는지 이해함으로써 분노를 극복한다. 분노가 정당한 감정일 때, 극복하기는 더 힘들다. 바우어포럼에 참석한 포천 100대 글로벌 소비재 기업의 한 유능한 임원은 CEO 승진에서 탈락했을 때 분노가 치밀었다는 이야기를 사람들에게 들려줬다. 40대 중반의 그는 자신에게 충분한 자격이 있다고 믿었다. 그러나 이제 조직으로부터 무시당했다고 느끼고 있었다. 심지어 이사회의 누군가가 자신의 앞길을 가로막았다는 의심을 키워가고 있었다.

그는 자신이 처한 상황을 깊숙이 들여다본 뒤 앞으로 더 성장하려면 분노를 극복하고 내면의 에너지와 활력을 키워야 한다는 사실을 깨달았다. 한 경험 많은 리더는 그에게 이런 이야기를 들려줬다. "자신의 역량을 이해하고, 또한 지금까지 성취한 것만이 아니라 성취할 수 있는 것에 대해서도 생각해보세요. 아쉬워하면서 부정적인 감정에만 머물러 있으면 결국 성공에서 더 멀어지게 될 겁니다." 그는 사람들의 조언에 따라 외부 세상에 적극적으로 나가 더 많은 경험을 하면서 경력을 쌓았다. 그리고 결국 유럽의 대형 건강 제품 기업의 CEO가 되어 모두가 인정하는 성공을 거뒀다.

실패를 피하려는 태도는 언제나 두려움을 자극한다. 자신에게 물어보자. "실패했을 때 벌어질 최악의 상황은 무엇인가? 실패는 나에 대해 무슨 이야기를 사람들에게 들려줄 것인가? 무엇이 정말로 중요한가?" 일반적으로 사람들은 실패를 경험할 때 다른 이들의 인정을 받지 못하고, 성공을 거두지 못하고, 다른 이들을 실망시키거나 자신이 충분히 유능하지 않다고 낙담하게 될 것이라고 말한다. 우리는 실패를 피하기 위해 스스로 지지 않는 게임에 뛰어든다. 하지만 실패를 더 거대한 비전을 실현하는 과정에서 얻는 배움의 기회로 새롭게 정의한다면, 자기 자신보다 더 큰 목표를 위해 개인적인 위험을 더 과감하게 무릅쓰게 된다. 즉, 이기기 위한 게임에 뛰어들게 된다. 실패를 피하려 하는가? 아니면 자기 자신보다 더 큰 목표를 위해 더 빨리 배우고 싶은가?

최고의 CEO는 아무리 사소한 실패라도 이를 배움의 경험으로 삼는 법을 이해한다. 실패의 두려움을 받아들일 때, 리더는 무엇을 바꿔야 할지 알고 실험하고 배우고 적응하는 도전을 할 수 있다. 여기서 핵심은 실패로부터 소중한 교훈을 이끌어내는 데 집중하는 노력이다. 실패를 회피하는 것은 곧 배움을 회피하는 것이며, 이러한 접근 방식으로는 점점 더 복잡해지고 예측 불가능해지는 세상에서 중요한 깨달음을 얻지 못한다. 성공적인 리더는 문제의 근본 원인을 차분하게 분석하고 그에 따라 행동을 수정하면서 계속 앞으로 나아간다.

글로벌 IT 기업의 한 CEO는 많은 우여곡절을 겪었다. 그는 오래전 오만하다는 이유로 기업에서 해고되고 난 뒤 다른 기업의 CEO가 되었다. 그리고 지난 실패의 경험으로 깨달음을 얻은 그는 원래 회사의 CEO로 복귀했다. 그 CEO는 한 행사에 참석한 150명의 임원 앞에서 연설을 하게 되었다. 그리고 그 자리에서 임원들 모두에게 열정을 불어넣고자 했다. 이를 위해 새롭게 임명된 인적자원책임자CHRO, Chief human resources officer를 칭찬하면서 기업 역사상 이처럼 뛰어난 CHRO는 없었다고 말했다. 그런데 하필 그때 전 CHRO가 새로운 CHRO의 옆자리에 앉아 있었다. 방청석에 앉은 여성 임원이 다양성과 평등, 포용DEI, diversity, equity, and inclusion 정책에 관해 질문을 했는데 그 CEO는 이에 대해 제대로 답변하지 않았다. 그렇게 행사가 끝난 후 그는 자신이 신뢰하는 자문과 이야기를 나누게 되었다. 자문은 그에게 연설을 듣고 많은 임원이 실망했다는 이야기를 들려줬다. 그 CEO는 자신이 무슨 말을 했는지 몰랐다. 그러나 자문의 지적으로 자신의 실수를 깨닫고 상황을 바로잡아야겠다고 생각했다. 다음날 그는 일정을 바꿔 다시 행사장으로 돌아갔다. 그리고 전 CHRO를 만나 공식적으로 사과하면서 새 CHRO를 임명할 때까지 힘든 일을 맡아준 공로에 감사를 표했다. 그리고 DEI와 관련해서 질문했던 여성에게도 사과하고 진정성 있는 그녀의 용기 있는 태도에 고마움을 표했다. 그 CEO는 두 번의 실수를 저질렀지만 그래도 사과를 함으로써 자신과 조직에 대한 임원들의 부정적인 인상을 긍정적인 경험으로 바꾸었다. 이처럼 실수를 인정하고 깨달음을 얻는 것이야말로 진정한 강인함이다.

우리는 주변 상황으로, 혹은 불운이나 잘못된 선택으로 실패를 겪는다. 그러나 어떤 리더는 실패 속에서도 자신을 더 깊숙이 들여다본다. 승진에서 탈락된 것, 혹은 CEO가 다음 목표를 달성하지 못한 것은 어쩌면 자신의 생각과 행동방식 때문일지 모른다. 그렇다면 실패는 곧 자신을 새롭게 창조할 수 있는 기회가 된다.

실패를 딛고 자신을 새롭게 창조한 경영자에 관한 많은 이야기 가운데 우리가 가장 좋아하는 사례는 클레르 바비노-폰트놋이다. 『포브스』에 따르면,[13] 비영리단체인 피딩아메리카는 바비노-폰트놋이 CEO로 있는 동안 미국 내 최대 기아구조 단체이자 최대 자선 기구로 성장했다. 현재 폰트놋은 21개 주에 걸친 200곳 이상의 식량은행, 그리고 6만 곳의 협력업체와 식품창고 및 식량 프로그램을 이끌고 있다. 2012년 회계연도를 기준으로 피딩 아메리카는 도움이 필요한 수천만 명에게 66억 명분의 식사를 제공했다. 그러나 바비노-폰트놋이 줄곧 성공을 이어온 것은 아니었다.

루이지애나 시골 마을에서 태어난 바비노-폰트눗은 노동 계층 대가족에서 성장했다. 부모님 모두 소작농 가정 출신이었다. 그녀는 열두 살부터 변호사를 꿈꿨고 독립심과 자기희생을 강조했던 부모님의 말씀을 잘 따랐다. 그녀는 자신의 어머니가 형제들을 학교에 보내기 위해 스스로 학업을 포기하고 집안 살림을 했다는 이야기를 들었다. 그녀의 부모님은 가족 모두(발달 및 행동 장애가 있는 형제도 포함해서) 의지만 있다면 인생에서 성공할 수 있다고 강조했다(그리고 기대했다). 바비노-폰트눗은 말했다. "저는 교실이 아니라 집에서 가장 중요한 가르침을 얻었습니다. 성공에 대한 책임은 제게 있다는 사실을 배웠죠. 그리고 성인으로서 직장에 출근하고 엄마이자 아내, 딸로서 집에 돌아오는 삶이 무엇을 의미하는지 배웠습니다."

바비노-폰트눗은 로스쿨을 졸업하고 사회생활을 시작했다. 이후 세법으로 석사학위를 받고 나서는 루이지애나 국세청에서 법무팀 차관보로 일했다. 다음으로 4대 회계 감사 및 컨설팅 기업인 PwC로 자리를 옮겼고 이후에는 애덤스앤리스 법률사무소의 파트너가 되어 배턴루지 사무소에서 세무 분야를 맡았다. PwC와 애덤스앤리스 시절 모두 바비노-폰트눗의 고객이었던 월마트는 그녀의 재능을 알아봤고 2004년에는 그들의 세무팀으로 와달라고 요청했다.

처음엔 그 자리가 자신이 꿈꾸던 자리이자 지금까지 열심히 노력한 결과물처럼 보였다. 월마트는 그녀를 영입하기 위해 감사 및 세무 정책 부사장이라는 새로운 자리까지 만들었다. 그리고 그녀가 제안을 수락하고 실제 업무를 맡기까지 월마트는 세무팀 규모를 두 배로 늘렸고, 이후로 거의 4개월마다 두 배로 계속 확장해나갔다. 바비노-폰트놋은 본격적인 업무를 시작하자마자 자신의 역량이 부족하다는 생각을 하기 시작했다. 그녀는 이렇게 떠올렸다. "새로운 업무를 맡을 때마다 사람들에게 이런 말을 들었죠. '아주 잘하고 있군. 더 힘든 업무를 맡겨야겠어.' 월마트는 제게 더 높은 능력을 보여달라고 요구하기 시작했습니다."

그렇게 월마트에서 2년의 시간을 버티고 난 뒤 바비노-폰트놋은 상사에게서 최고세무책임자 자리를 제안받았다. 그녀가 이를 수락하자 상사는 준비 기간이 얼마나 필요한지 물었다. 기존 업무를 그대로 하면서 월마트 글로벌 세무팀을 이끄는 법을 배워야 했기에 그녀는 12개월을 요구했다. 그리고 2주일 후 월마트는 바비노-폰트놋을 최고세무책임자로 즉각 임명한다고 발표했다. 그녀는 이런 생각이 들었다. "이런, 이 사람들 지금 무슨 일을 벌인 건지 알기나 하는 거야?"

바비노-폰트놋은 그때 가면증후군의 수렁 속으로 "완전히" 떨어져버렸다고 말했다. "제가 과연 해낼 수 있을지 자신이 없었습니다. 회사의 선택이 잘못 됐다는 생각이 들었어요. 사실 말도 안 되는 결정이었습니다. 하나도 준비가 되어 있지 않았어요. 그래도 포천 500대 대기업의 최고세무책임자로 실패한 최초의 아프리카계 미국

　맥킨지 비밀 수업

인이라는 오명을 받기는 싫었습니다. 어떻게든 해내야 한다고 다짐했죠." 그러나 바비노-폰트놋은 최고세무책임자로 일을 시작하면서 혼자 힘으로는 감당할 수 없겠다는 사실을 깨달았다. 그리고 자신이 따라야 할 롤모델을 찾았다. 그녀가 찾을 수 있는 유일한 사람은 전 최고세무책임자였다. 그는 자신을 월마트로 영입한 상사이면서 그녀가 법률사무소에 있었을 때 고객이기도 했다. 그녀는 자신의 일을 시작하면서 그 상사와 같은 인물이 되고자 했다. 그러나 상황은 뜻대로 흘러가지 않았다. 그녀는 스스로 모든 해답을 갖고 있는 척 행동했지만 압박감과 조급함을 떨쳐버리지 못했다. 사회생활을 시작하고 처음으로 실패에 직면했다는 생각이 들었다. 바비노-폰트놋은 이렇게 설명했다. "저는 절대로 앨라배마 출신의 중년 백인 남성이 될 수 없었습니다. 제 역할을 제대로 수행하지 못했고 실패했다는 생각에 점점 비참한 기분이 들더군요. 게다가 더 큰 문제는 실패가 저 혼자만의 일로 끝나는 게 아니라는 사실이었습니다. 세무팀 전체를 실패로 몰아가고 있었죠."

그녀는 용기를 내서 자신을 객관적으로 평가해봤고 변화가 필요하다는 결론에 도달했다. 실제로 그녀는 연말 평가 자리에서 상사에게 자신이 일을 제대로 처리하지 못하고 있다고 인정했다. 그녀는 말했다. "설령 실패하더라도 다른 사람의 방식이 아니라 제 방식대로 하다가 실패하겠다고 했죠." 상사는 그녀가 자신을 너무 몰아붙이고 있는 것 같다고 했다. 그녀는 우리에게 이렇게 말했다. "상사의 기대치가 너무 낮았던 거죠." 이후 바비노-폰트놋은 세무의 효율성을 높이기 위해 새로운 기준을 세워보겠다고 상사에게 보고했다. 그러나 그는 웃으면서 고개를 저었으며 지금까지 그 정도로 절세에 성공한 경우는 없다고 했다.

바비노-폰트놋은 상사의 사무실을 나오면서 이런 생각을 했다. "방금 보고한 내용을 어떻게 실행에 옮겨야 할까?" 팀원들에게 자신의 생각을 전하자 그들 모두 어리둥절한 표정을 지었다. 그녀가 제시한 목표는 지나치게 도전적이었다. 한번은 월마트 본사에서 리틀록 지역으로 차를 몰고 가는데 동승한 세무팀 관리자가 그녀에게 이런 말을 했다. "팀장님, 지금 무슨 일을 벌인 건지 알고 계신가요? 너무 힘든 목표를 제안하셨고 경영팀은 우리가 목표를 달성할 거라 기대하고 있습니다. 만약 실패한다면 파장이 클 겁니다."

바비노-폰트놋은 자신의 경력에서 처음으로 개인의 한계를 넘어선 과제를 해결해야 했다. 기술적 차원에서 세무와 세금 관련 소송을 담당해왔던 그녀는 지금처럼 거대하고 복잡한 조직을 이끌어본 적이 없었다. 그녀는 이렇게 되뇌었다. "나는 팀을 어떻게 구축해야 하는지 알고 있다. 그리고 다양하고 포용적인 조직이 성공한다는 사실도 본능적으로 알고 있다." 이후 그녀는 전문성 및 리더십과 관련해서 자신의 부족한 부분을 채워주는 방향으로 팀을 꾸렸고, 모든 팀원에게 최선을 다해줄 것을 당부했다. 그리고 이처럼 중요한 일을 위해 필요한 모든 걸 자신이 알고 있지 않다는 점을 겸손하게 인정하면서 다양한 아이디어를 제시하고 동기를 자극해줄 새로운 인원을 보충했다. 뛰어난 인재를 알아보는 그녀의 안목은 탁월했기에 그 작업은 성공적으로 이뤄졌다. 그 모든 노력 끝에 바비노-폰트놋은 월마트 최고세무책임자로서 상사에게 약속했던 세무 효율성 목표를 초과 달성했다.

그러나 좋은 성과를 올리지 못하는 것만 실패가 아니다. 때로는 아무런 잘못을 하지 않고도 실패한다. 세상이 바뀌었고 시장이 사라지고 신기술이 등장했다. 어쩌면 지금 하는 일에 대한 수요가 없어지거나 조직이 사업 규모를 줄일 수도 있다. 또한 실패는 지극히 개인적인 것일 수도 있다. 어떤 리더는 자신의 경력 과정에서 배움이 멈추면서 자기 인생도 멈춰버렸다고 말한다. 다른 리더는 똑같은 일을 너무 오랫동안 해왔다거나 동일한 산업에서 너무 오래 머물렀다고 말한다. 또다른 리더는 이미 탈진해버렸다고 말한다. 결론적으로 그들 모두 스스로 실패했다고 느낀다.

안주 팟와단은 시티은행에서 일을 하던 2000년대 중반 문득 변화의 시간이 찾아왔다는 느낌이 들었다. 그때까지 그녀는 15년간 조직의 사다리를 오르며 성공적인 시간을 보냈다. 그리고 경험 많은 위기 관리자로 자기 역할을 잘해내고 있었다. 하지만 뭔가 새로운 도전 과제가 필요하다고 느꼈다. 지적으로 자신을 자극하고 도전해볼 뭔가가 필요했다. 그런데 어디서 그걸 찾아야 할까? 그게 어떤 일이며 그걸 발견하기 위해 누구에게 도움을 요청해야 할까? 한 동료는 그녀에게 내부 및 외부 그룹, 멘토와 지혜로운 인물 등을 포함하는 인맥 도표를 그려보라고 조언했다. 실제로 그 도표를 그려봤을 때, 팟와단은 은행 외부 인맥이 대단히 부족하다는 사실을 깨달았다. 경력을 쌓아왔던 기간 대부분 그녀는 조직 내부에만 몰두했다. 지금까지 핀테크 분야에서 조직 관리와 감사, 디지털 뱅킹 및 위기관리를 맡았다. 그 과정에서 은행 사람들과 친분을 쌓았지만 그녀가 말하는 "제로 외부 프로필zero external profile"을 벗어나지 못했다. 새로운 경력을 추구하기 위해 다른 사람의 도움이 절실했다. 그래서 팟와단은 조직 외부에서 자신에게 도움을 줄 사람을 적극적으로 찾기 시작했다. 그리고 리더십을 주제로 한 다양한 행사와 교육 프로그램에 참석했고 연설이나 토론 기회가 있으면 놓치지 않았다. 이러한 노력으로 조직 외부에서 조금씩 인맥을 넓혀나갔다.

결국 그녀는 세계경제포럼World Economic Forum에서 핀테크 전문가로 초청을 받았다. 거기서 그녀는 함께 토론자로 참석한 탕 닝이라는 사람과 이야기를 나누게 되었는데, 그는 크레딧이즈라는 핀테크 벤처 캐피털 펀드를 비롯하여 중국에서 다양한 비즈니스를 운영하는 대기업 경영자였다. 그날 두 사람은 꽤 친해졌다. 하지만 그때만 해도 팟와단은 그게 어떤 인연이 될지 몰랐다.

팟와단은 마흔 살에 접어들면서 시티은행을 떠나겠다는 과감한 결정을 내렸다. 그녀는 당시를 이렇게 떠올렸다. "사실 은퇴를 생각했어요. 그때까지 한 번도 쉬지 않고 일해왔습니다. 고등학교를 졸업하고 공학을 전공했고 MBA를 거쳐 취직할 때까지 쉼없이 달렸습니다. 이제 그사이 종종 휴식기간을 가졌던 사람들이 부러워 보이더군요. 이런 생각이 들었습니다. '좋아. 은퇴를 해보는 거야.'" 이후 그녀는 새로운 인맥 덕분에 공인해설사 자격으로 싱가포르 아트 뮤지엄에 취직했다. 그리고 따로 교육을 받아 여성을 위한 전화상담센터에서 자원봉사자로 일하기도 했다. 또한 남편과 함께 틈틈이 세계 여행을 했다. 그런데 새로운 삶은 기대만큼 만족스럽지 않았다. 팟와단은 결국 은퇴 프로젝트에 실패했지만 그래도 자기 자신에 대한 소중한 깨달음을 얻었다. 그건 자신은 결코 기업에서 하루종일 일하는 삶으로부터 파트타이머의 삶으로 넘어갈 수 없다는 사실이었다. 예전에 회사에서 지적으로 자극받고 생각이 잘 통하는 동료들과 함께 일했던 삶이 그리웠다. 그녀는 직장으로 복귀해야겠다고 결심했다. 그것이야말로 그녀가 원하는 일이었다.

팟와단은 시티은행을 퇴직한 뒤 몇 달 만에 스탠다드차타드 은행에 들어갔다. 거기서 그녀는 오랫동안 머물면서 최고운영책임자와 최고위험책임자, 글로벌 최고혁신책임자 등 다양한 역할을 맡았다. 그리고 아주 다양한 분야의 업무를 담당했다. 또한 시장에서 새롭게 떠오르는 신흥 핀테크 기업들을 살펴보면서 스탠다드차타드와 잘 어울리는 곳을 찾았다. 그녀는 새로운 직장생활이 만족스럽긴 했지만 시간이 흐르면서 조금씩 자신이 전통적인 방식의 금융 업무에 머물러 있다는 생각과 함께 지치는 기분이 들었다. 스탠다드차타드에서 일하는 동안 팟와단은 실리콘밸리에 자주 머물렀다. 그리고 거기서 스탠다드차타드 혁신연구소를 이끌면서 베이 에어리어와 그곳 특유의 활기를 사랑하게 되었다. 그녀는 그곳에서 살 수 있는 방법을 궁리했다. 팟와단은 말했다. "제가 뭘 좋아하는지 잘 몰랐습니다. 그래도 또다른 은행으로 옮기기는 싫었죠. 은행이라는 조직에서 이미 최고의 자리까지 올라가봤으니까요. 은행에서는 활동 무대가 제한적이라는 사실도 잘 알고 있었습니다. 게다가 모두가 그러하듯이 언젠가 조직에서 밀려나기 전에 제가 정말로 하고 싶은 일을 찾고 싶었습니다."

뭔가를 배우려는 열망은 팟와단의 DNA에 새겨져 있었다. 그녀는 스탠다드차타드를 떠나서 박사과정을 밟을까 고민했지만 현실적으로 쉽지 않았다. 그러던 중 2015년 스탠퍼드대학교에서 열린 행사에 핀테크 전문가로 참석하게 되었다(역시 외부 인맥을 넓히고자 했던 노력의 결과로 얻은 기회). 그런데 토론자로 참석한 인물들 중에 풀브라이트 비지팅 스칼러 프로그램에 선정된 사람이 있었다. 팟와단은 그에게 프로그램과 관련해서 자세히 물었다. 풀브라이트 비지팅 스칼러는 팟와단의 우상인 매들린 올브라이트도 참여했던 프로그램이었다. 올브라이트는 마흔이라는 늦은 나이에 사회생활을 시작했고 그후로 40년간 미국 국가안전보장회의 위원과 조지타운대학교 교수, 국무장관, 그리고 자신의 이름을 딴 정치 컨설팅 기업 대표에 이르기까지 다채로운 경력을 쌓아나갔다. 팟와단은 말했다.

"갑자기 모든 전구에 불이 들어왔습니다. 경력을 완전히 바꿔도 좋겠다는 생각이 들었던 거죠." 팟와단은 풀브라이트 비지팅 스칼러에 지원했고 합격했다. 그러고는 팰로앨토로 넘어가 스탠퍼드대학교에서 기술을 근간으로 금융 수용성financial inclusion(개인과 기업이 금융 상품 및 서비스에 접근할 수 있는 가능성—옮긴이)을 높이는 방법을 연구할 채비를 했다.

그런데 그녀가 캘리포니아로 떠날 준비를 하고 있을 때 세계경제포럼에서 토론자로 만난 사업가인 탕 닝이 마침 싱가포르를 방문하면서 두 사람은 금융가에 있는 한 레스토랑에서 아침식사를 함께하게 되었다. 이후 두 사람은 그 주에만 세 번 만났고, 탕 닝은 당시 베이 에어리어 지역에 위치한 핀테크 벤처 캐피털 펀드를 운영해볼 생각이 없는지 물었다. 처음에 팟와단은 선뜻 내키지 않았다. 그녀는 지금까지 대형 글로벌 은행에서 일했고 벤처 캐피털 펀드는 자신이 여태껏 경험해보지 못한 또다른 분야였다. 비록 새로운 도전에 몸을 사리는 스타일이 아니고 시티은행과 스탠다드차타드 시절에도 언제나 새롭고 힘든 업무에 도전했었지만 너무 새로운 활동 분야, 새로운 지역이라고 느껴졌다. 그녀는 투자에 관해서는 아는 바가 없다고 말했다. 그래도 탕 닝은 그녀가 들어오길 원했다. 그는 그 펀드에 가치 평가에 밝은 전직 투자 은행가와 분석가는 있지만 큰 조직을 이끌 리더가 꼭 필요하다고 말했다.

탕 닝의 강한 설득에 그녀는 결국 캘리포니아로 넘어간 후 파트타임으로 펀드에 자문을 제공하는 일을 시작했다. 팟와단은 인맥을 넓히기 위한 자신의 노력을 이렇게 농담조로 설명했다. "제 경험에서 핵심은 연설자로 나서지 말고 토론자로 남아 있는 것이라고 사람들에게 항상 이야기합니다. 저도 토론자로 남아 있었기에 풀브라이트 프로그램에 대해 알게 되었고 결국 벤처 캐피털 펀드에서 일하게 되었으니까요. 연설자는 힘듭니다. 많은 준비를 해야 하죠. 그래서 자기 경력을 완전히 바꿔놓을 흥미로운 인물을 만날 기회도 없어요."

그러나 팟와단은 캘리포니아로 넘어가 핀테크 벤처 캐피털 펀드를 운영하면서 스스로 기술적 역량이 부족하다는 사실을 깨달았다. 그래서 스탠퍼드대학교 첫 학기에 벤처 캐피털 투자와 사모펀드, 신흥 시장 투자, 기술 스타트업 설립에 관한 여섯 과목을 신청했다. 그리고 그 강의들을 듣는 동안 여러 벤처 캐피털 투자자와 사업가, 교수를 만났고 이들은 점점 확장하는 그녀의 인적 네트워크의 일원이 되었다. "저도 수십억 달러 펀드의 일원이 되었습니다. 투자 업무를 비롯한 모든 일이 순식간에 이뤄지고 있었죠. 강의를 들으면서 어떤 전략이 필요한지 고민했습니다. 어떤 전략이 성공을 거뒀는지, 중국계 펀드 기업이 할 수 있는 일은 무엇인지, 그리고 미국에서 무엇이 불가능한지 이해하려고 했습니다. 압축된 배움의 과정이었죠. 그동안 아주 똑똑한 사람들과 마주앉아 자신이 무슨 일을 하는지, 그리고 왜 하는지에 대해 이야기를 나눌 수 있었습니다."

핀테크 펀드에 자문을 제공하는 일을 시작한 지 1년 만에 팟와단은 직접 펀드 운영을 맡게 되었다. 2022년 CE 이노베이션 캐피털은 전 세계적으로 100곳이 넘는 기업에 투자했고 그중 35곳 이상은 팟와단의 선택이었다. 이후 그녀가 투자한 기업들 중 20곳은 유니콘, 다시 말해 자산 가치가 10억 달러가 넘는 기업으로 도약했다. 얼마 전 팟와단은 다시 싱가포르로 돌아갔지만, 그래도 기존 투자 중 상당 부분을 여전히 운영하고 있다. 또한 그녀는 스탠퍼드대학교를 다니는 동안 켄 싱글턴 비즈니스 스쿨 교수와 함께 MBA 학생을 대상으로 핀테크 과목을 개설했다. 그리고 매번 강연자로 참석하고 있다. 보다 최근에는 록펠러재단을 통해 이탈리아에 있는 벨라지오 레지던시에 투자했다. 여기서 그녀는 수명과 재정 안정에 주목했다. 요즘 팟와단은 100세 시대를 맞아 노인들이 개인 자산을 운용하는 일을 돕는 데 많은 관심을 기울이고 있다. 가장 최근에는 싱가포르 국립대학교에 '100세 인생 설계Designing for the 100-Year Life' 과목을 개설하는 과정에 참여하기도 했다.

팟와단은 글로벌 은행가에서 풀브라이트 스칼러 프로그램으로, 그리고 핀테크 벤처 캐피털 펀드 매니저에서 강사와 연구원에 이르기까지 정체되었다는 생각이 들거나 일에 만족감을 느끼지 못할 때마다 회복탄력성을 발휘함으로써 항상 자신을 새롭게 창조해나갔다. 왕성한 호기심으로 인맥을 다양한 형태로 확장해나가면서 새로운 분야에 용기 있게 도전했기에 가능한 일이었다. 그녀는 말한다.

"저는 3년 혹은 그 이상 한 자리에 머물러 있으면 스스로 도전하지 않는다는, 새로운 것을 배우지 않는다는 느낌이 듭니다. 그래서 계속 움직여야 합니다. 그러자면 자신이 방안에서 제일 똑똑한 사람이 아니라는 사실을 인정해야 합니다. 새로운 일에 도전할 때 우리는 때로 스스로 바보 같은 질문도 던질 줄 알아야 합니다. 제가 제일 잘하는 거죠. 잘 모르니까 이해하도록 도와달라고 부탁하는 데 저는 아무런 거리낌이 없습니다." 팟와단은 자기 기준에 따라 정체되었다고 느낄 때마다 항상 인생에서 새로운 길을 모색했다. 이러한 태도는 그녀가 어떻게 성공적인 길을 걸어올 수 있었는지 설명해준다.

바우어포럼에서 참석자들이 종종 제기하는 또하나의 주제는 열정으로 실패의 좌절감을 극복하는 일이다. 이러한 열정을 위해서는 노동으로 느껴지지 않는 일이나 직업을 발견해야 한다. 그리고 배우고 성장할 수 있는 기회를 찾고 돈보다 더 가치 있는 목표를 위해 일해야 한다. 팟와단은 이렇게 설명한다. "실리콘밸리 시절 이후 돈을 버는 게 전부가 아니라는 중요한 사실을 깨달았습니다. 더 중요한 것은 자신이 즐겁게 할 수 있는 일을 찾는 겁니다. 우리 모두는 즐거움을 누리면서 할 수 있는 일을 찾아야 합니다. 제게 그건 지적으로 똑똑한 이들과 함께하는 겁니다. 그들에게서 뭔가를 배우고, 그들도 제게서 뭔가를 배울 수 있습니다. 저는 언제나 그런 기회를 찾는 데 열중하고 있죠."

실패를 겪을 때, 부정적인 생각을 떨쳐내고 좌절감을 극복하는 법을 알아야 한다. 사람들은 종종 실패에 관한 단순한 결론에 집착한다. 가령 자신에게 이렇게 말한다. "나는 실패하지 않았다. 다른 사람들이 잘못을 저질렀다." 혹은 이렇게 말한다. "나는 잘해냈다. 그러나 외부 요인 때문에 실패할 수밖에 없었다." 그러나 이러한 생각은 실패의 진정한 이유를 말해주지 않는다. 그리고 불편한 감정은 내면에 그대로 남는다. "내가 무슨 실수를 했을까?"라는 질문을 던질 때, 우리는 비로소 여러 다양한 관점으로 상황을 바라보게 된다. 그리고 자기 자신에 관한 새로운 이야기를 발견하고 이로부터 실패에서 벗어나 앞으로 나아갈 수 있다. 그렇게 우리는 상황을 파악하고(무엇이 내가 실패했다고 생각하도록 만들었는가) 다양한 관점으로 바라봐야 한다. 어쩌면 자존심 때문에 동료의 소중한 조언을 외면했을지도 모른다. 혹은 자기주장에 함몰되어 변화가 필요하다는 시장의 신호를 놓쳤을지 모른다. 여기서 핵심은 휴식 버튼을 눌러 자신에게 여유를 허용함으로써 실패의 진정한 이유를 찾는 것이다. 그리고 실패를 인정하고 어떻게 변화할지 파악해서 앞으로 나아가는 것이다.

실패의 두려움을 극복하고 실패를 개인적인 성장으로 바꾸기 위해 스스로 던져야 할 질문들

- 실패했다는 느낌을 주는 원인은 무엇인가? 어떻게 해결할 수 있을까?

- 다른 사람을 실망시킬지 모른다는 걱정으로 위험 감수를 회피하고 있는가?

- 실패할 경우 벌어질 최악의 상황은 무엇인가? 실패는 나에 대해 어떤 이야기를 들려줄까? 실패의 순간 어떤 느낌이 들까?

- 실패의 두려움으로 '지지 않는' 경기를 펼치고 있는 것은 아닌가? 과감하게 도전한다면 무엇을 얻을 수 있을까?

- 배운 것을 통해 손실을 줄이고 이익을 얻을 시간이 왔다고 선언할 수 있는 심리적 근육을 어떻게 키울 수 있을까?

- 어떻게 실패를 자신과 조직의 거대한 비전을 실현하기 위한 배움의 기회로 새롭게 정의할 수 있을까? 그리고 어떻게 실패를 성장과 발전에 박차를 가하는 기회로 삼을 수 있을까?

- 나 자신보다 더 큰 목표를 향해 기꺼이 개인적인 위험을 감수하는 법을 어떻게 배울 수 있을까?

요약

실패에 효과적으로 대처하는 리더는 자신의 실수를 직시하고 힘든 상황에서 벗어나는 회복탄력성과 함께 깨달음을 통해 나아가는 역량을 고루 갖추고 있다. 프로 포커 선수 애니 듀크의 말대로 우리는 "포기와 도전" 사이에서 균형을 잡아야 한다. 다시 말해 힘든 상황에서 버텨야 할 때와 손실을 줄여야 할 때를 구분할 줄 알아야 한다. 이를 위해 잠재적인 이익의 관점에서 언제 위험을 감내할 것인지, 그리고 실패로부터 어떻게 배울 것인지에 대한 깊은 내적 성찰이 필요하다. 이는 리더가 내면으로부터 이끄는 법을 배울 수 있는 또하나의 기회다.

우리는 훌륭한 리더의 또다른 중요한 자질인 취약성에 주목해야 한다. 최고의 리더는 다양한 기술을 개발하고 깊이 있게 배움으로써 불확실한 상황이나 계속되는 위기 상황에 민첩하게 대응한다. 이는 곧 리더십의 감정적 측면과 함께 지적인 측면을 포괄하는 다재다능함을 뜻한다.

유연성
Versatility

민첩하게 움직이자

바우어포럼에 참석한 CEO들 모두 밤잠을 설치게 만드는 골치 아픈 문제가 항상 한 가지는 있다. 그런데 프로그램에 참석한 경험 많은 CEO가 자신은 모든 측면에서 어려움을 겪고 있다는 이야기를 사람들에게 들려주었다. 그녀는 미디어 그룹 내 한 부서를 성장시켜 자신의 존재감을 드러냈지만 지금은 적자를 기록하는 사업부에서 비용을 절감해야 하는 과제를 떠안고 있었다. 그 CEO는 그 일을 잘 처리해낼 기술을 자신이 갖추지 못했다는 생각이 들었다. 여기에 더해 복잡한 영상 스트리밍 비즈니스를 이해하기 위해 노력하고 있었지만 경쟁력을 어떻게 확보해야 할지 감을 잡지 못했다. 게다가 LGBTQ(여성 동성애자lesbian, 남성 동성애자gay, 양성애자bisexual,

성전환자transgender, 성 정체성에 의문을 품은 사람questioning을 포함하는 성소수자 집단을 일컫는 말—옮긴이) 사안과 관련해서 어려움을 겪고 있었다. 몇몇 우파 정치인은 그녀의 "진보적인" 조직 운영 방침을 질타하기도 했다. 그녀는 이렇게 불만을 토로했다. "한 가지 문제는 해결이 가능할 겁니다. 하지만 세 가지 문제를 동시에 처리하는 게 가능하기나 할까요?"

그러나 이는 그 CEO 혼자서 겪고 있는 상황이 아니다. 오늘날 리더는 조직을 일상적으로 운영하면서도 공급망 붕괴에서 인플레이션, 정치 양극화, 세계적인 불안 요소에 이르기까지 점차 많은 것을 요구하는 변화무쌍한 외부 세상에 대처해야 한다. 누가 봐도 힘든 과제다. 오늘날 많은 리더는 이러한 과제를 해결해야 한다. 그들의 의지와 역량은 향후 몇 년에 걸쳐 등장하게 될 완전히 새로운 문제들로 시험대에 오를 것이다. 동시에 투자자와 사회 활동가, 직원, 정부 관료, 언론 등 점점 확장하는 이해관계자 집단이 그들을 압박하고 있다. 리더가 성공하기 위해서는 어쨌든 이들로부터 신뢰를 이끌어내야 한다.

지금까지 다섯 개 장을 통해 살펴봤듯이 이러한 과제를 해결하기 위해서는 겸손과 확신, 이타심, 취약성, 회복탄력성의 균형 잡힌 조합이 필요하다. 그러나 리더들은 아마도 이러한 자질이 물론 중요하지만 충분하지는 않다는 사실을 발견하게 될 것이다. 우리는 1부 마지막으로 여섯번째 리더십 요소를 리더의 무기고에 추가하고자 한다. 그것은 바로 유연성이다. 이 장에서 자세히 다뤄보겠지만 최고의 리더는 다음 세 가지 측면에서 유연성을 갖추고 있다. 가장 먼저, 다양한 경험을 추구한다. 다음으로 끊임없는 호기심으로 새로운 것을 배운다. 마지막으로 다양한 이해관계자 집단과 역동적으로 교류한다.

역사상 혁신적이고 창조적인 몇몇 인물은 개인의 유연성으로 성공을 거뒀다. 그들은 여러 분야를 섭렵하고 다양한 지식을 조합함으로써 새로운 아이디어와 발명을 이뤄냈다. 예를 들어 벤저민 프랭클린은 유능한 작가이자 인쇄업자, 그리고 중요한 업적을 남긴 유명 과학자였다. 피뢰침과 이중초점 안경은 바로 그의 발명품이다. 정치 분야에서는 독립선언문을 작성했고 독립전쟁을 끝내기 위한 파리조약의 협상 과정에서 핵심적인 역할을 맡았다. 또한 인쇄 산업 경험과 문학에 대한 관심으로 실용적인 조언과 기상 예측, 철학적 숙고를 주제로 엮은 연례 간행물인 『가난한 리처드의 달력』을 펴냈다. 이를 통해 많은 정보와 즐거움을 선사하고 미국인들의 정치적 사고방식에 영향을 미칠 수 있었던 것은 프랭클린의 다양한 경험 덕분이었다.

그런데 비즈니스 세계에서 유연성이란 무엇을 의미하는 걸까? 리더는 두 가지 형태의 유연성을 갖춰야 한다. 첫번째는 내적 유연성이고, 두번째는 조직 내 교류와 외부 이해관계자들과의 교류를 통한 경험적 유연성이다. 내적 유연성은 이미 1부에서 자세히 들여다봤다. 즉, 겸손과 과감함, 취약성, 강인함을 통해 자신의 영역을 넓혀나가고 실패를 극복하고 다시 일어선 많은 리더의 사례를 살펴봤다. 이 장에서는 경험적 유연성을 익히는 방법에 대해 다룬다. 이는 어떻게 폭넓어지고, 언제 깊어질지, 그리고 자신을 다양한 경험에 노출시켜줄 사람들을 통해 언제 어떻게 자신의 활동 범위를 확장해야 하는지에 관한 문제다. 또한 자신의 일에서 숙련도를 높이면서 동시에 끊임없는 질문과 호기심으로 자기 자신과 조직에 도전함으로써 기존의 안전지대를 벗어나는 방법을 이해하는 문제다.

자신을 불편하게 만드는 일을 하자

우리가 성공적인 리더들에게서 발견한 한 가지 특성은 자신의 경력 전반을 하나의 전문성을 기준으로 이해한다는 점이다. 어떤 리더는 마케팅 전문가로서 최고의 자리에 이른다. 다른 리더는 유능한 비용 절약가나 구조조정 전문가로 성공을 거둔다. 또다른 이는 비즈니스를 성장시키는 방식에 대한 전문가로 명성을 쌓는다. 그들의 전문성이 무엇이든 핵심은 한 가지 분야를 기반으로 움직인다는 사실이다. 실제로 우리는 자신이 가장 잘하는 일을 함으로써 보상을 얻는다. 가령 기업이 정보에 밝은 비용 절약가나 신생 벤처를 브랜드로 성장시키는 전문가를 원할 때, 바로 그러한 전문성을 갖춘 인재를 새로운 자리로 승진시킬 것이다. 그건 조직의 분명한 선택이다.

그런데 이처럼 고유한 전문성에 따른 문제는 거대하고 복잡한 조직을 운영하기 위해서 그러한 전문성이 반드시 필요하지는 않다는 점이다. 미국 항공우주 기업인 하우맷 에어로스페이스의 CEO이자 바우어포럼 코치로 활동하고 있는 존 플랜트는 이렇게 지적한다. "이제 막 CEO 자리에 오른 리더는 임기 첫 단계를 잘 관리해야 합니다. 기업은 그에게 조직의 혁신을 이끌 역량을 기대합니다. 하지만 3~4년이 흘러 조직이 성장 단계로 넘어가면서 이사회는 적절한 전문성이 부족하다는 이유로 CEO를 해고할지 모릅니다. 이처럼 다양한 단계에서 조직을 이끌어갈 경험이나 유연성을 갖춘 리더는 대단히 드뭅니다."

예를 들어 2000년 무렵 닷컴 주식의 거품이 꺼지자 그동안 고속 성장에 박차를 가해왔던 온라인 기업의 리더들은 갑작스럽게 수익성에 주목하기 시작했다. 이제 성장을 위해서라면 무작정 투자했던 기존의 접근 방식에서 벗어나 직원을 해고하고 프로젝트를 취소하고 낭비의 원천을 발견하는 등 비용 절감에 주력했다. 그럼에도 펫츠닷컴이나 웹밴, 부닷컴 등 많은 기업이 살아남지 못했다. 이처럼 비즈니스 세계에는 서로 다른 두 유형의 근육이 요구되는데, 리더는 성공적인 전환을 위해 두 가지를 모두 갖춰야 한다. 이는 대부분 리더의 경험에서 비롯된다. 만약 특정 유형의 경험이 부족하다면, 관건은 조직 내부, 외부에서 그 공백을 메워줄 적절한 인재를 발굴하는 일이다.

CEO를 꿈꾸는 리더는 경력 과정에서 여러 가지 전문성을 개발할 수 있는 다양한 환경과 상황, 과제를 받아들여야 한다. 예를 들어 거대한 규모의 혁신 프로젝트에 자발적으로 참여할 수 있다. 혹은 5억 달러의 매출 규모를 향후 5년간 50억 달러 규모로 성장시키려는 중소기업에 들어가 운영을 맡아볼 수도 있다. 그렇게 경력을 구축해나가는 과정에서 스스로 올바른 질문을 던져야 한다. 그것은 어떻게 유연한 CEO가 될 것인가가 아니라 유연한 CEO가 되기 위해 어떤 준비를 할 것인가다. 포드 CEO를 지낸 마크 필즈는 이렇게 설명한다. "체중을 10파운드 줄이고 키를 3인치 키우고 싶다고 말한다고 그게 현실이 되지는 않습니다. 그러나 경력을 통해 다양한 경험을 추구한다면 모든 포지션을 소화해내는 내야수가 될 수 있으며 조직이 성장에서 비용 절감으로 전환할 때 필요한 근육 기억muscle memory(특정 활동을 반복함으로써 그 활동을 수행할 때 자동적으로 나타나게 되는 생리적 반응—옮긴이)을 갖추게 됩니다."

앞서 살펴봤듯이 경력 과정에서 기술과 경험으로 이뤄진 완전한 도구함을 개발하지 못한 상태에서 CEO 자리에 올랐다면, 스스로 학습 곡선을 따라 빠르게 성장하도록 도움을 줄 인재를 주변에서 찾아야 한다. 비영리단체인 신시내티 아동병원 의료센터와 글로벌 자동차 부품 제조업체인 프리미어 매뉴팩처링 서포트 서비스, 그리고 미국 신시내티 상공회의소에서 CEO를 지낸 마이클 피셔는 조직의 사다리를 밟고 올라서는 동안 각각의 분야에서 많은 이가 기꺼이 자신의 지식을 공유하고 도움을 주고자 한다는 사실을 발견했다. 그는 스탠퍼드대학교를 갓 졸업한 경력 초반 노스웨스턴대학교 스포츠팀 부대표를 맡으면서 풋볼과 남자 농구를 제외한 모든 종목을 담당하게 되었다. 그는 이렇게 설명했다. "여자 필드하키나 남자 야구에 관해서 이들 감독보다 더 많이 알 수는 없을 거라는 생각이 들었습니다. 그래서 많은 시간을 투자해서 감독들과 친분을 쌓고 그들의 성공에 어떤 도움을 줄 수 있을지 고민했습니다."

피셔는 그런 마음가짐을 경력 전반에 걸쳐 유지했다. 프리미어 매뉴팩처링 서포트 서비스를 이끌던 시절 그는 국제 업무 경험이 풍부한 전직 제너럴 모터스 유지보수 책임자를 채용해 자신이 생소한 분야에서 안정감을 찾을 때까지 그에게 끊임없이 질문을 퍼부었다. 그리고 신시내티 아동병원 시절에는 유연성이란 언제 이끌고 언제 맡겨야 하는지 아는 능력이라는 사실을 깨달았다. 그 병원은 코로나가 발발했을 때 직원과 환자 보호를 우선 과제로 삼았다. 당시 피셔는 그러한 과제에 직접 관여할 수도 있었지만, 그러자면 직원들의 사기를 진작시키고 신뢰를 구축하고 병원의 장기적인 성과와 유지가능성을 보호하는 등 그가 맡고 있던 다양한 업무에 지장을 줄 터였다. 그래서 그는 이전에 일상적인 전염병 지침을 관리했던 최고운영책임자에게 그 과제를 맡겼다.

또한 피셔는 여러 비영리단체의 이사회에서 활동한 일이 자신의 유연성을 더욱 강화해주었다고 한다. 거기서 그는 유나이티드 웨이와 프록터앤드갬블, 제너럴 일렉트릭, 크로거, 피프스 서드 뱅크 등 여러 기업의 경영자를 포함하여 많은 뛰어난 리더가 조직을 이끌어가는 모습을 지켜볼 수 있었다. 그는 이렇게 설명했다. "젊은 리더들에게 비영리단체 이사회에 들어가서 일을 해보라고 종종 조언합니다. 거기서 새로운 뭔가를 배울 기회를 발견할 수 있습니다. 비영리단체의 전략과 경쟁력을 파악하고 이해관계자들이 후원과 자선 및 봉사활동에 참여하게 만드는 방법을 이해하는 과정에서 자신의 역량을 갈고닦을 수 있습니다. 또한 자발적인 이사회 구성원으로서 이사라는 지위에 따른 일반적인 권한은 주어지지 않기 때문에 스스로 기술을 개발하고 영향력과 전략적 사고 및 관계를 바탕으로 조직을 이끄는 법을 배우게 됩니다."

그런데 유연한 CEO가 되는 것이 그토록 중요한 이유는 뭘까? 유연한 CEO는 핵심 성과에 중대한 영향을 미칠 수 있다. 존 플랜트는 하우멧 에어로스페이스로 자리를 옮기기 전까지 글로벌 자동차 부품 생산업체인 TRW의 CEO로 있었다. 거기서 그는 자신의 유연한 역량을 발휘해서 조직을 운영하는 다양한 상황에 대처했다. 2003년 그가 TRW의 CEO가 되었을 무렵 자동차 부품 산업은 호황을 맞이하고 있었다. 그러나 2008년 금융위기가 시작되면서 세계 경제는 멈춰 섰고 자동차 산업 역시 수요 감소로 내리막길을 걸었다. 미시간주 리보니아에 본사를 두고 에어백과 안전제어시스템 등 다양한 기술 제품을 생산하는 TRW의 주식은 주당 20달러로 정점을 찍었다가 2009년 초 3.60달러로 곤두박질쳤다. 그전까지 높은 수익을 내왔던 TRW는 2009년 1사분기에 1억 3천1백만 달러의 손실을 보고했다. 그 회사의 두 최대 고객인 GM과 크라이슬러는 파산에 직면하여 미국 정부에 구제금융을 요청하고 있었다. 미시간 앤아버에 위치한 싱크탱크인 자동차 연구센터는 자동차 산업의 붕괴로 미국에서 3백만 개의 일자리가 사라질 것으로 내다봤다.[14] 어디를 봐도 전망은 어두웠다.

플랜트는 경영팀과 함께 노력을 이어나갔다. 2009년을 시작으로 주식 분석가들과 공유했던 TRW의 금융 지침을 철회하면서 TRW에서 다양한 혁신의 원천으로 기능했던 기술연구소의 엔지니어들을 포함하여 많은 직원을 해고하는 절차에 들어갔다. 그리고 계속해서 변화하는 시장과 경제 상황에 대처하기 위해 공장들을 폐쇄하고 구조조정을 단행함으로써 비용 규모를 줄였다. 그의 긴축 전략은 효과가 있었고 2010년에 접어들자 TRW의 손실 규모는 줄어들었다. 이후 시간이 흘러 플랜트는 신제품 개발에 투자하고 세계 시장으로 확장하면서 성장 모드로 전략을 전환했다. 플랜트 임기의 마지막 해인 2015년 TRW는 전 세계 190곳에 달하는 주요 공장에서 6만 5천 명이 넘는 직원을 다시 고용했고 세계 10대 자동차 부품 생산 기업으로 우뚝 섰다. 그해 TRW는 독일 자동차 부품 생산업체인 ZF 프리드리히스하펜에 주당 105달러로 매각되어 총 135억 달러의 기업 가치를 인정받았다.

플랜트는 어떻게 유연한 역량을 발휘할 수 있었을까? 물론 그의 유연성의 일부는 내적 역량에서 비롯되었다. 하지만 그는 동시에 비용 절감과 비즈니스 성장, 마케팅, 혁신 등 다양한 분야에서 과제를 해결하고 여러 상황에서 효과적으로 움직이는 법을 배워나갔다. 플랜트의 핵심 비결은 "한 가지 분야밖에 모르는" 경영자로 익숙한 곳에 머물러 있지 않기 위해 경력 전반에 걸쳐, 자신을 불편하게 만드는 도전 과제가 존재하는 새로운 자리에 끊임없이 도전했다는 점이다.

깊이 들어가기

성공에 필수적인 다양한 기술의 무기고는 유연한 리더가 되기 위한 출발점에 불과하다. 다음으로 리더는 깊이 있고 창조적인 사고가가 되어야 한다. 사실 사람들 대부분 자신을 깊이 있는 사고가로 여긴다. 그런데 정말 그럴까? 얼마나 많은 리더가 비즈니스의 복잡성을 인식하고 이해하고 있을까? 어떤 리더는 "정말로 성공할 때까지 성공한 척"하는 마음가짐을 고수한다. 그들은 기술적인 세부사항을 대수롭지 않게 여기고 경쟁 상황을 진정으로 이해하지 못하며 반드시 알아야 하는 것을 조직 내 누군가가 대신 알려주길 바란다. 물론 모든 리더가 그들의 기업이 제공하는 제품이나 서비스를 미시적인 차원에서 알고 있어야 하는 것은 아니다. 하지만 무엇이 기업을 돌아가게 만드는지 이해하고 조직의 다양한 역량과 자산을 깊숙이 들여다보는 태도는 유연한 리더가 되기 위한 열쇠다.

첨단 기술이나 생명공학 기업을 이끄는 CEO의 입장에서 볼 때, 비즈니스의 세부사항을 구체적으로 파악하는 것은 아마도 힘든 일일 것이다. 특히 그가 재무나 마케팅 분야에서 시작해 최고의 자리에 올랐다면 더욱 그럴 것이다. 특정 분야에서 공식적으로 쌓은 경력은 분명 도움이 되지만, 그것이 리더가 비즈니스의 복잡성을 진지하게 들여다보고 이해하지 못하도록 가로막아서는 안 된다. 여기서 핵심은 지칠 줄 모르는 호기심이다. 레오나르도 다빈치는 공식 교육을 받지 않았다. 그는 라틴어를 제대로 읽지 못했고 어려운 나눗셈도 하지 못했다. 그는 젊은 시절 따로 그려볼 계획까지 세우지는 않았지만 그래도 딱따구리의 혀를 연구해보는 게 의미가 있을 거라고 생각했다. 그는 호기심이 자신을 어디로 데려갈지 알지 못한 채 탐구를 계속 이어나갔다.[15] 월터 아이작슨은 예술가이자 발명가인 다빈치를 주제로 쓴 전기 『레오나르도 다빈치』에서 이렇게 말했다. "그가 알기를 원했던 이유는 다름 아닌 그 자신이 호기심과 열정이 넘치고 언제나 경외심으로 가득차 있는 레오나르도였기 때문이다."

깊이 있는 사고가가 되려면 자신이 무엇을 알고 있고 무엇을 알

     맥킨지 비밀 수업

고 싶은지 끊임없이 집요하게 질문을 던져야 한다. 플랜트는 바로 이러한 열정적인 호기심을 보여줬다. 그는 2015년 TRW를 떠나 아코닉의 CEO가 되었고, 다음으로 하우멧 에어로스페이스의 CEO가 되었다. 여기서 그는 완전히 생소하고 복잡한 산업 분야를 깊이 파고들었다. 피츠버그에 위치한 하우멧은 상업용 및 군사용 항공기에 들어가는 제트엔진의 팬과 여러 가지 첨단 기술 부품을 비롯하여 다양한 제품을 생산하는 기업이다. 항공 산업은 약간의 유사성을 제외하고 기술 및 시장 차원에서 자동차 부품 산업과 완전히 달랐다. 자동차 부품 산업에서 항공 산업으로 넘어왔을 때, 플랜트는 자신이 직면한 새로운 도전 과제를 헤쳐나가기 위해 그가 말하는 "심층적 사고 모드"에 스스로 들어갔다고 했다. 그는 이렇게 설명했다. "처음부터 철저하게 시작해야 합니다. 분석하고 판단하고, 그리고 더 중요하게 그 결과를 실행에 옮기기 위한 확신을 가져야 합니다." 철저하게 분석하고 깊이 있게 생각할 때, 리더는 실행을 위한 길을 열어나갈 수 있다.

먼저 플랜트는 항공 산업이 자동차 산업과 어떻게 다른지 분석했다. 제트엔진의 팬과 에어백처럼 제품만 다른 게 아니었다. 제품과 고객에 대한 접근 방식 또한 달랐다. 플랜트는 말했다. "지적 호기심이 제일 중요하죠. 겉핥기식으로 대충 보고 넘어가는 게 아니라 기업이 생산하는 제품과 생산을 뒷받침하는 기술을 깊숙이 들여다봐야 합니다. 또한 그 제품이 고객의 요구를 충족시켜주는지 확인해야 합니다." 플랜트는 항공 비즈니스를 이해하고자 수개월간 열심히 연구했다. 하우멧 공장을 방문해서 직원들의 설명을 듣고 많은 이에게 종종 똑같은 질문을 했다. 그는 이렇게 언급했다. "중요한 것은 제품이 '어떤' 기능을 하는지를 넘어서서 '어떻게', 그리고 '왜' 그런 기능을 하는지도 이해하는 겁니다. 또한 '어떻게'와 '왜'에 대한 이해를 기반으로 전체를 파악해야 합니다. 그럴 때 자신의 경쟁력(그런 게 있다면)이 무엇인지 비로소 이해할 수 있습니다."

이제 플랜트는 하우멧의 제품군을 속속들이 알고 있다. 그는 최근 있었던 산업 행사에서 터빈 팬의 특성을 포함하여 다양한 기술적인 특성을 청중 앞에서 두 시간 넘게 설명하기도 했다. CEO의 해박한 지식에 강한 인상을 받은 사람들은 나중에 혹시 그가 자동 프롬프터를 보고 읽은 것은 아닌지 하우멧 CFO에게 물었다. 그는 이렇게 답했다. "아닙니다. 그는 실제로 모든 것을 잘 알고 있습니다."

지식을 향한 열정을 가진 리더가 플랜트 혼자만은 아니다. 세계적인 성공을 거둔 리더들은 제품에 대한 미시적인 집착으로 유명하다. 아마존의 제프 베이조스는 기업의 최고 소프트웨어 엔지니어가 칠판에 알고리즘을 적어내려가는 모습을 지켜보다가 공식을 수정해준 것으로 널리 알려져 있다.[16] 그리고 테슬라의 일론 머스크는 첨단 배터리 기술과 전기차 구동 시스템을 개발하고 통합하는 방법에 대해 논의할 수 있는 충분한 역량을 갖춘 것으로 유명하다. 하지만 리더들 대부분 새로운 사고 영역을 좀처럼 파고들려 들지 않는다. 그 이유는 뭘까? 우리의 경험에 따르면, 일부 리더는 단순히 지적 호기심이 부족하고 다른 또 어떤 리더들은 실패를 두려워한다. 또 이를 위해 시간과 에너지를 투자하는 것을 아까워하는 리더들도 있다.

플랜트는 하우멧 에어로스페이스의 모든 제품과 경쟁력을 이해하기 위해 많은 시간을 투자했다. 그는 각각의 제품이 경쟁사에 없는 어떤 특성을 갖고 있는지 스스로에게 물었다. 여기서 그의 최종 목표는 새로운 가치를 제시함으로써 가격을 올리거나 프리미엄 가격을 요구하는 것이었다. 동시에 그는 기업의 모든 제품을 일반적인 상품과 차별화함으로써 시장 점유율을 높이고자 했다. 한번은 주요 고객이 하우멧의 터빈 팬 가격을 인하해달라고 요구했다. 그러나 플랜트는 그 제품과 관련해서 '어떻게'와 '왜'를 철저히 이해했기 때문에 그들의 터빈 팬이 시장에서 최고임을 자신했고 그래서 그 요구를 거절했다. 고객은 거래를 중단했지만 플랜트는 물러서지 않았다. 그는 말했다. "강한 의지로 이렇게 말할 수 있어야 합니다. '좋습니다. 신의 은총으로 행복이 함께하시기를'" 그 고객은 결국 돌아왔고 새로운 공급업체가 그의 요구를 제대로 충족시키지 못했기 때문에 플랜트가 제시한 높은 가격에 동의해야 했다. 플랜트는 부품을 계속해서 납품하기로 했지만 예전보다 더 높은 가격과 더 많은 주문량을 요구했다. 고객은 그의 뜻에 따를 수밖에 없었다. 플랜트는 고객의 새로운 공급업체가 그의 요구를 충족시키지 못했다고

100퍼센트 확신하지는 못했지만, 그럼에도 제품의 '어떻게'와 '왜'를 깊이 연구했기 때문에 고객이 다시 돌아올 거라고 확신했다.

그 협상에서 플랜트의 접근 방식은 사실 항공 산업의 일반적인 관행과는 거리가 멀었다. 공급업체들은 대개 주요 고객의 요구를 어떻게든 맞추려 한다. 플랜트는 시장에서 새로운 존재감을 드러냄으로써 기존과는 다른 접근 방식을 취할 수 있다고 말한다. 그는 항공 산업의 엄격한 전통과 관행에 얽매이지 않았다. 플랜트는 이렇게 설명했다. "은밀한 모임에는 들어가지 않기로 결심했습니다. 주요 산업에는 특정한 관행에 집착하는 사람들의 집단이 있습니다. 제가 그들의 조언을 받아들이거나 기존 비즈니스 관행에 익숙해 있었더라면, 변화를 시도하려는 용기는 낼 수 없었을 겁니다. 특정 모임에 초대받길 원한다면 사람들이 기대하는 방식으로 행동해야 합니다. 저는 그렇게 하기 싫었습니다. 게다가 클럽 가입비도 너무 비싸더군요."

심층적인 학습에서 한 가지 중요한 점은 지식에 대한 열망과 확신 사이에서 균형을 잡아야 한다는 것이다. CEO들은 대개 임기 초반에 자신의 존재를 입증하고자 한다. 그러나 아무 이유 없이 계속해서 입장을 바꾸는 리더를 따르려는 사람은 없다. 또한 자신이 모든 해답을 갖고 있다고 자만하는 리더를 따르려는 사람도 없다. 2016년 에드 바스티안이 델타 항공의 CEO가 되었을 때, 그는 자신이 그 조직에 속해 있으며 최고의 자리를 맡을 자격이 있음을 증명하고자 했다. 그러나 자신의 자리에 편안함을 느끼기까지 몇 년이 걸렸다. 그는 이렇게 설명했다. "CEO라는 지위는 위압감과 겸손함을 느끼게 만들어줍니다. 저는 매년 10만 명의 직원과 2억 명의 고객을 책임져야 했습니다. 전 스스로에게 물었습니다. '나는 어떻게 이 자리까지 왔을까? 이사회는 과연 올바른 판단을 내린 걸까?' 이런 질문은 공식적인 자리에서 제기하지는 않지만 내면에서 어떻게든 풀어야 할 과제입니다."

바스티안은 이야기를 이어나갔다. "이러한 불확실함에 대처하기 위해서는 배우고, 배우고, 또 배워야 합니다. 저는 나가서 사람들을 만나 물었습니다. 정말로 최고가 되고 싶었으니까요. 유일하게 변하지 않는 한 가지는 변화 그 자체라고 믿습니다. CEO는 변화를 자연스럽게 느끼고 받아들여야 합니다. 유연함을 유지하면서 혁신적인 변화에 항상 대비해야 합니다. 미시적인 차원에서, 그리고 장기적이고 거시적인 차원에서 말이죠. 그렇게 회복탄력성을 계속 강화해야 합니다. CEO는 기업 내에서 적어도 5년 뒤를 생각하는 유일한 자리입니다. 멀리 내다보면서 비즈니스 모델과 고객 제안에 대한 변화를 구상하는 노력은 개인의 차원에서, 그리고 조직의 차원에서 새로운 창조의 핵심입니다."

2020년 초 코로나-19 전염병이 발발했을 때, 바스티안은 배움에 대한 자신의 철학을 시험해보고자 했다. 그는 당시를 이렇게 떠올

렸다. "우리는 매일 어제의 지식과는 맞지 않는 새로운 지식을 배워
나가고 있었습니다. 전염병 사태를 해결하기 위해서는 기존 비즈니
스 모델을 해체한 뒤 다시 새롭게 통합하는 방식으로 위기를 끊임
없이 극복해야 했습니다. 무척 힘든 일이었죠. 자신의 취약성을 그
대로 드러내야 했으니까요. 하지만 취약성을 드러냈기 때문에 직원
과 고객을 끌어모아 힘든 시기를 헤쳐나갈 수 있었다는 말씀을 드
리고 싶군요. 저는 정답을 갖고 있지 않으며 함께 일하는 과정에서
배우고 해답을 찾아갈 거라고 사람들에게 말했습니다. 아는 것보
다 모르는 게 더 많다고 인정하는 태도는 강력한 힘을 발휘합니다.
저는 저 자신의 취약성을 그대로 드러냄으로써 조직을 결집하고
CEO의 힘을 강화했다고 믿습니다."

가령 바스티안은 코로나 초기에 승객과 직원의 안전과 관련해서
서로 모순되고 혼란스러운 정보를 접했다. 바이러스는 공기를 타고
퍼지는가? 아니면 접촉에 의해 퍼지는가? 마스크는 효과가 있는가?
어떤 마스크가 효과가 있는가? 비행기 내 환기 시스템으로 바이러
스에 대한 노출을 줄일 수 있는가? 항공사는 백신을 의무화해야 하
는가? 경영자들 대부분 오락가락하는 미국 질병통제예방센터의 지
침을 최선책으로 따랐다. 하지만 바스티안은 이례적으로 미국의 프
리미엄 의료기관인 메이요 클리닉을 찾아가 임원들과 긴밀하게 협
력함으로써 바이러스의 움직임을 더 효과적으로 파악하고자 했다.
또한 메이요 임원인 헨리 팅 박사를 영입해서 델타 항공의 초대 최

고건강책임자에 앉혔다. 메이요의 한 의사는 바스티안에게 말했다. "제가 드릴 수 있는 말씀은 오늘 무엇을 알고 있든 내일은 달라질 거라는 겁니다." 바스티안은 당시를 이렇게 떠올렸다. "그 말을 들었을 때 무엇이 변할 것인지, 그리고 변화로부터 무엇을 배울 수 있을지에 항상 주목해야 하고, 그러한 마음가짐을 유지하는 한 우리는 괜찮을 거라는 사실을 깨달았습니다." 무엇보다 바스티안은 빠른 학습과 반복적인 실행을 통해 지금까지 항공사의 승객과 직원을 지켜줬던 기준과 관행을 계속 개선해나갔다.

두려움과 선입견 없이 배우려는 열정, 질문을 던지고 기존의 오랜 믿음과 가정에 의문을 품어보려는 의지, 그리고 부지런히 연구하고 올바른 전문가 집단으로부터 배우는 바스티안의 역량 덕분에 델타 항공은 코로나 위기를 잘 헤쳐나갔고 이후 항공 산업의 선두 주자로 우뚝 섰다. 델타 항공은 바스티안의 리더십 하에서 미국 항공사로서 가장 많은 상을 받았다. 특히 〈월스트리트저널〉은 2023년 델타 항공을 미국의 최고 항공사로 선정했다, 이는 세 번 연속 수상이자 7년간 여섯번째 수상이다.[17]

침묵할 때를 알기

앞서 살펴봤듯이 조직을 운영하는 다양한 역할을 경험하고, 비즈니스와 관련된 지식을 깊이 있게 습득하는 것은 유연한 리더가 되기 위한 두 가지 핵심 요소다. 다음으로 중요성이 점점 더 높아지고 있는 세번째 요소는 자신의 기업이 정치적, 사회적 차원에서, 그리고 환경문제와 관련해서 어떤 입장인지 전하는 역량이다. 이 주제는 우리가 지금까지 추진했던 많은 바우어포럼 프로그램에서 줄곧 제기되고 있다. 참석자들은 묻는다. 기업의 입장을 드러내기 좋은 시점은 언제인가? CEO는 기업의 입장을 대변해야 하는가? 아니면 이사회와 투자자들로부터 먼저 승인을 구해야 하는가? CEO의 개인적 신념이 직원을 포함한 여러 이해관계자 집단의 이해관계와 상충하면 어떻게 해야 하는가? 논란이 되는 환경 및 사회 문제에 관한 입장을 표명했다가 역풍을 맞으면 어떻게 대처해야 하는가? 진보적인 입장을 공식적으로 드러내고자 하는 CEO는 NBA 스타 마이클 조던의 말을 떠올릴 필요가 있다. "공화당 사람들도 운동화를 삽니다."[18]

오늘날 CEO는 더이상 중립적인 입장에 머무를 수 없다. 이제 리더는 조직을 이끌어가는 자신의 권한을 강화하기 위해 개인적인 신념을 뚜렷하게 드러내야 한다. 그러지 않을 때, 직원과 고객의 반발로 기업은 즉각 많은 비용을 치러야 한다. 리더는 자신에게 물어야 한다. "이 제품 혹은 저 제품을 출시해야 할까? 나와 가치관이 맞지 않는 인물을 영입하거나 승진시켜야 할까? 내 운영방식이 공동체에 피해를 입히고 있는 것은 아닌가? 그렇다면 그 문제를 해결할 수 있을까?" 기업이 공동체에 피해를 주고 있을 때, 리더는 수익성은 높지만 조직의 도덕적 나침반에 어긋나는 기회를 포기하는 힘든 결정을 내려야 한다.

예를 들어 이런 질문을 던져야 한다. 우크라이나 침공과 관련해서 러시아에서 사업을 철수해야 할 것인가? 우리의 비즈니스는 러시아인들의 행복에 기여하고 있는가? 기후변화를 믿는가? 그렇다면 기업의 탄소중립 목표는 진정한 것인가, 아니면 허울에 불과한가?

리더는 때로 문제가 저절로 사라질 때까지 침묵을 지키고픈 유혹을 느낀다. CBS의 〈60분〉을 제작한 전설적 인물인 돈 휴이트는 기자들이 전화를 걸어오면 어떻게 할 거냐는 질문에 이렇게 농담조로 답했다. "끊어버려야죠!" 확고한 입장을 표명하는 것은 때로 기업의 손실로 이어질 수 있다. 일부 정치인들은 그들이 "진보적"이라고 판단한 기업들을 목표로 삼아 불매운동에서 입법에 이르는 다양한 방안으로 공격하려 한다.

그러나 세상은 달라지고 있다. 리더는 균형을 잡아야 한다. 소셜 미디어가 모든 곳을 지켜보는 세상에서 침묵을 고수하는 태도는 더 이상 선택지가 될 수 없다. 노바티스의 CEO를 지내고 지금은 바우어포럼 코치로 활동하고 있는 댄 바셀라는 이렇게 설명했다. "언론은 CEO에게 입장 표명을 요구할 수 있습니다. 그러나 과잉 노출되지 않도록 잘 조절해야 합니다. 리더는 언론에게 상품입니다. 그들은 돈이 된다면 기업의 리더를 얼마든지 영웅이나 악당으로 그려낼 겁니다. 오늘 언론이 영웅으로 묘사했다면, 내일 악당으로 그려낼 것에 대비해야 합니다. 모든 시도가 항상 성공할 수는 없으며 세상은 공평하지 않다는 사실을 받아들여야 합니다." 바셀라가 말했듯이 언론 노출을 줄이는 것은 현명한 방법이다. 언론 기사가 나올 때마다, 그리고 직원들이 우려를 제기할 때마다 트위터에 글을 올리는 것은 좋은 접근 방식이 아니지만, 그래도 CEO는 논란이 되는 사안과 관련해서 언제 말해야 할지 언제 입을 다물어야 할지 기준을 마련해둘 필요가 있다. 우리는 기업과 진정성에 영향을 미칠 사안에 대해서는 CEO가 공식적인 입장을 취해야 한다고 결론을 내렸다.

예를 들어 델타 항공 CEO 바스티안은 몇몇 사회적 사안이 그냥 외면하기에는 직원들에게 너무 중요하다고 판단했다. 2021년 봄 조지아주는 투표권에 대한 접근성을 제한하는 법을 통과시켰다. 바스티안을 비롯한 많은 이는 그 입법을 흑인 유권자들의 투표율을 떨어뜨리기 위한 시도로 해석했다. 기업의 CEO로서 법에 반대하는 목소리를 내는 것은 쉬운 일이 아니었지만 바스티안은 그렇게 했다. 그는 이렇게 지적했다. "직원과 기업, 지역공동체에 중요한 문제를 나서서 해결하고 벌어진 상황에 대해 자신의 의견을 밝혀야 할 때가 있습니다." 이 사례에서 투표법은 대단히 중요한 사안이었다. 조지아주의 최대 민간 기업인 델타 항공은 리더십에서 다양성의 공백을 메우고 조직 내 모든 직급에서 평등을 보장하기 위해 최선을 다하고 있다. 바스티안도 처음에는 논란에서 한 발짝 물러서려고 했다. 하지만 직원과 공동체 주민 사이에서 우려의 목소리가 높아지면서 입장 표명을 결정했다. 그는 말했다. "우리가 그 법을 받아들여야 하는 이유를 사람들에게 설명할 수 없었습니다. 기업의 가치와도 맞지 않았습니다. 입장을 밝히는 과정에서 많은 압박을 느꼈습니다. 주변을 둘러보니 지역 기업들 모두 입장 표명을 주저하고 있더군요. 그래서 반대 목소리를 내는 게 저의 책무라고 느꼈습니다."

바스티안의 의견에 많은 이는 분노했고 또 많은 이는 지지했다. 그가 입장을 밝히고 난 뒤 미국의 CEO 수백 명이 그 법에 반대하는 의견을 드러냈다. 바스티안은 당시 상황을 떠올리며 말했다. "그래서 바뀌었을까요? 아닙니다. 투표법은 그대로 남아 있습니다. 그래도 목소리를 낼 수 있다는 사실은 보여줬죠. 소비자는 가치를 지키고 실행에 옮기는 기업에게 기회를 줍니다."

바스티안이 경험했듯이 특히 사안에 대한 접근 방식을 놓고 이해관계자들이 나뉘어 있는 대기업에서는 정치적인 발언을 한다는 것이 대단히 힘들고 스트레스를 받는 일이다. 복잡하고 논란이 되는 상황에서 리더는 자기 입장을 잘 드러내는 적절하고 올바른 표현을 선택해야 한다. 사람들은 기업의 CEO와 비영리단체 리더라면 언제나 지켜야 할 근본적이고 공통된 가치가 있다고 생각한다. 가령 선량한 시민을 보호하고 폭력적이고 무도한 행동을 처벌해야 한다고 믿는다. 그건 선택이 아니다. 당연한 과제다. 하지만 우리가 보기에 델타 항공의 사례처럼 직원과 공동체에 중요한 사안이 아닌 이상, 특정 방향을 고집하는 것은 합리적인 선택이 아니다. 그래서 우리는 공동의 가치에 중요한 문제일 때만 입장 표명을 하라고 조언한다. 그런 문제가 아니라면, 기업의 방향에 대해 한번 더 고민하자.

리더는 모든 이해관계자의 입장을 고려하면서 투자자들이 추구하는 가치도 창출해야 한다. 일부 투자자는 기업이 ESGEnvironmental, Social, and Governance(환경과 사회, 지배 구조) 기준을 준수하기를 기대한다. 다른 투자자는 이러한 사안에 별 관심 없이 오로지 높은 수익만을 원한다. CEO는 자신의 입장을 표명할지, 혹은 어떤 방식으로 표명할지 판단하는 과정에서 고객과 직원을 비롯한 모든 이해관계자의 생각을 이해하고 다양한 요구 사이에서 균형을 잡아야 한다. 물론 쉽지 않은 일이다. 이 글을 쓰는 지금도 ESG의 중요성을 놓고 많은 논란이 이어지고 있다. ESG가 정치적으로 이용되면서 인증 라벨의 가치는 떨어졌지만, 그 핵심 개념은 여전히 유효하다. 리더는 무엇이 기업에 중요한 사안인지, 그리고 사안의 중대성을 어떻게 알릴지 이해할 만큼 충분히 유연해야 하며, 동시에 그러한 사안을 직원과 외부 투자자, 정치인 등 모든 이해관계자에게 의미 있는 방식으로 새롭게 정의해야 한다.

한 가지 조언을 하자면, 자신의 판단이 미칠 장기적 영향을 고려하라는 것이다. 입장을 드러내지 '않는' 것이 단기적인 재정적 이익에 도움이 된다고 해도 장기적으로 기업 가치에 피해를 입힐 것인가? 하우멧의 플랜트는 이렇게 묻는다. "당신이 지금 표명한 입장은 세월의 검증을 견뎌낼 것인가? 아니면 당신의 후임자에 의해 바뀔 것인가? 혹시 당신의 후임자가 자신이 관여하지도 않은 기업의 입장을 고수하도록 강요하는 일이 되는 것은 아닌가?"

알코아와 마스코에서 이사로 있는 플랜트는 이사회 회의에 참석했을 때 CEO가 기후변화와 같은 사안에 대해 공식적인 입장을 밝히고자 했다는 이야기를 들려줬다. 그러자 한 참석자는 이렇게 물었다. "이유가 뭐죠? 더 많은 페인트를 판매하는 데 도움이 될까요?" CEO는 특정한 사회적인 사안에 대해 강한 신념을 가질 수 있다. 그런데 기업 가치를 높여주지 않는다면 논란 속으로 발을 들여놓을 것인지 고민해야 한다. 가령 기업이 환경문제에 관해 발언하지 '않으면' 유능한 인재를 영입하고 붙잡아두는 데 어려움이 있을 것이라고 판단한다면, 이러한 생각을 뒷받침하는 증거를 모아 이사회에 보여줘야 할 것이다.

CEO들은 그들의 기업이 환경문제나 LGBTQ 권리, 혹은 언론의 자유를 지지한다고 지나치게 자주 말한다. 그런데 실제 행동을 통해 이러한 주장을 정말로 뒷받침하고 있는가? 논란이 되는 사안에 개입하기로 결정했다면, 그 판단이 진정한 것인지, 그리고 세상이 어떻게 바라봐줄 것인지 자신에게 물어보자. 올바른 말을 하기는 쉽다. 하지만 그 말을 실행에 옮기기 위한 시간과 예산, 역량이 부족하다면 위선자라는 비난을 받을 것이다.

오늘날 미국 비즈니스 세계에서 가장 많이 거론되는 주제는 기후변화다. 선의를 가진 많은 경영자가 2030년, 혹은 2040년까지 기업의 탄소중립 목표를 달성할 것이라고 약속한다. 그런데 어떻게 그것에 다다를지 알고 있을까? 많은 기업이 탄소 배출을 줄이기 위한 구체적인 계획을 세우고 이를 실행에 옮기기 위해 많은 투자를 한다. 하지만 목표를 달성하기 위한 강한 의지는 또다른 문제다. 탄소중립 목표를 선언하는 기업들 대부분 그 실행방식에 진지하게 접근하지 않는다. 이러한 기업들은 그린워싱greenwashing(그린green과 세탁white washing의 합성어로 친환경 경영과는 거리가 멀지만 녹색경영을 표방하는 홍보 활동―옮긴이)으로 비난받을 위험이 있다. 플랜트는 하우멧 에어로스페이스에서 이와는 다른, 그리고 스스로 느끼기에 더 진정성 있는 접근 방식을 선택했다. 그는 2030년이나 2050년까지 탄소중립 목표를 달성하겠다고 약속하지 않는다. 그러한 선언에는 아무런 신뢰성이 없기 때문이다. 그는 이렇게 표현했다. "그건 말장난에 불과합니다. 사람들은 쉽게 약속을 합니다. 하지만 그렇게 할 의지가 없죠. 그들은 약속을 지키기 위해 어떻게 해야 할지 모릅니다. 2050년은 고사하고 2030년이면 그들은 그 자리에 없을 겁니다. 그렇지 않습니까?"

대신 플랜트는 직원들에게, 그리고 질문하는 모든 이에게 공기와

물을 오염시키지 않고 후대에 피해를 미치지 않으며 자녀와 손자들이 깨끗한 환경에서 살아가도록 만드는 것이 하우멧의 책임이라고 말한다. 실제로 하우멧은 기업의 전체 가치사슬과 조화를 이루는 방식으로 생산방식의 효율성을 높이고 탄소 배출을 줄이기 위해 수천만 달러를 투자하고 있다. 플랜트는 말한다. "탄소중립을 표방하는 모든 거창한 주장은 허울좋은 정치일 뿐입니다. 실질적인 행동으로 주장을 뒷받침하지 않는다면 빈 수레에 불과합니다. 진정성이 있어야 합니다. 자신의 약속을 믿어야 합니다. 다양한 가치를 보여줘야 합니다. 사람들이 자신을 따르게 하려면 리더가 먼저 솔직해져야 합니다."

앞서 살펴본 것처럼 CEO가 헤쳐나가야 할 세상은 지뢰밭과 같다. 이 말은 특히 바우어포럼 모임에 참석한, 그리고 외부인들과 의사소통을 나눈 오랜 경험이 없는 젊은 CEO들에게 해당된다. 새롭게 CEO 자리에 오른 한 참석자는 수많은 사안에 관한 기업의 입장을 외부 이해관계자들에게 전달하면서 많은 당혹감을 느꼈다고 했다. 그는 이렇게 물었다. "언제 말을 하고 언제 입을 다물어야 할까요? 기업의 이해관계자들은 과연 제 말을 믿을까요? 그리고 문제를 해결하는 과정에 적극적으로 동참할까요?" 신시내티 아동병원의 피셔는 기업의 사명과 주요 이해관계자에 대해, 그리고 어떤 사안에 집중해서 자신의 전문적인 역량을 발휘해야 할지에 대해 깊이 고민해보라고 조언한다. 그는 이렇게 떠올렸다. "신시내티 아동병원 시절 우리 모두는 어떤 사안이 아이들 건강에 중요한지 잘 알고 있었습니다. 그래서 백신에 관한 발언은 우리에게 대단히 중요한 일이었죠. 하지만 비록 많은 관심을 기울이고 있다고 해도 기후변화에 대한 발언은 우리가 똑바로 직면해야 하거나 중점적으로 생각해야 할 사안은 아니었을 겁니다. 우리는 이사회와 함께 무엇이 중요한 공공 정책이 될 수 있는지, 그리고 어떤 사안이 앞으로 6~12개월 동안 지속적으로 불거지게 될지 예측했습니다. 그리고 필요한 경우 대차대조표를 따져보면서 행동 계획을 수립했습니다."

위기가 닥치거나 중요한 사안이 떠오를 때, 많은 CEO는 어디에 초점을 맞춰야 할지 혼란을 느낀다. 피셔는 말한다. "제 많은 스승 중 한 분은 업무적인 필요성에 앞서 관계를 형성하려는 노력이 언제나 중요하다고 말씀하셨죠. 이러한 점에서 앞으로 어떤 조직과의 이해관계가 중요해질지 파악하기 위해 CEO는 광범위한 시야를 확보해야 합니다." 중요한 것은 도움이 필요하기 '전에' 고객과 직원, 공동체, 정치인 및 정부 관료들과 관계를 구축하기 위해 미리 시간을 투자하는 노력이다. 비상사태가 벌어졌을 때, 다른 사람을 통해서가 아니라 개인적으로 직접 연락할 수 있을 만큼 그들을 충분히 잘 알고 있어야 한다. 피셔의 설명에 따르면, 관계가 충분히 두텁다면 문제나 위기가 발생했을 때 그들은 상황이 통제 범위를 벗어나기 전에 우리에게 연락을 취해서 건설적인 조언을 주거나 힘든 상

맥킨지 비밀 수업

황을 헤쳐나가도록 도움을 줄 것이다.

피셔는 코로나 기간에 모든 직원을 대상으로 백신 접종을 의무화하는 결정을 내렸다. 그러나 그가 생각하기에 일부 의료 종사자는 그 정책에 반박할 것이었다. 당시 그 지역의 모든 병원 역시 똑같은 결론을 내렸다. 피셔는 이들 병원의 모든 CEO와 오랫동안 좋은 관계를 유지해오고 있었기에 백신의 의무 접종에 대한 합동 발표를 이끌어낼 수 있었다. 그는 합동 발표를 통해 직원들의 불안감을 덜어줄 것으로 봤다. 실제로 그들은 합동 발표문에서 이렇게 말했다. "우리는 모든 지역 주민에게 가장 안전한 환경과 최상의 의료 서비스를 제공하기 위해 함께 뭉쳤습니다. 그리고 우리 모두 각자의 시설을 살펴보고 이번 결정이 중요하다고 판단을 내렸습니다." 이는 각자 자신의 문제만 해결하는 방식이 아니라 생태계의 일부가 되어 함께 노력하는 방식의 힘을 보여준 사례였다.

개인의 행복이 이 책의 주제는 아니지만, 우리는 지금까지 오랫동안 일과 삶의 균형을 잡으려는 노력이 대단히 힘들다는 사실을 확인해왔다. 자신의 업무에 많은 노력과 시간을 들여야 할 때, 가족이나 친구와 충분한 시간을 보내고 있는지 우려하는 것은 당연하다. 많은 사람이 자신의 시간과 관심을 요구할 때, 직장과 가정에 최선을 다하기란 쉽지 않다. 10년 전만 해도 전문가라면 누구나 일과 삶의 균형을 처방전으로 내놨다. 일하는 삶과 개인적인 삶 사이에 뚜렷한 경계를 그어서 둘을 완전히 분리하라는 것이다. 집에 와서는 일 걱정을 하지 말고 사무실에서는 집안 걱정을 하지 말라는 뜻이다. 그러나 이제 세상은 크게 달라졌다. 코로나를 겪고 난 후로 많은 사람이 재택근무를 하거나 일주일에 하루이틀을 집에서 일하고 있다. 게다가 일반적인 근무 시간 외에도 업무적으로 이메일이나 문자를 사용하거나 영상 회의를 진행하는 일이 잦아지면서 일과 삶의 경계는 더욱 흐릿해졌다. 지금까지 일과 삶을 구분했던 뚜렷한 경계선은 이제 찾아보기 힘들다.

이제 우리는 각자 자기 방식대로 일과 삶의 균형을 찾고 있다. 그래도 지난 몇 년 동안 몇 가지 패턴을 확인할 수 있었다. 최고의 리더는 먼저 무엇이 자신의 일과 삶을 방해하는지 분명하게 확인한 뒤 이러한 상황에 대처하기 위한 방법을 찾는다. 다음으로 개인적인 삶과 업무적인 삶 모두에서 지도로 기능해줄 공통적인 목적이 존재한다는 사실을 이해한다. 또한 개인적인 삶과 업무적인 삶을 구분하려고 애써 노력하지 않을 때 스트레스가 줄어든다는 사실을 이해한다. 마지막으로 에너지가 시간보다 더 중요하다는 사실을 안다. 즉, 심리적인 차원에서 친구나 가족과 함께 보내는 짧은 시간이 다른 일에 신경쓰면서 함께 보내는 오랜 시간보다 더 낫다는 사실이다. 이러한 관점에서 일과 삶에서 자신의 균형점을 발견했던 리더들의 몇 가지 사례를 소개하고자 한다.

대니얼 바셀라는 가족과 함께하는 시간과 관련해서 독특한 점이 있다. 그는 많은 이들처럼 업무적으로 먹는 식사는 점심으로만 제한하고 아침과 저녁식사는 가족과 함께 하기 위해 많이 노력한다. 또한 스위스 바젤에 있는 본사에서 집까지 한 시간 반 동안 통근하면서 하루에 있었던 일에 대해 아내와 전화로 이야기를 나눈다. 그래서 저녁 8시에 집에 도착할 때면 하루 일과에 대해 모든 이야기를 나눈 상태다. "많은 이가 퇴근하고 집에 와도 업무 생각을 떨쳐내지 못합니다. 머릿속 생각은 여전히 회사에 가 있고 휴대전화로 계속해서 이메일을 확인합니다. 가족이 보기에 당신은 딴 데 정신이 팔려 있거나 공감을 나눌 수 없는 상태입니다. 저는 아내와 매일 그렇게 통화하기 때문에 한 시간 전에 이미 집에 와 있는 셈입니다. 통화 덕분에 업무 생각을 떨쳐버릴 수 있죠."

석유 회사 서노코의 CEO를 지낸 린 엘센한스는 자신을 지지해주는 가족이 무엇보다 중요하다고 믿는다. "저는 젊은 여성들에게 인생의 파트너를 선택하는 것이야말로 가장 중요한 일이라는 이야기를 합니다. 배우자의 지원 없이는 조직에서 가장 높은 자리에 올라가기 힘들기 때문이죠. 나에게 딱 맞는 사람을 만나기는 쉽지 않죠. 저는 결혼해서 한 사람과 40년 넘게 살고 있습니다. 그런 사람을 찾은 건 행운이었죠."

현대 기술 장비들은 일과 행복 사이에서 균형 잡기를 더 어렵게 만든다. 한 경영자는 말했다. "휴대전화를 비롯한 다양한 기술 장비는 생산성을 엄청나게 높여주지만, 동시에 우리가 지금 이 순간에 집중하지 못하게 방해하기도 합니다." 그는 매일 아침 일어나서 45분간 휴대전화에 손대지 않는다. 대신 아내와 그날 일에 대해 이야기를 나누고 인도 음악을 들으면서 차를 마신다. 그는 말한다. "아내와 함께하는 시간은 너무나 소중하고 하루의 기분을 결정합니다. 모두에게 제가 드리고 싶은 조언은 아침에 일어나서 30분이나 45분간 스스로 의미 있고 현재에 집중하게 만들어주는 일을 해보라는 겁니다. 하루를 활기차게 살아가는 데 큰 힘이 됩니다."

매스뮤추얼에서 해외 사업부를 이끌고 있는 에디 아메드 같은 리더는 경력을 성공적으로 이어나가려면 하나로 연결된 삶을 살아가야 한다고 생각한다. 그는 일과 삶을 분리하는 것을 생각조차 하지 않는다. 최근 많은 이, 특히 일보다 삶을 우선시하는 경향이 강한 밀레니얼 세대 역시 마찬가지다. "20대에 일을 시작한 후로 일과 삶은 하나로 이어져 있다고 생각해왔습니다. 항상 일이 개인적인 삶으로 스며들고 개인적인 삶이 일로 스며든다고 느낍니다. 25년 넘게 휴가를 써본 적이 없습니다. 그건 하루도 쉬지 않았다는 말이 아니라 쉬는 날도 언제나 조금씩 일을 했다는 뜻입니다. 그렇다고 다른 사람에게 제 방식을 강요하지는 않습니다. 저는 직원들에게 휴가를 가서는 전화기를 꺼놓고 이메일도 확인하지 말라고 당부합니다. 그러나 저는 그렇게 하지 않습니다. 저는 휴식과 성찰이 필요한 때를 자연스럽게 알게 됩니다. 일주일이나 한 달을 미리 휴가로 정해놓지 않습니다. 그냥 필요할 때 쉬는 겁니다."

예를 들어 아메드는 보스턴에서 열린 이사회 모임을 마치고 곧바로 로스앤젤레스로 날아가 스물다섯 살 된 아들과 함께 48시간 동안 요세미티 국립공원의 하프돔을 암벽등반으로 오르고, 다시 비행기를 타고 런던으로 가서 또다른 회의에 참석했다는 이야기를 들려줬다. "아들과 함께 소중한 시간을 보내면서 업무 흐름도 놓치지 않았습니다. 제게 모든 일은 그렇게 이어져 있습니다."

직장에서 업무에 쫓기다보면 가족이나 친구와 보낼 시간에는 아예 신경을 쓰지 못한다. 그럴 때, 우리는 상황이 자신의 통제범위를 벗어났다는 느낌을 받는다. 시간이 리더에게 가장 소중한 자산이라면, 왜 그렇게 많은 리더가 자신의 시간을 관리하는 일을 다른 사람에게 맡기는 걸까? 중국계 핀테크 펀드의 대표를 지낸 안주 팟와단은 일정 조율에 너무 많은 시간을 허비한다는 생각이 들었다. 그녀에게는 비서가 있었지만, 일정을 끊임없이 조율하는 것이 대단히 힘들 뿐 아니라 그렇게 해서는 시간을 효율적으로 관리할 수 없다는 결론에 이르렀다. 팟와단은 전 세계에 걸쳐 4만 명의 직원을 관리하고 있는 한 중국인 CEO에게 이에 관한 고충을 털어놨다. 그러자 그는 자신의 일정을 직접 관리한다는 이야기를 들려줬다. 그녀가 왜 비서에게 일정 관리를 맡기지 않는지 물었을 때, 그는 이렇게 대답했다. "시간은 제 가장 소중한 자산입니다. 그래서 직접 관리하려는 겁니다. 어떤 일정을 우선시해야 하는지 스스로 판단하고 싶거든요." 팟와단도 회의 일정을 직접 관리하기 시작했고, 곧 그게 훨씬 더 편리하다는 사실을 발견했다. "누군가를 급히 만나야 할 때, 저는 그 일정이 아침 8시가 아니라 7시에 하루를 시작할 만큼, 혹은 다른 일정을 취소해야 할 만큼 중요한지 판단을 내릴 수 있습니다. 비서보다 더 빨리 결정할 수 있죠. 그건 언제 야근을 할 수 있는지, 어느 이사회 회의에 꼭 참석해야 하는지, 그리고 무엇이 더 중요한 지 알기 때문입니다. 제가 그렇게 하지 않으면, 비서가 그 모든 일정 을 조율하기 위해 3일의 시간을 허비해야 할 겁니다."

우리는 이러한 방법이 도움이 된다는 점을 발견하기는 했지만, 직장과 가정 사이에서 균형을 잡기 위한 노력에 따른 스트레스의 근본 원인을 확인해준다는 점에서만 의미가 있는 것이었다. 우리 가 수많은 CEO의 이야기 속에서 얻은 것은 한 가지 단순한 결론이 었다. 그건 직장에서 행복하지 않으면 가정에서도 행복하지 않다 는 사실이다. 사무실에서 불행한 사람이 가족과 더 많은 시간을 보 내려한다 해도 정작 본인이 걱정하고 힘들어하고 우울해한다면 그 시간이 과연 만족스러울까? 반대로 자신의 일에 열정적인 사람은 가족과 그리 많은 시간을 보내지 못한다고 해도 함께할 기회가 생 길 때마다 의미 있는 시간을 보낼 것이다. 그건 그들 자신이 행복하 고 에너지가 넘치고 자신의 일에 만족하기 때문이다. 가족들은 그 의 감정 상태를 읽는다. 마음이 어둡다면 가족과의 관계에도 그늘 을 드리울 것이다. 스스로 하루 성과에 만족하며 퇴근할 때, 사랑하 는 사람과 의미 있는 시간을 보낼 가능성은 더 높아진다.

나아가 우리는 그 반대도 마찬가지로 성립한다는 사실을 확인했다. 가족과의 긍정적인 관계는 직장생활에 도움을 준다. 가정과 직장은 서로를 강화하는 긍정적인 순환 모형을 이룬다. 한 CEO는 이러한 깨달음을 얻고 나서 자신의 커리어를 살려낼 수 있었다. 그는 아내의 외도로 이혼하면서 겪었던 어려움에 대해 사람들에게 말했다. 그는 이혼 후 일곱에서 열다섯 살에 이르는 세 자녀를 홀로 맡아 키웠다. 그는 말했다. "모든 상황이 너무나 힘듭니다." 그러고는 일을 그만둘 생각도 하고 있다고 했다. 한 참석자는 사랑하는 가족에게서 지원을 받고 그 에너지를 업무에 쏟는 것이 대단히 중요하다는 점에 대해 이야기했다. 그 이혼한 CEO는 모임이 끝난 뒤 사람들의 조언을 깊이 생각해봤다. 그리고 가족이 에너지의 원천이라는 사실을 깨닫고 가족에게 받은 사랑을 회사를 이끌어가기 위한 원동력으로 활용하는 법을 발견했다. 머지않아 그는 사랑스러운 새 아내를 맞이했고 덕분에 혼자 아이들을 키우는 부담을 덜 수 있었다. 현재 그는 성공적인 CEO로서 여정을 계속 이어나가고 있다.

유연성을 개발하기 위해 스스로 던져야 할 질문들

- 어떤 다양한 역량을 개발하고 경험을 쌓아야 할까? 그리고 어떤 업무와 역할로부터 그런 역량과 경험을 얻을 수 있을까?

- 어떤 새로운 분야와 경험, 교육 프로그램, 또는 성찰의 기회를 살펴봐야 할까?

- 나는 새로운 배움에 어떻게 접근하고 있는가? 그리고 어떤 팀원이나 전문가와 함께 일해야 배울 수 있을까?

- 업무적인 학습과 심층적인 학습 모두를 통해서 유연한 역량을 넓혀가려면 얼마나 많은 시간을 투자해야 할까?

언제 입장을 표명하고 언제 하지 말아야 할지
판단하기 위한 질문들

- 공식적인 사안이나 논란에 개입함으로써 기업에 새로운 가치를 가져올 수 있는가?

- 입장을 표명해야 할지 고민하는 과정에서 주주와 고객, 직원을 비롯하여 여러 다양한 이해관계자의 다양한 요구 사이에서 균형을 유지하고 있는가?

- 나와 조직의 믿음과 가치는 뚜렷한가? 그리고 내가 기업의 입장을 대변해도 좋을 만큼 그러한 믿음과 가치가 구성원들 사이에 공유되어 있는가?

요약

지정학적 상황과 기술, 공급망, 소비자의 태도, 다가오는 기후변화를 중심으로 변화의 속도가 점점 더 빨라지고 예측이 힘들어지는 가운데 리더로서 성공하기 위해서는 유연한 역량을 갖춰야 한다. 리더는 자기 자신과 조직을 위해서 몇몇 주요 분야를 선택하고 깊이 있게 탐구해야 한다. 자신이 모든 분야에서 가장 똑똑한 사람이 아니라는 인식은 배움을 이어나가기 위한 근본 전제다.

1부에서 소개한 인간적인 리더십의 모든 요소는 리더가 자신을 더 잘 이해하고 "내면으로부터" 이끄는 역량을 강화하기 위한 것이다. 2부에서는 객관적인 관점으로 자기 자신에 대해 깨달은 바를 바탕으로 외부 세상으로 나아가는 인간 중심적인 새로운 접근 방식을 활용해 팀과 조직으로부터 실질적인 변화를 끌어낸 여러 리더의 사례를 살펴본다. 무엇보다 중요한 사실은 이러한 리더들 모두 내면으로부터 이끄는 법을 깨닫고 나서 자신을 넘어 외부 세상으로 나아갔다는 점이다.

2부

자신을
넘어서기

7장

목표 내재화하기
Embed Purpose

한계는 스스로가 정한 것에 불과할 뿐

바우어포럼에 참석한 한 CEO가 같은 테이블에 둘러앉은 사람들에게 자신의 경영팀에 대한 불만을 쏟아내기 시작했다. 그는 말했다. "제가 전략을 세우고 실행에 옮길 준비를 해도 경영팀은 아무런 열정을 보이지 않습니다. 대신 그들은 질문을 하거나 핑계를 대고, 아니면 문제점을 지적합니다. 뭐, 다 좋습니다. 사람들의 의견을 듣고 판단하는 게 제 역할이니까요. 하지만 그 과정에서 너무 많은 에너지가 소모됩니다. 그리고 전략이 정체된 느낌이 듭니다."

그러자 그 자리에 있던 한 경험 많은 CEO가 그에게 기업의 사명을 분명하게 정의하고 그 사명과 조화를 이루는 구체적인 목표를 세웠는지 물었다. 그리고 그렇게 했다면, 팀원들이 목표를 받아들이고 참여하고 열정을 느끼게 만들었는지 물었다. 다음으로 또다른 CEO가 나서서 경영자는 기업의 사명이 재정 목표와 어떻게 연결되어 있는지 투명하게 보여줘야 하며, 또한 목표를 달성하지 못했다고 해도 관대하게 대해야 한다고 덧붙였다. "물론 그들이 지적하는 문제에 귀를 기울여야 알 수 있죠. 하지만 당신이 그 임원들을 고용한 이유는 변명이 아니라 해결책을 듣기 위해서였습니다. 그들이 그 역할을 제대로 못한다면, 자격이 없는 이들을 최고의 자리에 앉혀둔 겁니다."

불만을 토로했던 CEO가 발견한 것처럼 오늘날 많은 이가 자신의 업무에서 의미를 발견하고자 한다. 그들이 목적의식을 발견하지 못할 때, 최고의 전략도 아무런 의미가 없다. 지난 10년간 우리는 리더십에서 패러다임이 바뀌는 흐름을 목격했다. 리더가 지시를 내리면 직원들이 따르는 모형에서 개인과 조직의 목적에 대한 인식을 강조하는 모형으로 넘어가고 있다. 리더는 왜 CEO가 되고 싶은지 스스로 물어야 한다. 비즈니스의 대상은 누구인가? 그리고 사회에 어떤 변화를 가져다주고자 하는가? 이러한 질문에 명확한 대답을 찾았다면, 목적을 기반으로 조직을 이끌면서 동시에 직원들이 그 목적을 이해하고 받아들이게 해야 한다.

이를 위해 리더는 목적이 단지 자기 자신에 관한 것만은 아니라는 점을 기억해야 한다. 리더는 세상을 바라보는 뚜렷한 관점과 함께 자기 자신을 넘어서는 목적을 가져야 한다. 더 좋은 세상을 만들

 맥킨지 비밀 수업

려면 무엇이 필요한지, 그리고 어떻게 조직의 힘으로 변화를 추진할 수 있을지 이해해야 한다. 그래야만 조직을 끌어모으고 실질적인 변화를 이끌어낼 수 있다.

2부에서는 외부에서 조직을 바라보는 관점을 채택하여, 자기 자신에 대한 깨달음을 가지고 조직에서 실질적인 변화를 이끌어낸 리더들의 이야기를 소개한다. 그리고 이 장에서는 리더십 여정의 일곱번째 요소인 "목표 내재화하기Embed Purpose"에 대해 살펴본다. 우리는 모임에 참석한 경영자들에게 목적을 정의하고 직원들에게 매일 출근해야 하는 '이유'를 분명하게 설득하는 방법에 대해 생각해보도록 했다. 물론 어떤 기업은 목적과 동기의 측면에서 다른 기업보다 앞서 있다. 태양에너지나 유기농 식품 기업을 운영하는 리더는 기후변화에 대처하거나 사람들이 더 건강하게 살아가도록 도움을 주는 과제를 중심으로 조직을 정비할 수 있다. 가령 식품 및 개인 건강관리 제품을 판매하는 대기업인 유니레버의 CEO를 지낸 파울 폴만은 건강한 삶에 중점을 둔 제품을 개발도상국 지역에서 판매하고 이를 통해 이끌어낼 수 있는 변화를 강조함으로써 직원들에게 열정을 불어넣었다. 그리고 아웃도어 제품을 생산하는 파타고니아의 설립자 이본 취나드는 환경을 기업의 사명이자 핵심 가치로 정의했다. 이를 통해 파타고니아 직원들이 목적과 의미를 분명히 인식하도록 했다. 또한 기업에서 일하는 동안 자신을 넘어서는 더 큰 목표를 달성하기 위해 참여한다는 느낌을 받도록 만들었다.

그런데 볼베어링이나 자동차 부품처럼 얼핏 보기에 직원들에게 열정을 불어넣을 수 있는 사명을 찾기 힘든 기업을 운영하고 있다면? 이러한 제품은 일반적으로 사람들의 가슴을 뜨겁게 만들지 못한다. 그리고 그것은 바로 델피Delphi의 CEO 로드니 오닐이 기업 역사상 가장 거대한, 그리고 결국 가장 성공적인 것으로 드러난 반환점을 앞두고, 직면한 딜레마이기도 했다.

1999년 GM으로부터 분사된 델피 자동차 부품 사업부는 새롭게 독립된 기업으로서 인포테인먼트와 안전 장비, 전기 배선 시스템, 전자제품을 중심으로 다양한 부품을 30개 국가에서 생산하고 있었다. 그런데 높은 비용과 비대한 중간관리자 계층, 강성 노조, 조직 전반의 사기 저하로 많은 어려움을 겪었다. 한동안 델피는 노조와의 계약 때문에 불필요한 근로자를 계속 고용해야 했다. 그들이 매일 출근해서 카페테리아에 앉아 시간을 때우는 동안 델피는 연간 10억 달러의 비용을 급여로 지불해야 했다. 결국 델피는 2005년 파산 신청을 했고, 그로부터 2년 후 델피의 사장이었던 오닐이 CEO 직함을 달았다.

델피는 파산 신청으로 노동조합과의 버거운 계약에서 벗어나 핵심 사업부를 강화해나갔지만 앞날은 여전히 힘들어 보였다. 파산을 경험한 기업 대부분이 성공하지 못한다. 파산을 맞이할 수밖에 없었던 근본 원인이 그대로 남아 있기 때문이다. 그리고 오닐이 이끄는 경영팀은 수년간 기업 운영에서 큰 적자를 기록하면서 상당한 타격을 입은 상태였다. 그들 모두 열정도, 방향감각도 없었다. 이러한 상황에서 오닐은 가장 먼저 팀원들과 회의실에 들어가 모두가 동의하는 구체적인 전략 계획을 수립했다. 겉으로 보기에 계획은 단순했다. 여러 제품군을 없애고 연구개발에 투자함으로써 경쟁력과 가치 높은 제품을 생산하는 것이었다. 물론 복잡한 부분은 그 단순한 계획을 실행에 옮기는 일이었다.

오닐은 경영팀 임원들의 심리적 행복이 무엇보다 중요하다고 판단했다. 그는 그들이 자부심과 열정을 갖고 일할 수 있도록 만들고자 했다. 오닐은 심리적 요인의 중요성을 잘 알고 있었다. 그는 오하이오주 데이턴에서 흑인으로 성장했다. 그의 부모님은 교육열이 높았다. 오닐은 제너럴모터스인스티튜트대학을 졸업하고 나서 엔지니어로서 자동차 기업의 조직 사다리를 힘겹게 올라갔다. 그는 빌이라는 스승의 강력한 지원이 없었다면 조직에서 성공하지 못했을 거라고 말한다. 그는 이렇게 당시를 떠올렸다. "완전히 다른 문화와 외로움, 그리고 아프리카계 미국인으로서 느끼는 고립감 때문에 많은 어려움을 겪었지만, 빌은 저를 항상 붙잡아줬고 직장을 그만두기보다 계속 일을 하면서 업무 환경을 바꿔나가라고 조언했습니다. 많은 이로부터 관심과 도움을 받을 수 있었던 것은 제게 정말로 행운이었습니다. 그들은 제가 그들의 어깨를 밟고 올라설 수 있도록, 그리고 실패의 수렁에서 빠져나와 성공을 향해 나아가도록 힘을 줬습니다." 오닐은 예전에 그가 받았던 심리적 지원을 이제 팀원들에게 나눠주고자 했다. 그는 팀원들의 사기를 끌어올리면서 최고 중의 최고가 될 수 있음을 강조했다. 그리고 파산은 오점이 아니라 긍정적인 경험이 될 수 있다고 역설하면서 이제 수익을 올리는 기업에서 일할 기회가 주어졌노라고 설명했다.

그러나 여기서 끝나지 않았다. 그는 모든 걸 바꾸려 했다. 오닐은 야심 찬 전략을 실행에 옮기려면 모든 팀원이 아침에 일어나 설레는 마음으로 출근해야 한다고 생각했다. 변화는 대단히 힘든 과제이며 조직의 사기를 꺾을 위험도 있다. 팀원들 모두 세상을 바꿔나가고 있다고 느끼게 만들어줄 강력한 구호가 필요했다. 오닐은 팀원들과 오랜 논의 끝에 델피의 핵심 슬로건을 이렇게 정했다. "안전하고, 친환경적이고, 연결된" 제품을 만들자. 문구는 단순하지만 인상적이었다. 먼저 "안전"은 델피가 생산하는 부품을 장착한 자동차를 타면 가족과 자녀를 보호할 수 있다는 생각을 떠올리게 했다. 그리고 "친환경"은 자동차 부품을 생산하는 기업으로 탄소 발자국을 최대한 줄이고 기후변화를 막는 싸움에 동참한다는 의미였다. 마지막으로 "연결"은 이제 자동차에서도 마이크로칩과 소프트웨어를 사용하기 시작했다는 사실에 관한 언급이었다. 오닐의 팀 과제는 산업 현장에서 기술적으로 가장 세련된 기업이 되는 것이었다. 그 슬로건의 힘은 델피의 비즈니스가 글로벌함을 강조한다는 데 있었다. 오닐을 이렇게 떠올렸다. "중요한 것은 우리 제품이 국경을 넘어 널리 퍼져나갈 거라는 전망이었습니다. 지역을 떠나 전 세계 모든 사람이 안전하고, 친환경적이고, 연결된 자동차를 원할 테니까요."

오닐은 어디를 향할 것인지, 그리고 그곳에 어떻게 도달할 것인지 이해하고자 했다. 그는 이렇게 설명했다. "급격한 혁신을 추진하기 위한 열쇠는 모두가 자신이 말한 바를 실행에 옮기도록 만드는 일입니다. 나중에 당신을 찾아와 제발 재촉하지 말아달라고 부탁하도록 해서는 안 됩니다. 그 사람이 못한다면 할 수 있는 다른 사람을 찾아야 합니다." 당시 오닐은 경기 침체가 시작되고 있음을 감지했다. 그는 종종 워싱턴으로 가서 글로벌 금융 시스템이 호황기를 벗어나고 있다는 사실을 확인했다. 그리고 빨리 움직여야 한다고 생각했다. 경제는 스트레스 징후를 보였고 나중에 2008년 금융위기로 알려진 재앙이 서서히 모습을 드러내고 있었다. 2009년 파산 신청을 한 GM은 당시 델피의 글로벌 비즈니스에서 60퍼센트를 차지하는 고객이었다. 델피가 앞으로 살아남으려면 세계 시장으로 나아가 그들의 첨단 제품에 관심을 갖고 있는 해외 자동차 기업들과 비즈니스를 해야 했다.

오닐은 경영팀의 목소리에 귀를 기울이면서 협력을 바탕으로 그들이 확고한 목적의식을 공유하도록 했다. 그리고 팀원들이 자신 있게 행동할 용기와 열정을 공유하고 있다고 확신했을 때, 오닐은 겸손과 확신 사이에서 균형을 잡고자 했다. 이를 위해 먼저 팀원들에게 새로운 목적의식을 기준으로 삼도록 했다. 이 말은 "안전하고, 친환경적이고, 연결된" 제품에 해당하지 않는 모든 제품은 제거하겠다는 의미였다. 다음으로 오닐은 경영팀과 함께 극단적으로 도전적인 몇 가지 목표를 세웠다. 그는 델피가 산업 내에서 가장 높은 이익과 투자수익률을 기록하는 기업으로 만들고자 했다. 물론 그것은 모든 기업에, 특히 오랫동안 큰 손실을 기록한 기업에 대단히 힘든 과제였다. 그건 엄한 사랑을 의미했다. 리더도 사랑을 원한다. 그건 인간의 본성이다. 그러나 오닐은 사랑보다 존경이 더 중요하다고 생각했다. 그는 자신의 인간적인 힘을 총동원해서 변명은 필요 없다는 사실을 팀원들에게 상기시켰고 그러한 태도를 끝까지 밀고 나갔다. 그건 높은 성과를 조직 문화로 정착시키기 위해 그가 알고 있던 유일한 방식이었다. "숫자를 제시하면 경영팀은 이를 달성해야 합니다. 그건 우리 경영팀과 다른 기업 경영팀의 차이점입니다. 프레젠테이션 자료에는 뭐든 집어넣을 수 있습니다. 그럴듯한 목표를 말이죠. 하지만 그 약속을 실행에 옮길 수 있는 조직은 드뭅니다." 도전적인 목표는 사람들에게 많은 스트레스와 피로감을 준다. 하지만 오닐은 목적의식을 심어줌으로써 경영팀 모두가 지치지 않고 목표 달성을 향해 달려나가도록 했다.

물론 조직 내 모두가 오닐의 "핑계 금지" 요구를 충족시킨 것은 아니었다. 그건 하나의 딜레마였다. 극단적으로 높은 목표를 제시하고 충족시키지 못한 사람은 해고하면서 어떻게 열정을 불어넣고 존경과 사랑을 받을 수 있을까? 오닐은 이렇게 설명했다. "해야 할 일을 하지 않는 직원을 내보내야 할 때, 리더는 도덕적이고 공정해야 합니다." 오닐의 이야기는 별로 놀랍지 않다. 그는 완전히 투명하게 의사소통하고 팀원들이 어디까지 와 있는지 항상 인식하도록 하기 때문에 연말 평가는 필요 없다고 설명했다. "어떤 팀원을 해고해야만 할 때, 다른 팀원들 모두가 이렇게 말합니다. '알고 있죠? 그건 합리적인 결정이었어요.' 리더는 판사처럼 자신의 권한을 공정하게 행사해야 합니다." 그렇다면 반대 경우를 생각해보자. 여기서 리더는 사랑받길 원하면서 하위 성과자를 적절한 시점에 해고하지 않는다. 그러나 이러한 리더의 태도는 직원들에게 부정적인 영향을 미치게 된다. 그들은 자신의 역할을 다하지 않은 동료를 미워하게 되고 결국에는 결단을 내리지 못한 리더를 미워하게 될 것이다.

또한 오닐은 기업의 재정과 관련해서도 완전히 투명한 정책을 펼쳤다. 일반적으로 기업은 두 가지 목표를 세운다. 하나는 야심 찬 내부적인 목표이고, 다른 하나는 월스트리트에 보여주기 위한 현실적인 목표다. 그러나 오닐의 목표는 하나다. 그가 투자자들에게 보여주는 재정적 목표는 경영팀에 보여주는 목표와 똑같다. 그리고 그 숫자는 델피의 제품 포트폴리오를 결정하는 전략 원칙인 "안전하고, 친환경적이고, 연결된"이라는 슬로건과 조화를 이룬다. 그는 이렇게 설명했다. "우리에겐 하나의 숫자만 있습니다. 그리고 그건 경영팀이 성취 가능하다고 판단해서 제게 보고한 숫자입니다. 그렇기 때문에 목표를 달성하지 못했다면 이렇게 말합니다. '숫자를 맞추지 못했다는 말은 하지 마세요. 전 당신이 내놓은 숫자를 승인했을 뿐입니다. 그리고 그 숫자는 기업의 이익과 투자수익률의 근간입니다. 그래서 4년 전에 예산을 할당한 겁니다. 그러니 목표를 달성할 수 없다는 이야기는 하지 마세요.' 중요한 것은 무엇을 할 것인가가 아니라 누가 할 것인가입니다."

물론 오닐은 모든 팀원이 목표를 달성할 수 있도록 최선을 다해 지원한다. 일반적으로 CEO들은 종종 전략적 계획을 수정하거나 우선순위를 바꾸고 상위 전략적 계획과 기업의 목적에 맞지 않는 전술을 선택한다. 그러나 오닐은 경영팀이 업계 내에서 최고의 이익과 투자수익률을 달성하는 과제에 최대한 집중하면서 이러한 위험은 피한다. 예를 들어 인도나 러시아처럼 고속 성장하는 신흥 시장에 대한 투자가 매력적으로 보였을 때, 오닐은 충분한 수익이 보장되지 않는다는 이유로 뛰어들지 않았다. 반면 경쟁사들이 쉽게 복제할 수 없는 첨단 기술 제품에 집중하면서 연구개발 예산을 크게 늘렸다. 델피는 비록 시장에서 큰 인기는 얻지 못했다고 해도 사륜구동 시스템처럼 획기적인 기술을 개발한 엔지니어와 연구원에게 보상을 지급했다. 최근 많은 기업은 잘 팔리거나 이윤이 높은 제품을 개발한 연구원에게만 보상을 준다. 이에 대해 오닐은 이렇게 말했다. "우리는 안전하고, 친환경적이고, 연결된 제품을 생산하면서 그 제품이 일반적인 자동차가 아니라 최고의 첨단 자동차에 장착되길 원했습니다. 리더는 기업이 어느 비즈니스에 있는지, 그리고 어디서 판매가 이뤄지는지 이해하고 그곳에 머물러야 합니다. 우리

기술이 아무리 뛰어나도 판매가 부진한 자동차에 장착된다면 돈을 벌 수 없습니다."

오닐의 전략이 효과를 드러내면서 델피의 수익성은 크게 개선되었다. 그러나 그는 거기서 멈추지 않았다. 그는 최고를 향해 계속 박차를 가했다. 오닐은 말했다. "목표를 달성했을 때, 우리는 그 상태를 계속 유지하고자 했습니다. 그래야만 훌륭한 기업이라 할 수 있으니까요. 훌륭함이란 그 자리를 계속 지킬 수 있을 때 비로소 얻을 수 있는 겁니다." 기업이 최고의 자리에 오를 때 경영진은 쉽게 안주한다. 그리고 금방 미끄러진다. 이제 벌어들일 수익의 규모를 확인한 경쟁사들은 예전에는 도전할 수 없었던 시장에 서둘러 뛰어든다. 그러나 오닐은 끊임없이 혁신을 추구하고 제품을 개선해서 기존 제품군을 대체하도록 경영팀을 압박했다. 또한 동기를 부여하는 창조적인 방법을 발견했다. 어느 날 오닐은 한 직원에게 모두가 사나운 동물인 벌꿀오소리처럼 움직였으면 좋겠다는 말을 했다. 그리고는 농담인 듯 사냥하는 벌꿀오소리 영상을 보냈다. 이후 그 영상은 직원들 사이에 널리 퍼졌다. 얼마 후 몇몇 관리자는 벌꿀오소리 사진을 사무실 벽에 걸어놓기도 했다.

2015년 오닐이 CEO 자리에서 물러날 무렵 델피의 이익률은 10대 후반의 수치를 기록했다. 당시 산업 내 평균 이익률은 한 자리대였다. 또한 델피의 자본수익률은 30퍼센트에 달했고 주가는 2011년 기업공개에서 2015년 CEO 자리에서 물러날 때까지 네 배로 뛰었다.

오닐의 접근 방식은 얼핏 실적 위주의 냉정한 자본주의처럼 보이지만, 그는 그 타당성을 이렇게 제시했다. "우리가 여기 있는 이유는 돈을 벌기 위해서입니다. 돈을 벌어야 사회를 위해 좋은 일을 하고 직원들에게 월급을 주고 세상을 더 좋은 곳으로 만들 수 있습니다. 우리가 개발도상국에 공장을 건설하고 나서 그곳의 공기와 물은 더 깨끗해졌습니다. 그리고 그곳 사람들은 간신히 먹고 살아가는 농업에서 벗어나 꽤 좋은 급여를 받는 공장 노동자가 되었습니다. 이 모두는 제가 이 자리에 있는 동안 계속해서 목표를 달성해야 가능한 일입니다."

훌륭한 리더는 목적을 통해 동기를 부여한다. 하지만 그게 목적의 전부는 아니다. 오늘날 근로자는, 특히 밀레니얼과 Z세대는 더 많은 것을 원한다. 그런데 그들이 정말로 바라는 것은 뭘까? 피딩아메리카의 CEO 클레르 바비노-폰트놋은 직원을 채용하거나 동기를 부여하고자 할 때 언제나 '왜'에 주목했다. 그녀는 항상 편안하고 솔직한 대화를 나누면서 직원들의 목적과 의도를 파악한다. 리더의 과제는 직원들이 삶에서 무엇을 원하는지 이해하고 그것을 기업의 전략과 연결하는 방법을 찾아내는 것이다.

바비노-폰트놋이 월마트 최고세무책임자로 있을 때, 세무 효율성을 높이기 위해 도전적인 목표를 세우고 팀원들이 열정적으로 목표를 추구하도록 했다. 물론 대기업의 절세 전략으로 열정을 불어넣기란 쉽지 않다. 그래도 바비노-폰트놋은 방법을 찾았다. 그녀는 이렇게 당시를 떠올린다. "팀원들과 이야기를 나눴습니다. 그들 모두 스스로 이렇게 묻고 있더군요. '이 일이 왜 중요한가? 세무팀의 핵심 업무는 무엇인가?'" 바비노-폰트놋이 팀원들과 진심어린 오랜 대화 끝에 도달한 합의점은 월마트의 비용을 낮춤으로써 "언제나 소비자를 위한 낮은 가격"이라는 기업의 약속을 지킬 수 있도록 실질적인 기여를 한다는 것이었다. 다시 말해 소비자들이 돈을 아껴서 행복하게 살 수 있도록 도움을 준다는 말이다. 5장에서 살펴봤듯이 바비노-폰트놋과 그의 세무팀은 도전적인 목표를 세우고 달성함으로써 월마트와 소비자 모두 상당한 금액을 절약하도록 만들어 줬다.

월마트 시절 바비노-폰트놋은 자신의 '왜'를 다시 한번 들여다봤다. 그녀는 암 진단을 받은 이후로 자신의 인생을 다른 관점으로 바라보게 되었다. 그녀는 성공적으로 경력을 이어왔지만 뭔가 빠졌다는 느낌을 지울 수 없었다. 어릴 적 그녀는 가난한 마을의 사람들이 어려운 상황에서도 다른 이들에게 베풀고 도움을 주고받는 모습을 지켜봤다. 어느 날 그녀는 어릴 적 살았던 마을에서 부모님을 포함한 많은 주민이 했던 것과 똑같은 방식으로 사회에 도움을 주고 싶다는 생각을 했다. 그때까지 그녀는 이를 위한 시간이 얼마든지 남아 있다고 생각했다. 하지만 암 선고를 받고 나자 오랫동안 간직해온 소중한 약속을 더 진지하게 바라보게 되었다. "죽음에 직면하자 사회에 환원할 수 있는 시간이 아직 많이 남았다고 더이상 저 자신을 속일 수 없더군요. 월마트에 그대로 남아 있으면 사회에 환원하겠다는 저 궁극적인 목표를 실현할 수 없겠다고 결론을 내렸죠." 그러나 많은 친구와 동료는 그녀를 만류했다. 암에 따른 정신적 충격으로 모든 게 부질없어 보이는 것이라고 했다. 서두르다보면 현명한 선택을 내릴 수 없다고도 했다. 하지만 이제 그녀는 자신의 '왜'와 강하게 연결되었다. 다행스럽게도 다섯 번의 수술과 끝나지 않을 것만 같은 화학요법 끝에 상태가 조금씩 호전되면서 그녀는 월마트를 떠났다. 그리고 얼마 후 피딩아메리카의 CEO가 되었다. 그녀는 당시를 이렇게 떠올렸다. "CEO가 된 첫해에 저는 자신의 경력 대부분을 비영리 분야에 바친 사람들을 만날 때마다 이렇게 미안한 마음을 전했습니다. '송구스럽게도 여기 오기까지 너무 오랜 시간이 걸렸군요.'"

피딩아메리카 같은 단체에서 일하는 사람들은 그들만의 '왜'를 이미 분명히 이해하고 있었다. 그래도 바비노-폰트놋은 피딩아메리카 직원들의 '왜'에 대한 인식이 얼마나 강하고 깊은지 시험해보고 싶었다. 그건 기아 문제를 해결하는 사업에 강한 열정을 갖고 있는 사람들조차 때로 어려운 상황에 부닥치기 때문이었다. 특히 코로나 시기에는 더 그랬다.

누구도 코로나에 대해 잘 알지 못했던 전염병 초기 피딩아메리카 사람들은 거의 매일 생사가 걸린 상황에 직면했다. 배고픈 이들에게 먹을 것을 나눠주는 현장에 있던 그들에게 정부기관의 지침은 그야말로 혼돈이었다. 처음에 당국은 마스크가 필요 없다고 했다. 다음으로 마스크가 필요하기는 하지만 N-95 등급까지는 필요 없고 천 재질의 마스크로도 충분하다고 했다. 그러나 곧바로 N-95 등급 마스크가 필요하다고 말을 바꿨다. 바비노-폰트놋은 직원들이 목숨을 걸고 현장으로 나가도록 해야 했다. 실제로 많은 직원이 배고픈 이들에게 먹을 것을 나눠주다가 코로나에 감염되었고 그중 몇몇은 목숨을 잃었다.

일부 직원은 바비노-폰트놋에게 왜 자신이 목숨을 걸고 현장에 나가야 하는지 물었다. 그녀는 코로나가 시작되기 전 들어온 팀원과 신입 직원들에게 왜 여기에 있으며 무엇을 성취하려고 하는지 물었다. 그들의 대답은 진지했다. 대부분 사회에 도움을 주고 싶어서라고 했다. 그럼에도 '왜'에 대한 그들의 인식은 코로나 기간에 별 도움이 되지 못했다. 바비노-폰트놋은 말했다. "걱정하는 직원들과 안타까운 대화를 많이 나눠야 했죠."

리더는 목적을 중심으로 조직을 이끌기 위해 자신을 낮추면서 그 과정에서 사람들이 느끼는 두려움과 불안에 진심으로 귀를 기울여야 한다. 최고의 리더는 사람들의 말을 귀담아들을 뿐 아니라, 목적을 달성하는 과정에서 많은 대가를 치러야 하는 상황을 유연한 태도로 이해한다. 먼저 바비노-폰트놋은 모두 현장으로 나가야 하는 것은 아니라고 설명했다. 더 중요하게도 그들이 느끼는 두려움을 인정하면서 직원들이 내린 결정에 위험이 따른다는 사실을 솔직하게 시인했다. 그녀는 당시를 이렇게 떠올렸다. "저의 요청을 받아들이지 않아도 그들은 여전히 선한 사람이라고 말했습니다. 일부는 두려움과 건강 문제로 현장에 나가지 않기로 결정했지만, 그렇다고 그들의 선택을 비난하지는 않았습니다. 그들의 생각을 인정했습니다. 자신과 가족을 위한 최선의 선택이었을 테니까요. 직원들 모두 독자적으로 판단을 내리도록 여유를 줬습니다." 바비노-폰트놋은 암을 이겨내긴 했어도 면역력이 낮은 상태였다. 하지만 그녀는 코로나에 따른 개인적 위험보다 미국 전역에 퍼져 있는 피딩아메리카의 식량 은행 및 유통 센터를 직접 방문함으로써 미칠 수 있는 잠재적 영향이 훨씬 더 크다고 판단했다. 그녀는 전염병 기간에 CEO만이 출장을 갈 수 있다는 규칙을 세웠다. 다행스럽게도 바비노-폰트놋은 2024년까지 코로나 양성 판정을 받지 않았다.

최고의 리더는 직원들이 자신만의 '왜'를 인식하도록 격려하고 그들이 그 인식을 어떻게 자기 업무에 적용할 것인지 고민하도록 기다려준다. 바비노-폰트놋이 목격했듯이 피딩아메리카 직원 대부분이 개인의 건강과 목숨을 담보로 굶주린 사람들에게 식량을 나눠 줬다. 그건 바비노-폰트놋이 자신의 일에 강한 열정을 갖도록 그들을 격려했기 때문에 가능했다. 그녀는 실제로 직원들 모두 그들만의 '왜'를 인식하도록 많은 도움을 줬다.

        맥킨지 비밀 수업

빅의 CEO 곤잘브 비크는 직원들에게 열정과 목적의식을 불어넣고자 했던 이야기를 우리에게 들려줬다. "모든 세대의 사람들, 특히 Z세대와 밀레니얼 세대는 영웅을 사랑합니다. Z세대와 밀레니얼 세대에게 열정을 불어넣으려면 영웅을 만들어내야 합니다. 사람들 대부분이 연단에 올라가서 자기 이야기를 하려고 하지 않습니다. 그러나 리더로서 제 역할은 직원들이 적극적으로 자기 이야기를 하고 팀 동료들이 성공과 성취에 대해 서로 인정하는 분위기를 조성하는 겁니다." 비크는 생산라인의 기계가 고장나면서 엔지니어팀이 어려움을 겪었던 이야기를 직원들에게 종종 들려준다. 모두 출근한 월요일 아침, 엔지니어들은 지난주 고장났던 기계가 멀쩡하게 돌아가는 것을 봤다. 알고 보니 유지보수 담당자가 주말에 출근해서 강력 테이프와 몇 가지 간단한 도구를 관리 창고에서 가져와 수리해놓은 것으로 드러났다. 이 이야기는 헌신과 자율성, 그리고 혁신적인 방식으로 다른 사람을 도와준 사례이자, 비크가 조직 내에서 발견하고 싶어했던 모습이다. 그는 이런 사례를 반복적으로 이야기함으로써 직원들에게 더 많은 동기를 부여할 수 있다고 믿는다.

비크는 또한 떠오르는 세대는 사회적 평등과 기후변화에 관심이 높으며 사회에 피해를 입히는 기업에서 일하기를 꺼린다는 사실을 발견했다. 비크가 CEO가 되기 전인 2019년 빅은 기후변화와 관련해서 그들이 무얼 하고 있는지, 입사 지원자들에게 들려줄 보다 실질적인 설명이 필요했다. 물론 빅도 친환경 프로그램을 마련했지만 체계적이거나 공식적이지 못했다. 이러한 상황에서 기업은 그들만의 접근 방식을 자신 있게 드러낼 수 없다. 이미 프로그램을 추진하고 있다 해도 말이다. 그래서 비크는 CEO로 취임하고 나서 유지가능성을 위한 기업의 노력에 박차를 가하기 시작했다. 생산 과정에서 재활용 재료의 비중을 높이고 탄소중립 목표를 세웠으며 폐기물 감소 프로그램을 내놨다. 그리고 2025년까지 모든 포장재를 재활용 및 재사용이 가능하고 퇴비로 사용할 수 있거나 친환경인 재질로 바꿀 것이라고 약속했다. 실제로 BIC 라이터 제품의 97퍼센트는 최근 아무런 포장 없이 판매되고 있다. 나아가 유지가능성과 관련해서 소비자의 선택권을 넓혀주기 위해 로켓북이라는 회사를 인수했다. 로켓북은 손으로 쓴 글씨를 간단하게 디지털로 전환해주는 노트패드와 재사용 가능한 공책을 생산하는 기업이다.

비크는 선한 노력에는 진정성이 있어야 한다고 말한다. 무엇보다 기업은 모든 사회 문제에 관심을 기울일 수 없다. 그래서 비크는 기업 브랜드와 가장 관련이 있다고 판단한 세 가지 항목을 선정했다. 그것은 공장 근로자의 안전, 유지가능성, 그리고 교육을 기반으로 하는 공동체 기여다. 특히 마지막 항목은 빅이 필기구를 생산한다는 점에서 잘 어울린다. 비크는 환경문제와 관련해서 먼 미래의 제로 폐기물 정책이나 100퍼센트 재활용 같은 거창한 목표는 세우지 않았다. 무엇보다 과학적으로 불가능하고 비용이 엄청나게 높기 때

 맥킨지 비밀 수업

문이다. 가령 BIC 면도기에는 철제 면도날이 반드시 들어가야 하지만, 철은 재활용이 불가능한 소재다. 그리고 BIC 라이터의 구조적 완성도를 높이기 위해 일부 플라스틱 재료를 반드시 사용해야 한다. 그건 빅이 소비자의 안전과 타협하지 않기 때문이다. 만약 빅이 플라스틱 재료 사용을 전면 중단하겠다고 발표한다면, 소비자들은 아마도 진정성을 느끼지 못할 것이다. 대신 비크는 현실성 있는 목표를 세웠다. 그건 산업 폐기물을 50퍼센트로 줄이겠다는 약속이었다. 또한 유지가능성을 높이기 위한 투자 규모를 투명하게 공개하기로 했다. 그는 이렇게 설명했다. "자신의 존재감과 책임감을 중요하게 여기는 직원들은 말합니다. '좋아, 빅은 완벽하지는 않지만 약속을 실천에 옮기고 있고 그 정도면 괜찮다.' 진정한 리더십과 새로운 세대의 인재를 영입하는 과제 간의 연결고리를 보는 것은 놀라운 일이죠."

조직 내 최고의 직원들조차 때로 목적의식을 잃어버린다. 수년, 혹은 수십 년간 좋은 성과를 이어왔지만 열정을 갑자기 상실하면서 왜 자신이 아직 여기 남아 있는지 의문을 품기 시작한다. 기술 서비스 기업 코그니전트의 CEO를 지낸 프랭크 드수자는 자신의 경영팀에서 오랫동안 근무했고 경제적으로 여유가 있던 몇몇 팀원이 탈진을 겪고 있다는 사실을 확인했다. 드수자는 경험 많은 최고 임원들을 놓치고 싶지 않은 마음에 '의미를 향한 성공Success to Significance'

이라는 체계적인 프로그램을 만들었다. 프로그램의 핵심은 업무가 여전히 자신에게 의미 있는지 함께 살펴보고, 그렇지 않다면 그 이유가 무엇인지 솔직하고 공개적으로 이야기를 나누는 것이었다. 드수자는 그들에게 새로운 목적의식을 고취시키고자 그 프로그램을 설계했다.

드수자는 프로그램의 일환으로 최고의 팀원들과 함께 외부에서 며칠간 모임을 가졌다. 그리고 각자 자신의 인생과 희망, 꿈에 관해 활발하게 이야기를 나누도록 사회자도 초빙했다. 거기서 그들은 의미와 진정성, 목적, 그리고 자신이 생각하는 중요한 가치에 관해 이야기를 나눴다. 그 과정에서 임원들은 취약성을 드러내야 했지만, 각자의 개인적, 직업적 여정에 관한 이야기를 주고받으면서 의미 있는 시간을 보냈다. 이러한 모임은 조직에서 높은 지위에 오른 이들이 좀처럼 시도하지 않는 일이다. 그들은 어떻게 성장했는지, 부모님에게 무엇을 배웠는지, 어떻게 지금의 자리까지 올라왔는지, 그리고 자신이 경험한 최고의 실패와 성공이 무엇인지에 대해 많은 대화를 나눴다. 드수자는 말했다. "비즈니스와 성과에 관해서 팀원들이 서로 깊은 관심과 공감을 느끼도록 만들고자 했습니다. 모두가 편안하고 안전한 느낌을 받도록 분위기를 조성했죠. 그리고 단지 고객을 위해 일하는 게 아니라 더 큰 가치의 일부라는 사실을 강조했습니다. 그러자 지금까지 서로를 비즈니스의 일부로 생각했던 팀원들이 보다 인간적인 시선으로 바라보면서 많은 관심을 기울이기 시작했습니다.”

드수자는 ‘의미를 향한 성공’을 통해 각자의 삶의 여정을 공유했다. 그는 이렇게 그때를 떠올렸다. “그런 이야기를 하는 게 마음이 편치는 않았지만 그만한 가치가 있었습니다. 저를 좀더 인간적인 리더로 보이게끔 만들어줬으니까요.” 드수자는 팀원들에게 아버지가 외교관이라 가족이 3년마다 먼 곳으로 이주해야 했고 자신과 형제들은 학교를 옮겨다녀야 했다는 이야기를 들려줬다. 드수자는 3년마다 새로운 곳의 언어를 배우고 새로운 음식에 적응하고 새로운 친구를 사귀었다. 그는 그렇게 돌아다니는 삶이 너무나 힘들었다고 털어놨다. 그래도 지금 돌아보면 그는 달라지지 않기 위해 노력했다. 그는 외국을 돌아다니며 생활하는 동안 회복탄력성의 중요성을 깨달았다. 그리고 각각의 문화에는 차이점보다 공통점이 더 많다는 사실을 배웠다.

드수자는 조직에 20년간 몸담았던 임원들을 포함하여 최고의 팀원들이 새로운 에너지와 목적의식을 갖고 업무에 임하기 시작했다고 말했다. 그는 ‘의미를 향한 성공’을 통해 팀원들이 더 개방적이고 동료들에게 많은 관심을 기울이고 유능한 리더로 성장하도록 힘을 실어줬다. 그리고 이러한 모습은 각각의 팀을 통해서 조직 전반으로 확산되었다.

드수자가 깨달았듯이 우리는 스스로 이런 질문을 던져야 한다. 나는 함께 일하는 동료들의 이야기를 진정으로 이해하고 있는가?

이 질문은 사람들의 성장 배경과 그들이 느끼는 두려움과 열정을 진정으로 이해해야 한다는 뜻이다. 우리는 공감을 느끼기 위해 무엇이 그들을 움직이게 만드는지 관심을 기울여야 한다. 그럴 때, 우리는 업무적으로, 개인적으로 성장할 수 있다.

조직이 내재화된 목적을 향해 나아가고 있는지
판단하기 위한 질문들

- 무엇이 나의 에너지와 목적의식에 힘을 불어넣어주는지 분명히 알고 있는가? 나의 목적이 조직의 목적과 어떻게 연결되어 있는지 구체적으로 설명할 수 있는가?

- 우리 경영진은 목적의식을 공유하고 있는가? 목적을 의사결정의 기준으로 삼아야 한다는 생각에 모두 동의하는가?

- 무엇이 함께 일하는 사람들에게 에너지와 의미를 부여하는지 이해하는가? 이러한 깨달음을 바탕으로 어떻게 조직 전반에 의미와 목적의식을 심어줄 수 있을까?

- 조직 전반이 목적을 공유하고 목적의식이 일상 업무에 어떻게 작용하는지 이해하도록 만들기 위해 얼마나 시간을 투자하는가?

- 중요한 인재를 고용하고자 할 때, 공개적이고 솔직한 대화를 통해 그들의 목적의식과 의도를 파악하는가?

- 목적을 추구하는 태도는 조직에서 경력을 쌓아나가는 과정에 어떤 영향을 미치는가?

요약

우리 모두는 각자 힘들고 도전적인 여정을 헤쳐나가기 위해 목적의식과 연결되어야 한다. 훌륭한 CEO는 이해관계자들의 말에 귀를 기울이면서 조직을 위한 내재화된 목적을 신중하게 정의하고 이를 통해 자기 자신과 모든 구성원에게 열정을 불어넣는다. 급격한 변화가 필요할 때, 목적의식을 통해 길을 보여준다. 핵심은 거대하고 과감한 변화의 시점에 목적을 향한 뜨거운 열정과 강한 의지를 최대한 활용하는 것이다.

8장

용기를 불어넣기
Inspire Boldness

두려움을 이겨내라

오늘날 같은 혼란스러운 세상에서 중대하고 과감한 변화를 결정하고 직원들이 따르도록 만드는 일은 정말로 힘든 과제다. 모든 리더는 변화를 강력하고 확실한 과제로 정의하기 위해 경중을 다투는 우선 과제들과 의도들 사이에서 균형을 유지해야 한다. 단기적인 성과와 장기적인 성과가 있고, 또한 직원들을 배려해야 할 필요성과 성과를 올리도록 압박해야 할 필요성도 있다. 리더는 기술과 혁신에서 앞서나가길 원한다. 가령 AI/생성형 AI 같은 기술에서 전문성을 확보하기 위해 많은 시간과 노력을 투자한다. 하지만 동시에 노력에 대한 보상이 당장 내일 주어지지 않을 거라는 점도 이해해야 한다. 이러한 점에서 리더는 경중을 다투는 우선 과제와 그 긴장

관계를 적절히 관리해야 한다.

우리는 지금 리더십의 여덟번째 요소에서 리더십이 단지 의사 결정 권한만을 의미하는 게 아니라는 점을 살펴보고 있다. 리더십을 강화하기 위해서는 주변 상황의 요구에 따라 위험이 따르는 길을 과감하게 선택하고 팀원들에게 목표를 달성하도록 열정을 불어넣는 용기와 확신이 필요하다. 이를 위해 리더는 자신의 팀이 조직의 목적과 전략을 분명히 인식하고, 또한 팀원들과 개인적인 관계를 개선해나가면서 그들이 에너지와 열정을 계속 새롭게 개발하도록 만들어야 한다.

오늘날 누구도 5년 뒤 기업이 어떤 모습일지 알지 못한다. 최고의 리더는 다양한 관점에서 과감한 시도를 평가하는 시스템을 마련하고 시험을 통해 어떤 시스템이 가장 정확한 평가를 제공해주는지 이해한다. 이처럼 과감한 시도는 때로 인기가 없거나 아무런 보장도 없지만 그럼에도 도전할 가치가 있다. 어쨌든 성공하려면 확고한 경쟁 우위를 확보해야 하기 때문이다.

과감한 시도를 위해 리더는 먼저 실패할지 모른다는 두려움을 극복해야 한다. 다음으로 자신과 함께 위험한 여정을 떠나도록 사람들을 설득해야 한다. 리더가 머뭇거리거나 여정에 확신이 없을 때, 조직도 그럴 것이다. 반대로 리더가 새로운 방향에 대한 확신을 보일 때, 그리고 그 과제에 대한 뜨거운 열정을 드러낼 때, 그러한 모습은 조직 전반에 퍼질 것이다. 윈스턴 처칠은 말했다. "사람들에게

    맥킨지 비밀 수업

어떤 감정을 전달하려면 먼저 자신이 그 감정에 몰입해야 한다. 사람들을 울리고자 한다면 자신이 먼저 눈물을 흘려야 한다. 그리고 그들을 설득하려면 자신이 먼저 믿어야 한다.”[19]

비즈니스 세계에서 중대하고 상징적인 시도는 일회성 모험에서, 혹은 CEO로서 임기 전반에 걸쳐 기업의 미래를 만들어가는 일련의 변화 과정에서도 찾아볼 수 있다. 오랜 시간에 걸쳐 이러한 상징적인 시도를 살펴보는 동안 우리는 새로운 조직의 모형을 실행하고, 자원 분배를 위한 시스템을 마련하고, 혹은 연구개발 센터를 혁신하는 등 내부적인 변화가 그러한 시도가 될 수 있다는 사실을 확인했다. 또한 인수합병이나 제휴, 제품 개발 및 새로운 비즈니스 모델 등 산업의 기반을 형성하는 외적인 변화로 나타나는 경우도 있다. 리더는 시장에서 철수하거나 제품 포트폴리오를 정리하거나 혹은 투자를 중단하는 것처럼 특정 상황에서 기존의 행동을 ‘중단’하기 위한 용기가 필요하다.

이와 관련해서 대표적인 사례로 영상 스트리밍 서비스가 미래 비즈니스가 될 것으로 전망했던 넷플릭스의 CEO 리드 헤이스팅스가 2011년 당시 성공을 거두고 있던 DVD 우편 주문 비즈니스를 점차 축소해나갔던 것을 꼽을 수 있다.[20] 어떤 경우든 이처럼 대담한 시도를 실행에 옮기기 위해서는 과감하게 의지를 끌어모으고, 또한 중대하고 위험한 성공을 거두기 위한 용기와 에너지, 열정으로 경영팀을 설득하는 역량이 필요하다.

이 책에서는 경영팀을 구성하는 구체적인 방식에 대해서 설명하지 않는다. 이미 수많은 책이 다양하고 상호 보완적인 전문성은 물론, 가치관과 목적, 상호 신뢰, 운영 원칙을 공유하는 구성원으로 경영팀을 꾸리는 방법에 관해 소중한 조언을 제시하고 있기 때문이다. 여기서는 경영팀과 조직 전반을 대상으로 과감하게 리더십을 발휘하는 방식에 집중한다.

경영팀에 과감한 여정을 함께하자고 말할 때, 그들이 소속감을 확실히 느끼고, 리더가 그들 편이라고 믿게 만들어야 한다. 이 말은 그들이 안전함을 느끼면서 생각과 아이디어를 내놓을 수 있도록 감정적이고 실질적인 차원에서 모든 지원을 해야 한다는 뜻이다. 한 사례에서 기업의 경영팀은 CEO가 그들에게 권한을 위임하지 않는다며 반발했다. 한 팀원은 CEO에게 이번 프로젝트가 실패로 돌아갈지 모른다는 우려를 표했다. CEO는 이렇게 답했다. "제가 당신을 선택했고 6개월간 함께했습니다. 저는 당신의 성공에 많은 지분을 갖고 있습니다. 당신이 실패하면 나도 실패하는 겁니다." CEO는 솔직하게 자신의 감정을 드러냈다. 그가 먼저 그렇게 마음을 열자 다른 팀원들도 과감하게 움직이기 시작했다. 그건 CEO가 자기편이라고 확신했기 때문이다.

코로나-19 백신 개발에 뛰어들었던 모더나의 CEO 스테판 방셀은 엄청난 압박에서 상징적인 도전을 시도하고 직원들이 그 여정을 함께하도록 만든 인물이다. 그는 우리의 여덟번째 리더십 요소인 "용기를 불어넣기"를 잘 보여주는 완벽한 사례다. 사람들의 목숨을 살릴 수 있는, 그리고 성공 가능성이 높아 보인 여러 약품의 출시를 앞두고 있던 모더나의 미래를 위험에 빠뜨릴 수 있다는 우려에도 불구하고, 방셀은 용기를 내서 중대하고 과감한 도전에 착수했다. 그는 코로나-19 백신을 기록적인 시간 안에 시장에 출시하고 조직을 정비해서 불가능하다고 생각했던 목표를 달성했다.

코로나 초기에는 그리 심각해 보이지 않았다. 2019년 말 중국 우한의 일부 주민이 심한 호흡기 독감으로 쓰러지면서 회복하지 못했다. 이후 그 질병은 급속히 확산하기 시작했다. 결국 중국은 우한을 봉쇄했고 정부 관료들은 치명적인 전염병이 시작되었다는 사실을 깨달았다. 2020년 1월 11일에는 중국 과학자들이 여태껏 보지 못한 코로나 바이러스의 유전자 서열 데이터를 웹에 올렸다. 그들은 세계 의학 공동체가 새롭게 불거진 재앙에 맞서 싸울 방법을 찾아내주길 바랐다.

중국이 유전자 데이터를 공개하고 열흘이 흘러 미국 생명공학 분야의 소규모 기업인 모더나의 CEO 방셀은 스위스 다보스에서 열린 세계경제포럼에 참석했다. 2010년부터 모더나를 이끌어온 방셀은 하버드에서 MBA를 받은 화학 공학자였다. 이전에 그는 프랑스 생명공학 기업인 비오메리으의 경영에도 참여했었다.

그런데 다보스포럼에 참석한 방셀은 글로벌 경제보다 더 중요한 것을 고민해야 했다. 2019년 크리스마스 주간에 방셀은 〈월스트리트저널〉을 통해 중국에서 발생한 생소한 유형의 독감이 빠른 속도로 확산하고 있다는 짤막한 기사를 접했다. 그는 공식적인 의학 교육은 받지 않았지만 생명공학 기업의 CEO로서 경력 전반에 걸쳐 감염 질환 연구를 가장 중요한 과제로 삼아왔다. 제약 산업에 몸담았던 자신의 오랜 경험에 비춰볼 때, 뭔가 이상한 느낌이 들었다. 그는 상황을 깊숙이 들여다봤다. 그리고 1918년 발발한 전염병 자료를 참조해서 새로운 병원체의 가능한 확산 경로를 그려봤다. 이를 통해 바이러스의 재생산 속도가 엄청나게 빠르다는 사실을 확인했고 엑셀 스프레드시트로 코로나의 확산 범위를 예측해봤다. 결과는 충격적이었다. "전 세계가 한 달 후 전염병 시대로 접어들게 될 가능성이 매우 높다는 사실을 확인했습니다. 바이러스의 시작은 중국과 태국, 그리고 일본이었습니다. 그러나 감염된 사람들이 탄 비행기가 아시아의 모든 수도는 물론, 유럽과 미국 서부해안 도시로 향하고 있었죠."

2020년 1월 말 다보스에 머무르고 있었을 무렵, 방셀은 상황이 생각보다 더 심각하다고 결론을 내렸다. "새벽 4시에 식은땀을 흘리며 깨어났을 때, 이번 사태가 1918년 독감처럼 확산하면서 수백만 명이 사망할 거라는 생각이 들었습니다." 다음날 방셀은 자신에게 코로나-19 백신 연구를 촉구했던 공공 의료기관의 여러 관료를 만났다. 모더나가 이전에 코로나와 유사한 사스와 메르스와 관련해서 연구를 추진한 경험을 바탕으로, 방셀은 모더나의 백신 기술이 효과를 보일 가능성을 90퍼센트로 예상했다. "두 가지 사실, 즉 우리의 약이 효과를 드러낼 가능성이 높고, 그리고 이번 전염병으로 많은 사람이 사망하게 될 가능성이 높다는 사실을 조합해봤을 때, 이런 결론에 도달했습니다. '좋아. 당장 시작하자고!'" 그날 저녁 방셀은 모더나 공동 설립자인 누바르 아페얀에게 전화를 걸었다. 두 사람은 새로운 바이러스에 맞서 싸울 새로운 유형의 백신을 기록적인 시간에 출시하는 작업에 당장 착수하기로 결론을 내렸다.

방셀이 실패하면 기업이 파산할지 모른다는 두려움에도 과감하게 결단을 내리고 행동할 수 있었던 이유는 무엇이었을까? 그는 감염 질환에 대한 심층적인 연구와 강한 호기심으로 중대한 결정에 따른 위험을 현실적으로 평가했고, 이를 통해 대담한 판단을 내렸다. 방셀의 사례에서 우리는 비즈니스를 더 많이 연구할수록 호기심은 더 높아지고, 자신이 활동하는 산업을 더 오랫동안 들여다볼수록 상징적인 도전을 향한 확신이 더 강해진다는 사실을 알 수 있다. 방셀은 이렇게 설명했다. "지난 20년 동안 감염 질환의 역사를 포함해서 감염 질환 자체에 대해 깊이 연구하지 않았더라면 따로 흩어져 있던 점들을 그렇게 빨리 연결하지 못했을 겁니다. 그랬다면 상황은 1918년 재앙처럼 흘러갔을 겁니다. 또한 모더나의 기술에 관한 깊고 자세한 지식이 없었다면, 코로나 백신의 성공 가능성이 충분히 높은지 제대로 판단할 수 없었을 겁니다."

이후 모더나의 행보는 전설이 되었다. 두 경영자가 운명의 결정을 내리고 단 34일 후, 모더나는 임상실험을 위해 백신을 미국 식품의약국에 보냈다. 이후 몇 달 동안 약 2만 명의 지원자가 임상실험에 참여했고, 2020년 말 식품의약국은 모더나 백신을 응급용 약품으로 승인했다. 일반적으로 백신의 개발에서 출시까지 수십 년까지는 아니라고 해도 수년이 걸린다. 그런데 모더나는 1년이 안 되는 시간에 해냈다. 지금까지 전 세계 10억 개 이상의 코로나 백신이 수많은 사람의 목숨을 살리는 데 사용되었다. 물론 그 성과는 방셀이 중대한 도전으로 얻어낸 유일한 보상은 아니었다. 2020년 모더나의 현금 보유고는 52억 5천만 달러로 4배가 늘었고, 기업의 10년 역사상 처음으로 긍정적인 현금 흐름을 창출했다. 2024년 초를 기준으로 모더나의 시가 총액은 4백억 달러에 달했다.

여기서 비교적 덜 알려진 부분은 1월의 어느 날 밤 방셀이 다보스에서 내린 결정이 자칫 모더나를 파산으로 몰고 갈 수 있었다는 사실이다. 당시 8백 명의 직원을 고용하고 있던 모더나는 매출이 거의 없는 상태였고 현금 보유고는 바닥을 드러내고 있었다. 이러한 상황에서 과감한 결정을 내리기란 쉽지 않다. 자금과 일자리, 그리고 기업의 평판 모두 위험에 빠질 수 있다. 방셀은 내면의 의심과 불안을 극복하고 게임의 판도를 바꿀 상징적인 도전에 착수하고 경영팀이 자신과 함께 가도록 설득해야 했다. 그리고 내부의 열정을 끌어모아 조직이 고수익 성장을 향해 나아가도록 만들고 직원들이 더 강한 조직을 구축하도록 자극해야 했다.

방셸이 모더나에 처음 들어왔을 때는 mRNAmessenger RNA 기술의 사용 가능성이 불투명했다. 이후 10년에 걸쳐 모더나는 mRNA 기술을 활용한 실험을 이어나가면서 HIV와 암 등 다양한 질병을 위한 백신을 개발했지만, 코로나-19가 터질 때까지도 이들 백신을 시장에 출시하지 못했다. 모더나 백신에 들어 있는 mRNA는 세포가 면역반응을 자극하는 단백질을 생성하도록 하고, 이것이 실제 바이러스를 공격하도록 한다. 모더나의 혁신은 바로 그 기술을 신속하게 활용해서 다양한 의학적 요구에 대응했다는 사실에 있다. 생명공학 분야의 사업가인 주디 사비츠카야, 그리고 벤처 캐피털 기업 앤드리슨 호로위츠의 제너럴 파트너인 호르헤 콘데는 한 블로그 기사를 통해 생명공학 분야에서 모더나의 mRNA 기술과 같은 바이오플랫폼의 존재는 자동차 산업에서 조립라인에 해당하는 것이라고 다음과 같이 설명했다.[21] "우리 사회는 초기 자동차 시대의 단일 '생산 공장' 모형(강철이나 고무 같은 원재료를 가지고 처음부터 끝까지 수작업으로 자동차를 완성해나가는 방식)으로부터 반복 작업이 가능한 규격화된 부품으로 새로운 모델을 완성하는 조립라인 생산 모형으로 넘어왔다."

그러나 많은 이는 기록적인 시간 내 출시는 고사하고 백신 생산에 대한 도전 자체를 놓고 방셸의 정신 상태를 의심했다. 모더나는 아직 3단계 임상실험을 통과한 적이 없었고, 게다가 새로운 백신을 대량 생산하고 판매할 직원이나 인프라도 없었다. 공급업체와 경쟁사, 그리고 직원들조차 그저 시간 낭비일 뿐이라고 했다.

이러한 반대 의견에도 방셸은 코로나-19 백신 프로그램을 직접 지휘하면서 모더나를 비상 모드로 밀어넣었다. 그는 직함이나 구체적인 역할에 관심이 없었다. 다만 모두가 문제를 정확히 인식하고 신속히 행동하기를 바랐다. 그는 조직을 기업가적이고 공격적으로 만드는 데 주력했다. "모두가 환자를 위한 지원을 극대화하면서 하루하루를 소중히 여기기를 바랐습니다. 그래서 계산된 위험을 기꺼이 감수하기로 한 거죠. 장점이 많고 단점이 적을 때, 판단은 쉬워집니다. 모더나가 일반적인 제약 회사가 아니라 도전을 추구하는 기술 기업으로 거듭나길 원했습니다."

계산된 위험 중 하나는 2020년 봄 찾아왔다. 당시 모더나는 10억 개의 코로나-19 백신을 생산하기 위한 시설을 구축하고자 대규모 투자를 고민하고 있었다. 엄청난 돈이 들어가는 프로젝트였기에 백신이 실패한다면 막 존재감을 드러내기 시작한 모더나의 운명도 실패로 돌아갈 것이었다. 방셸은 원래 대형 재단과 정부기관을 통해 생산시설을 확충하기 위한 투자를 받고자 했지만 아무런 성과를 올리지 못했다. 다음으로 그해 5월 시장에서 13억 달러의 투자를 끌어모으기로 방향을 전환했다. 하지만 여기서 그는 딜레마에 직면하고 말았다. 안전성을 입증해줄 백신의 1단계 임상실험 결과가 나오려면 아직 한 달은 더 기다려야 했다. 그때 긍정적인 결과가 나온다면, 더 저렴한 비용으로 더 많은 자금을 확보할 수 있을 터였다. 그러나 생산시설의 확충도 그만큼 늦어질 수밖에 없었다. 전염병의 심각성을 고려할 때, 시간은 가장 중요한 요소였다. 방셀은 환자들의 생명이야말로 모더나의 최우선 과제라고 생각했고, 결국 상징적인 도전에 당장 뛰어들기로 결정했다. 다행히 결과는 좋았다. 그는 당장 필요했던 13억 달러를 투자받는 데 성공했다.

방셀이 시도했던 또다른 상징적인 도전은 백신의 효과성을 입증하기 위한 3단계 임상실험 결과의 발표 일정을 늦추기로 한 결정이었다. 모더나는 2020년 7월 27일 3단계 임상실험에 착수했다. 이후 몇 주일 동안 실험 결과는 예상보다 좋았지만 사회적 소수 집단으로부터, 특히 코로나-19로부터 가장 심각한 피해를 입고 있던 흑인 미국인 집단으로부터 충분한 지원자를 끌어들이지 못했다. 방셀은 경영팀에 말했다. "자, 생각해봅시다. 바이러스로 심각한 피해를 입은 집단이 백신에 대한 불신으로 접종을 꺼린다면 우리는 결국 실패할 겁니다." 이후 방셀과 경영팀은 며칠간의 논의 끝에 임상실험 기간을 연장해서 소수 집단 지원자를 더 많이 확보하기로 결정했다. 물론 그 결정으로 백신 승인도 늦어질 것이었다. 방셀은 말했다. "쉽지 않은 결정이었습니다. 그런 결정을 내려야 했을 때, 이미 8개월 동안 야근과 주말 근무를 이어왔던 직원들은 초조한 상태였죠. 하지만 그 모든 힘든 결정에서 한 걸음 물러나 큰 그림을 바라볼 때 판단은 더 수월할 거라 생각했습니다. 바로 그게 제가 할 일이었죠."

2020년 초만 해도 코로나 바이러스가 몰고 올 위험이 얼마나 심각할지는 분명치 않았다. 방셀은 세계적인 전염병으로 확산될 것이라고 경영팀을 이렇게 설득했다. "저는 미치지 않았습니다. 다만 다른 사람들이 보지 못하는 걸 보고 있을 뿐입니다." 그리고 몇 주일 동안 긴 회의와 설득 끝에 경영팀 모두 바이러스의 파도를 헤쳐나가는 과정에서 하루하루가 소중하다는 인식을 바탕으로 같은 방향으로 노를 저어가게 만들었다.

2019년 1만 개 백신 생산에서 2021년 10억 개 생산으로 도약하기 위해 방셀은 모더나 조직을 코로나-19 팀과 비코로나 팀으로 나눴다. 그리고 비코로나 팀을 통해서는 기존에 모더나가 생산하던 20종에 달하는 약품을 그대로 생산했다. 방셀은 속도가 핵심이라는 생각에 코로나 경영팀을 기존처럼 한 달에 한 번이 아니라 일주일에 두 번 소집했다. 그는 경영팀 모두 자율적으로 움직이면서 동시에 각자 도전적인 목표를 달성하는 분산화된 형태의 조직을 구축하고자 했다. 주 2회 경영팀 회의 외에도 방셀은 모든 팀원을 지속적으로 만나서 그들의 우려에 신중히 귀를 기울이고 그들이 제시한 안건과 팀의 업무 효율성을 비롯하여 어떤 인사 조치가 필요한지, 그리고 목표를 향해 제대로 나아가고 있는지를 놓고 많은 이야기를 나눴다.

백신 출시 시한을 맞춰야 하는 극단적인 압박 아래, 방셀은 분명한 목표를 세우고 경영팀이 목표에 집중하도록 했다. 가령 2020년

1월 말 방셀은 생산 책임자 후안 안드레스를 만나 이야기를 나눴다. 방셀은 자신의 표현대로 "초현실적인 대화"를 나눴다고 떠올렸다. 그는 안드레스에게 이렇게 말했다. "내년에 어떻게 10억 개 백신을 생산할지 보고해주세요." 그러자 안드레스는 어이없다는 표정으로 제정신이냐고 물었다. "내년에 10억 개 백신을 생산할 방법은 없습니다." 방셀은 그건 적절한 대답이 아니라고 지적했다. "제 말은 내년에 10억 개 생산을 하려면 뭐가 필요한지 알려달라는 겁니다." 그제야 안드레스는 자신의 생각을 밝혔다. 이후 방셀은 기업 목표를 중심으로 경영팀 조직을 정비하고 그들 모두 혁신적인 방식으로 움직이도록 밀어붙이면서 동시에 그들에 대한 신뢰를 드러내고 성공에 필요한 지원을 제공함으로써 조직의 에너지를 끊임없이 새롭게 만들었다.

방셀은 팀의 역동성을 강화하는 기술에 대해 이렇게 설명했다. "목표를 분명하게 세우고 일찍 전달한 뒤 이를 주제로 일주일에 두 번 회의를 진행하는 방식이 큰 도움이 되었습니다. 또한 팀이 모든 문제를 동시에 해결하면서 팀 내부에서 심각한 단절이 일어나지 않도록 주의를 기울였습니다. 이러한 방식이 효과를 거두려면 제가 자리에 없을 때도, 그리고 팀원 중 일부만 목표를 달성하거나 목표를 공유할 때도 팀 전체가 실질적으로 똑같은 방향으로 나아가도록 만들어줄 퍼즐 조각을 충분히 확보해놓아야 합니다."

리더는 조직의 미래를 위해 위험하면서도 중요한 상징적 도전을 항상 구상해야 한다. 그러나 팀원들이 따르지 않으면 변화를 위한 계획을 추진할 수 없다. 실제로 많은 리더가 이사회의 승인과 경영팀의 동의를 구하는 과정에서 어려움을 겪는다. 그들은 종종 너무 앞서가다가 중대한 도전을 시도하는 과정에서 반드시 나타나기 마련인 장애물과 지연 사태에 직면한다. 이사회와 팀원들이 갑자기 비판을 쏟아내기 시작하고 극단적인 경우 심각한 반대에 부딪혀 계획이 무산되기도 한다.

오픈레인(구 카 글로벌)의 CEO 피터 켈리가 자신이 이끄는 자동차 경매 기업이 급격한 변화를 통해 큰 이익을 창출할 수 있다고 결론을 내렸을 때, 그는 이사회 및 경영팀과 함께 중요한 도전에 대해 논의하고자 많은 시간과 노력을 투자했다. 2021년 CEO 자리에 올랐을 때, 켈리는 오픈레인이 디지털 시대를 향해 빠르게 나아가야 한다고 믿었다. 인디애나주에 위치한, 그리고 연매출 23억 달러에 1만 명에 달하는 직원을 고용하고 있던 오픈레인은 도매 자동차 경매 시장의 선두주자였다. 오늘날 북미 지역에서는 매년 1천만 대에 가까운 중고차가 경매로 거래된다. 그중 일부는 리스로, 다른 일부는 대형 주차장에 차량을 보관하는 중고차 딜러들에게 판매되며, 나머지는 자동차 임대 업체나 상용차 서비스 업체에 판매된다. 오픈레인은 수십 년 동안 북미 지역의 약 70곳에서 경매로 자동차를 판매했다. 여기서 딜러와 차량 소유주는 자신의 차량을 경매가 열리는 장소로 가져와야 하고 구매자도 입찰을 위해 그곳으로 와야 한다. 그리고 경매에서 낙찰받은 사람은 해당 차량을 가지고 다시 돌아가야 한다.

켈리는 이러한 방식의 오프라인 경매가 고객들의 입장에서 시간과 비용 면에서 큰 낭비라고 생각했다. 고객들은 경매를 할 때마다 차량을 옮겨야 했다. 그는 장기적인 차원에서 디지털 기반의 거래 플랫폼이 판매자와 구매자 모두를 위한 해결책이라고 봤다. 또한 오프라인 경매에서는 구매자들도 직접 현장을 방문해야 했는데, 디지털 방식 경매는 이러한 제약에서 벗어나 거래 규모를 크게 확장할 수 있었다. 중고차 경매 산업에서 켈리의 실제 경력은 1999년 기존 중고차 경매 시장을 뒤집어엎고 중고 거래를 온라인 방식으로 전환하고자 디지털 경매 기업인 오픈레인을 공동 설립했을 때 비로소 시작되었다. 이후 오픈레인은 12년간 독립 기업으로 운영을 이어오다가 2011년 카 글로벌에 인수되었고 2023년 지금의 이름으로 바뀌었다.

인수 이후로 오픈레인은 차량 검수 및 중고차 가치 평가 서비스는 물론, 고객들이 온라인으로 입찰할 수 있는 효율적인 소프트웨어를 계속 개발해나갔다. 그 과정에서 켈리는 다양한 아이디어를 적용했지만 비즈니스가 기대만큼 빠르게 성장하지는 않았다. 중고차 시장에서는 여전히 오프라인 경매가 지배적인 자리를 차지하고 있었다.

코로나 전염병이 한창일 무렵 사장에서 CEO가 된 켈리는 기업의 디지털 전환 작업에 박차를 가할 때가 왔다고 판단했다. 그는 말했다. "2021년 3월 CEO가 되었을 때, 디지털 전환 작업을 본격적으로 추진하는 일이 무엇보다 중요한 과제였습니다. 하지만 당시 기업이 확보하고 있던 물리적인 자산을 모두 포기해야 한다고는 생각하지 못했습니다. 그러나 시간이 흐르면서 기존 비즈니스를 그대로 유지하면서 디지털 기반 모형으로 넘어가는 방식이 디지털 전환에만 오롯이 집중하는 방식보다 훨씬 더 힘들다는 사실을 깨달았습니다." 결국 켈리가 보기에 논리적인 결론은 미국 시장에서 카 글로벌이 운영하던 오프라인 경매 비즈니스를 매각하고 디지털 비즈니스 모형으로 완전히 넘어가는 것이었다. 마침 그는 온라인 중고차 판매 기업인 카바나가 그들의 오프라인 경매 비즈니스에 관심을 갖고 있다는 소식을 들었다. 켈리는 오프라인 경매 비즈니스를 매각해서 상당한 부채 부담을 줄이고 새로운 디지털 모형에 집중해야 한다고 확신했다. 매각 이후 조직과 매출 규모 및 관리자 수는 크게 줄었지만, 오픈레인은 합리적이고 전략 집중적인, 그리고 근본적인 투자 철학을 갖춘 기업으로 거듭났다. 켈리는 올바른 선택을 했다고 믿었다.

이제 대규모 전환 작업을 시작해야 할 시간이 왔다. 코로나 여파에 따른 공급망 혼란으로 신차 생산 속도가 느려지고 그에 따라 중고차 공급도 줄어들면서 가격이 올랐다. 전염병 기간 동안 희귀한 고급 중고차의 도매 거래는 크게 줄었다. 그럼에도 켈리는 오프라인 경매 비즈니스 매각을 통해 성장을 가속화하고 산업 기반의 디지털 시장에서 확고한 지위를 차지할 수 있다고 확신했다. 켈리가 보기에, "어려운 시기일수록 가능성 높은 기회를 모색하면서 과감한 도전을 시도해야 한다"는 점에서 비즈니스 모델을 바꿔야 할 필요성은 더욱 높았다.

변화의 계획을 실행에 옮기는 것이 힘들다는 사실을 잘 이해했던 켈리는 논의에 적극적으로 참여해서 이사회와 경영팀의 의견과 조언을 들었다. 또한 자문들에게 전반적인 상황을 심도 있게 분석해 달라고 요청했다. 하지만 조직 내부에서는 많은 의혹이 일었고 부서들은 책임 떠넘기기기에 바빴다. 사실 오프라인 경매 비즈니스는 기업의 출발점이자 유산이었다. 일부는 오프라인 경매 비즈니스의 매각으로 비즈니스 규모가 크게 줄어들 것을 우려했다. 다른 이들은 산업 내부 문제로 오프라인 경매가 어려움을 겪고 있지만 조만간 다시 살아날 것으로 봤다. 사람들은 디지털 미래가 가져다 줄 이익을 잘 알고 있었지만, 동시에 그러한 방향으로 나아가기 위한 도전의 현실적 의미에 대해 많은 압박감을 느꼈다. 전환을 위해 기업은 매출 절반을 포기하고 직원 절반을 해고해야 했다. 그래도 켈리는 신념을 꺾지 않았다. 실제로 그는 앞으로 많은 어려움을 겪게 될 거라는 겸손함과 의지, 그리고 사람들의 피드백을 적극적으로 받아들이는 태도를 통해 조직을 이끄는 과정에서 많은 힘을 얻었다. 그는 비전과 방향을 제시해서 균형을 잡으려 했고, 동시에 이사회 및 경영팀과 열띤 토론을 벌였다. 2022년 오픈레인은 결국 미국 시장의 오프라인 경매 사업부를 카바나에 성공적으로 매각했고, 이후로 디지털 미래를 향한 의지를 한층 더 굳혀나갔다.

리더는 과감한 변화를 시작하면서 이사회의 승인과 경영팀의 지지를 얻어야 한다. 그런데 한 걸음 더 나아가 조직 전반이 자신의 계획을 지지하고 실행에 옮기도록 하려면 어떻게 해야 할까? 이는 바로 닛산의 CEO 마코토 우치다가 글로벌 자동차 기업을 전기차로 전환하는 과정에서 던진 질문이었다. 당시 일본 자동차 기업 닛산은 90년 넘게 자동차를 생산해왔고 전 세계 주요 시장에서 비즈니스를 운영하고 있었다. 또한 2010년에는 리프라는 획기적인 모델로 전기차 대량생산을 시작했던 최초의 기업이었다. 그러나 그로부터 10년이 흘렀지만 닛산은 여전히 가솔린 자동차를 주력으로 생산하는 기업으로 남아 있었다. 우치다는 변화가 절실하다고 느꼈다.

세상은 전기차를 향해 움직이고 있었다. 전통적인 자동차 기업인 닛산은 빨리 변화해야 했다. 그러지 않으면 경쟁력을 잃어버릴 터였다. 연간 3천만 대가 판매되는 세계 최대 자동차 시장인 중국에서 새로운 에너지를 사용하는 자동차(전기차를 중심으로 새롭게 등장한 제품군)의 판매량이 약 3분의 1을 차지한다는 사실을 고려할 때, 닛산이 중국을 비롯한 전 세계 다양한 시장에서 경쟁력을 유지하려면 소비자에게 더 많은 가치를 제공하는 방식으로 혁신해야 했다. 그리고 이를 통해 당시 가격과 성능을 기준으로 전기차 시장의 리더였던 테슬라, 그리고 BYD와 경쟁해야 했다. 동시에 변화의 모든 작업은 높은 이익과 투자수익률을 그대로 유지한 상태로 이뤄내야 했다.

우치다가 잘 알고 있었듯이 딜레마는 테슬라를 비롯한 여러 전기차 기업들이 애초에 전기차 생산을 위해 설립되었다는 사실이었다. 이들 기업은 수직으로 통합된 시스템을 바탕으로 공급망으로부터 구매한 주요 부품을 철저히 관리했다. 또한 배터리와 전기 구동 시스템을 자체적으로 개발 및 생산하고 다양한 모델의 어플리케이션을 지원하는 소프트웨어도 대부분 자체 설계하고 있었다. 게다가 모든 생산 기술을 조직 내부에 확보하고 있었다. 이로써 속도와 비용 측면에서 그들의 경쟁력은 기존 자동차 기업에 비해 상당히 높았다.

반대로 닛산을 비롯한 전통적인 자동차 기업들은 수평적인 시스템을 근간으로 했다. 이러한 모형에서 자동차 기업은 거대하고 복잡한 글로벌 공급망에 여러 단계로 존재하는 다양한 공급업체와 긴밀히 협력해야 했다. 이러한 시스템은 지금까지 수십 년 동안 성공적으로 기능했지만, 더 가볍고 더 빠르고 더 민첩한 전기차 기업들과 경쟁하기 위해서는 기존 수평 시스템의 장점을 유지하면서 일부를 수직 구조로 바꿔야 했다. 우치다는 이렇게 설명했다. "90년간 전통적인 자동차 기업으로 시장에 군림해온 닛산 같은 기업의 문화를 어떻게 바꿀 수 있을까요? 새로운 시대에 등장한 거대하고 수직적으로 통합된 BYD나 테슬라 같은 기업과 어떻게 경쟁해야 할까요? 그게 제가 던져야 했던 핵심 질문이었습니다."

닛산은 뚜렷한 혁신의 역사를 이어왔다. 그러나 성공적인 역사를 오래 지속한 대기업의 문화에는 자기만족이 스며들기 마련이다. 우치다는 말한다. "우리 기업에는 13만 명의 직원이 일하고 있고 기업 유산에 대한 믿음을 갖고 있습니다. 모두 우리가 뛰어난 기술력을 보유하고 있다고 믿으며 어떤 면에서 그건 진실입니다. 하지만 이제 새로운 세상에서 경쟁력을 높이려면 운영방식을 바꿔야 합니다. 시스템 내부적으로 민첩성을 높이고 다양한 가능성을 극대화해야 합니다. 문제는 직원들이 기존 업무방식에 너무 익숙해 있으며 그들을 안전지대에서 끌어내기가 아주, 아주 힘들다는 겁니다." 또한 닛산은 역사적으로 변화와 혁신을 추구하는 과정에서 하향식 문화를 고수해왔다. 이 또한 우치다가 넘어야 할 또하나의 장애물이었다.

변화의 핵심은 직원들의 태도와 문화를 바꾸는 일이었다. 우치다는 조직 전반이 변화에 주목하도록 만들기 위해 열정과 동기를 불어넣을 수 있도록 기업의 사명을 새롭게 정의했다. 2021년 닛산은 '닛산 앰비션 2030'이라는 혁신 프로젝트에 착수했다. 그 목표는 자동차 생산에서 전기차와 자율주행 자동차의 비중을 확대함으로써 탄소 효율성을 높이는 것이었다. 또한 유지 가능한 새로운 차량 서비스를 설계하고 재활용 기술을 생산 과정에 적용하는 것이었다. 닛산은 이러한 변화를 추진하는 과정에서 동시에 수익성도 개선해야 했다. 힘들고 벅찬 과제였다. 물론 도전적인 목표를 세우는 것은 중요한 일이다. 그러나 그 목표를 달성하기 위해 13만 명의 직원이 나서서 운영 시스템과 업무 절차를 바꿔나가도록 만드는 것은 또다른 문제다.

우치다는 다른 이들에게 변화를 요구하기 전에 먼저 자신부터 바뀌어야 한다고 믿었다. 이를 위해 무엇을 해야 하는지 이해하는 강한 리더, 그리고 한 발 물러서서 직원들이 주도권을 잡고 위험한 도전에 임하도록 만드는 리더 사이에서 균형을 잡아야 했다. 우치다는 이렇게 설명했다. "리더는 직원을 신뢰해야 하고 필요하다면 실패도 허용해야 합니다. 단지 머리가 아닌 가슴으로 이끌어야 합니다."

그러고는 이렇게 덧붙였다. "물론 직원들이 강력한 리더십에 익숙한 상황에서는 대단히 힘든 일입니다. 제가 아이디어를 거부하거나 권한을 위임하지 않으면, 직원들은 제가 그들을 신뢰하지 않는다고 느낄 겁니다. 그러면 조만간 이렇게 생각하겠죠. '지시받은 업무만 하면 됐지 더이상 노력할 이유가 있을까? 꼭 해야 하는 일도 아닌데 왜 스스로 몰아붙여야 하지? 어쨌든 내겐 가족이 있고 생활은 충분히 만족스럽다. 그런데 굳이 업무방식을 바꿀 필요가 있을까?'"

가슴으로 이끌기와 머리로 이끌기 사이에서 균형을 잡고 뚜렷한 방향을 제시하면서 직원들이 자발적으로 혁신에 나서도록 격려한 것은 우치다가 균형을 유지하기 위한 새로운 시도였다. 그는 이러한 방법을 바우어포럼 프로그램을 통해 배우고 익혔다.

우치다가 기업 전반의 문화를 바꾸기 위해 가장 먼저 한 일은 닛산 경영팀의 구성을 바꾸는 일이었다. 그 이유는 경영팀의 행동이 아래 직급 관리자들의 행동 기반을 형성할 거라는 믿음 때문이었다. 경영팀의 태도는 아래로 흘러서 결국 일선 관리자에 이른다. 지난 수십 년간 닛산은 본사 주도로 조직을 이끌어온 터였다.

우치다는 조직을 분산화하고 민첩하게 만들기 위해 미국과 중국, 멕시코, 아프리카, 유럽 지역의 대표들과 지역 시장을 이끌어가는 리더들, 그리고 생산 계획을 수립하는 책임자까지 불러들여 경영위원회 회의를 열었다. 우치다는 이렇게 설명했다. "오늘날 세상을 둘러보면 시장들이 하나씩 무너지고 있는 모습을 확인하게 됩니다. 모든 지역에서 이러한 흐름이 나타나고 있습니다. 속도는 핵심입니다. 그리고 각각의 시장에서 고객들은 저마다 다른 것을 원합니다. 이러한 점에서 개별 지역에 더 많은 권한을 위임해 제품과 플랫폼 설계와 관련하여 적절한 수준의 표준화를 이뤄내는 방식이 합리적인 선택이라 하겠습니다. 모든 지역이 새로운 마음가짐과 기업가적 비즈니스 스타일을 받아들일 때, 조직 전반에 강력한 메시지를 전달할 수 있습니다.”

우치다는 다양한 조직 계층과 기능 및 지역에 걸쳐 이러한 대규모 회의를 계속해서 열어나감으로써 혁신과 도전, 위험 감수, 속도, 그리고 업무방식에 관한 자신의 메시지를 널리 퍼뜨릴 수 있다고 개인적으로 믿는다. 그는 자신의 이야기가 경영진 아래 3백 명가량의 고위 관리자에게, 수천 명에 달하는 일선 관리자에게 퍼져나가기를 원했다. 여기서 핵심은 변화를 위해 CEO가 새롭게 조성한 분위기를 각각의 관리자 계층으로 퍼져나가도록 만드는 것이다. 우치다는 닛산이야말로 직원들이 신뢰를 바탕으로 기꺼이 위험을 감수하고 관리자가 직원들에게서 100퍼센트를 이끌어내는 일터라는 사실을 보여주고자 했다.

우치다가 제기한 한 가지 중요한 주제는 어떻게 직원들이 충분히 안전함을 느끼며 리더에게 이의를 제기하고 질문을 하도록 만들 수 있을까 하는 것이다. 우치다는 말한다. “자신도 한 인간이며 업무란 결국 인간 대 인간으로 만나 서로 질문을 주고받는 일이라는 점을 몸소 보여줘야 합니다.” 과거에는 닛산의 CEO가 공장을 방문하면 근로자들이 궁금해하는 질문 5개가 미리 마련되어 있었다. 그리고 CEO가 이들 질문에 대답하면 공장의 모든 관리자와 근로자는 한데 모여 조용히 그 말을 경청했다. 그러나 오늘날 우치다가 공장을 방문할 때 그런 모습은 찾아볼 수 없다. 대신 그는 모여 있는 직원들에게 이렇게 말한다. “저도 인간입니다. 모두가 여기서 일한는 사실에 자부심을 느낄 수 있도록 만들기 위해 저는 이 자리에 있습니다. 제게 무엇이든 물어보세요. 모르면 모른다고 솔직하게 말하겠습니다. 부디 편안하게 아무 질문이나 해주세요." 우치다는 직원들이 "가슴속" 이야기를 터놓도록 항상 노력한다고 말한다.

우치다의 최종 목표는 개방적이고 인간적인 업무 환경을 조성해서 조직 내 모든 단계에 걸쳐 사람들이 편안하게 느끼면서 기존 업무방식에 도전하도록 만드는 일이다. 예를 들어 닛산은 지금까지 몇십 년간 다양한 품질관리 시스템을 채택했다. 우치다는 직원들에게 품질과 타협하지 말고 기존 시스템에 기꺼이 도전하라고 요구한다. 그는 직원들에게서 이런 질문을 듣기를 원한다. 이 문제를 철저하게 분석한 마지막 시점은 언제인가? 이 방식은 지금도 유효한가? 고객에게 가치를 전하는가? 더욱 개선된 신속하고 경제적인 방식으로 똑같은 결과물을 만들어낼 수 있을까?

그러나 지금까지와는 다른 방식으로 업무를 처리하기란 쉽지 않다. 닛산 직원들은 일반적으로 팀장의 지시를 70퍼센트밖에 이해하지 못했다고 해도 추가적인 설명을 요구하지 않는다. 상사에게 도전할 의지가 없기 때문이다. 반면 우치다는 팀원들이 논의 내용을 100퍼센트 이해하지 못하면 업무가 제대로 이뤄질 수 없고, 솔직하고 공개적인 논의가 이뤄져야 이러한 이해가 가능하다고 강조한다. 우치다는 이러한 메시지를 모든 회의에서 전한다. 직원들은 그런 그에게 이렇게 말한다. "계속 똑같은 이야기만 하시는군요." 하지만 이것이 바로 우치다가 직원들에게서 보고 싶어하는 반응이다. 그는 이렇게 재치 있게 답한다. "제 목표는 고장난 레코드처럼 계속 같은 말을 반복하는 사람이 되는 겁니다."

그런데 우치다는 이러한 문화적 변화가 어떠한 영향력을 발휘하는지 어떻게 확인하는 걸까? 오늘날 닛산은 관리자들에 대한 연말 평가에서 팀워크와 의사소통, 혁신, 도전을 평가 기준으로 삼는다. 닛산의 인사팀은 여러 차례의 설문조사를 통해 직원들이 팀장을 어떻게 생각하는지, 투명하게 업무를 추진하는지, 혁신을 시도하고 위험을 무릅쓰도록 동기를 부여하는지 묻는다. 우치다는 이러한 설문조사 결과를 통해 닛산 조직이 문화적 변화를 통해 상당한 발전을 성취했다는 사실을 확인했다. 그러나 거기까지 수년의 노력이 필요했다. 우치다는 그 흐름을 앞으로 계속 이어나갈 생각이다.

그는 말한다. "어떤 CEO가 제게 아주 중요한 이야기를 들려줬습니다. 직원들은 내가 무슨 말을 했는지, 어떻게 행동했는지, 그리고 자신에게 어떤 '느낌'을 전달했는지 분명히 기억한다는 겁니다. 리더는 직원들의 가슴에 호소해야 합니다. 자신과 함께 특별한 결과를 만들어내도록 해야 합니다. 그것이야말로 제가 생각하는 리더십의 정의입니다."

우치다는 먼저 가슴과 사고방식에 집중하며 자기 자신을 이끄는 법을 배웠고, 이제 그 똑같은 접근 방식을 조직 전반에 적용하고 있다.

조직에 열정과 동기를 부여하고
과감한 변화에 도전하도록 만들기 위한 질문들

- 우리 팀은 앞으로 도전 과제를 받아들일 것인가? 아니면 현재 상태를 유지하려 할 것인가?

- 나는 리더들에게 단지 가능 여부를 묻고 있는가? 아니면 과감한 도전에 뛰어들도록 자극하는 질문을 던지고 있는가?

- 우리는 미래의 가능성을 실현하기 위한 동지애와 열정을 공유하고 있는가?

- 성공을 위해 무엇이 필요한지, 팀에 무엇을 기대하는지, 그리고 팀은 내게 무엇을 바라는지 분명히 이해하는가?

- 과감한 리더십을 성과 평가에서 중요한 기준으로 삼고 있는가?

요약

뛰어난 리더는 어떤 과감한 도전이 최고의 가능성을 열어주는지 이해하고 용기를 끌어모아 변화에 착수한다. 그리고 조직 전반이 새로운 전략과 도전을 이해하고 이를 열정적으로 받아들이도록 한다. 앞서 소개한 사례에서 살펴봤듯이 이를 위해 리더는 조직의 전략과 목적을 투명하게 수립하는 동시에 팀의 에너지와 열정을 항상 새롭게 만들어야 한다. 또한 무엇이 모두에게 동기를 부여하는지 이해하고 개인적인 교류를 통해 최고의 역량을 끌어내야 한다.

최고의 리더는 조직을 한 방향으로 정렬한 후 모두가 최고의 성과를 올릴 수 있도록 무대를 마련한다.

9장

권한을 위임하기
Empower People

통제라는 환상

뉴욕시에서 열린 바우어포럼 프로그램에서 한 글로벌 제조 기업 CEO가 모든 상황이 점점 자신의 통제를 벗어나고 있다고 토로했다. 그는 무자비한 사이버공격을 당하고 전염병과 우크라이나 전쟁으로 공급망이 붕괴되고 인플레이션이 수익을 갉아먹고 있다고 설명했다. "비즈니스보다 이런 외부 요인에 대처하느라 더 많은 시간을 보내고 있습니다. 저와 기업 관리자들의 집중력을 흐트려놓고 있어요." 그러자 같은 테이블에 앉아 있던 한 여성 CEO가 이렇게 자신의 생각을 말했다. "우리는 정치를 통제할 수 없습니다. 전 세계에서 벌어지는 전쟁도, 그리고 금리가 어떻게 달라질지도 통제할 수 없죠. 그래도 혼돈과 불확실성의 시대에 맞선 자신의 대처방식은 통제할 수 있습니다. 금리가 얼마나 치솟을지, 공급부족 사태가 비즈니스에 어떤 영향을 미칠지는 통제할 수 없지만, 가치를 제안하는 과정에서 제품의 생산성과 효율성을 높이기 위한 접근 방식은 얼마든지 통제할 수 있습니다. 또한 상황이 호전되었을 때 어떻게 투자할지도 통제할 수 있습니다. 우리는 자기 자신과 팀이 통제할 수 있는 영역에 집중해야 합니다. 다시 말해 힘든 시기에 비즈니스 상황을 개선하기 위한 노력에 집중해야 합니다."

이 글로벌 제조 기업 CEO처럼 당신도 아마 스스로 통제하고 있다고 믿으면서 경력을 이어왔을 것이다. 아마도 당신은 학교에서 좋은 성적을 거뒀고 직장에 들어가서는 규칙을 따르면서 조직의 사다리를 부지런히 밟고 올라갔을 것이다. 그리고 자신이 해야 할 일을 파악하고 최선을 다함으로써 보상을 받았을 것이다. 그런데 조직의 사다리를 밟고 올라가는 동안 무슨 일이 벌어진다. 어느 순간부터 당신은 더 많은 직원과 그들의 성과를 책임지게 된다. 당신이 독불장군 스타일이거나, 혹은 그런 유형의 리더가 되고 싶다고 해도 직원들 모두의 성과를 챙길 수는 없다. 그럼에도 조직의 성공은 책임져야 한다.

제왕적 CEO가 군림하는 시대는 끝났다. 오늘날 최고의 리더는 통제가 환상에 불과하다는 사실을 이해한다. 아홉번째 리더십 요소인 "권한을 위임하기"에서는 리더 자신이 모든 업무를 관리할 수 없다는 사실을 고려할 때, 오직 '자신만이' 통제할 수 있는 영역이 무

          맥킨지 비밀 수업

엇인지 확인해야 한다고 말한다. 스스로 한번 물어보자. "나의 우선 과제는 무엇인가?" 가령 새로운 전략 수립, 기술 변화에 대한 분석, 이사회로부터 구체적인 권한을 승인받는 일, 혹은 그 세 가지 모두가 우선 과제가 될 수 있겠다. 그렇게 우선적으로 처리해야 할 일을 확인했다면, 이제 방향을 정하고 한 걸음 물러서야 한다. 다시 말해 직원들에게 지시를 내리는 것이 아니라 그들이 스스로 생각하도록 질문을 던져야 한다. 리더는 자신의 경험을 들려줄 수 있지만, 질문에 대한 대답은 직원들 스스로 찾아야 한다.

그런데 리더가 한 걸음 물러서야 한다는 말은 일부 직원이 잘못된 방향으로 나아갈 위험이 있다는 뜻이기도 하다. 그럴 때 리더는 인내심을 발휘해서 그들이 실수에서 배울 수 있도록 여유를 줘야 한다. 필라델피아 이글스 쿼터백 제일런 허츠는 슈퍼볼 57 경기에서 중대한 실수를 범하는 바람에 팀을 패배로 몰아넣었다. 하지만 그는 자책하는 대신 실수를 깨달음의 기회로 삼았다. 경기가 끝난 후 그는 이런 말을 했다. "패배했다면 배워야 합니다. 이기든 지든 간에 저는 언제나 더 잘할 수 있었던 순간에 대해 생각합니다. 그리고 다음번에 그렇게 합니다."[22]

핵심은 직원을 통제하기, 그리고 자율성을 보장하고 실수를 용납하기(이를 통해 배우고 실수를 반복하지 않는 한) 사이에서 적절한 균형을 잡는 것이다. 바우어포럼에 참석한 롭 페인터는 첨단 소프트웨어와 하드웨어 제품을 농업과 건설, 지리공간 정보, 운송 분야에 공급하는 글로벌 기술 기업인 트림블의 CEO다. 페인터는 리더가 통제하려 들기보다 모든 구성원이 아이디어를 내놓고 실행에 옮기도록 어느 정도 허용해야 한다고 말한다. "이러한 접근 방식은 각자의 개성을 인정함으로써 함께 성공할 수 있다는 개념입니다." 페인터는 자신의 기업에서 주최한 리더십 프로그램에서 다양한 역량의 조합을 강조했다. 그는 참석자들에게 다른 사람의 자리에 한번 서보라고 말했다. "여기서 얼마나 많은 사람이 프로그래밍을 해봤습니까? 얼마나 많은 사람이 장부 작성법을 알고 있습니까? 얼마나 많은 사람이 마케팅 자료를 작성해봤습니까? 그리고 얼마나 많은 사람이 세일즈 요구를 거절당했을 때 어떤 기분이 드는지 알고 있습니까?"

CEO를 비롯해서 누구도 모든 업무를 알지 못한다. 하지만 그렇다고 각자 알아서 하도록 내버려둔다면 조직은 혼란에 빠질 것이다. 페인터는 기업을 하나의 오케스트라로 바라보라고 말한다. 오케스트라의 모든 연주자는 함께 아름다운 선율을 만들어낸다. 페인터는 말한다. "이러한 관점은 동기를 부여하기도 하지만 불편하게 느끼도록 만들 수도 있습니다. CEO는 조직에서 가장 많은 것을 본다는 점에서 오케스트라의 지휘자 같은 존재입니다. 그는 모든 악기를 어떻게 연주하는지 모르지만 그 악기들을 치밀하게 조율하는 환경을 구축할 수 있습니다. 그리고 모두가 무엇에 주목해야 하는지 이해하게 만들 수 있습니다. 즉, 모두가 악보의 어는 곳을 봐야 하는

     맥킨지 비밀 수업

지, 너무 느리게 연주하는 것은 아닌지, 혹은 어떤 연주자의 음정이 어긋났고 어떻게 바로잡아야 할지 이해하게 만들 수 있습니다."

그렇다면 리더의 핵심 질문은 얼마나 통제력을 강화할 수 있는가가 아니라 자신이 통제할 수 있는 영역은 어디인가가 될 것이다. 무엇을 자신이 통제해야 하고 무엇을 다른 이에게 맡겨야 할까? 즉, 자신이 가장 많은 영향력을 행사할 수 있는 분야는 어디인가? 페인터는 말한다. "저 스스로 충분히 만족스럽게 처리할 수 있는 여러 업무가 있습니다. 하지만 CEO는 그런 일을 하는 자리가 아닙니다."

리더십이 개인적인 역량이고 여러 부서에 걸쳐 이뤄지며, 또한 조직에 중대한 영향을 미친다는 점에서 CEO만이 할 수 있는 몇 가지 일이 있다.

리더는 이러한 점을 염두에 두고서 스스로 이렇게 물어야 한다. 오직 자신만이 영향을 미칠 수 있는 두세 가지 우선 과제는 무엇인가? 트림블에서 페인터의 첫번째 우선 과제는 비즈니스가 성공적으로 나아가기 위한 길을 닦는 일이었다. 그리고 두번째 과제는 CEO로서 분명한 권한을 이사회로부터 얻어내는 일이었다. 분명하게도 그건 다른 누군가에게 맡길 수 없는 일이다. 다음으로 세번째는 기업이 기술 변화의 흐름을 따라가도록 만드는 일이었다. 페인터는 말한다. "그 세 가지는 오직 저만이 할 수 있는 일입니다. 또한 이를 위한 분위기를 마련하기 위해 제 시간의 대부분을 투자해야 할 과제입니다." 이 말은 현실적인 관점에서 성공을 정의하고 직원들 각자를 적절한 오케스트라 자리에 앉힌다는 뜻이다. 페인터는 이러한 방식으로 리더의 과제를 정의함으로써 완전한 통제는 포기했다. 하지만 문제가 발생한 지점에 개입해서 조율한다는 점에서 어느 정도의 통제력은 유지한 것이다.

페인터는 조직의 관리자들 역시 이러한 관점으로 통제를 바라보도록 만들기 위해 애쓰고 있다. 트림블은 지금까지 분산화된 조직을 기반으로 건축과 농업, 운송 사업부를 이끌어왔다. 페인터는 조직을 정비하기 위해 기술팀을 신설해서 규모의 효과를 확대하고 IT 부서에 더 많은 자율권을 허용하고 있다. 그러나 이러한 접근 방식은 각각의 사업부 부서장들에게 쉬운 일은 아니었다. 페인터는 말한다. "관리자들이 모든 자원을 직접 통제할 필요가 없다는 점을 이해시키기 위해 많은 노력을 했습니다. 우리는 '통제는 환상이다'라는 주제로 많은 이야기를 나눕니다. 저는 관리자들에게 말합니다. '그렇습니다. IT 직원들은 여러분에게 직접 보고를 합니다. 그런데 그 직원들이 실제로 무슨 일을 하는지 알고 있습니까? 그리고 그러한 업무의 가치를 높여줄 역량이 있습니까?'" 최근 트림블은 사이버 전문가들을 하나의 조직으로 통합함으로써 직원들이 경력을 개발하고 자율권을 부여하고 업무를 효율적으로 처리하도록 도움을 주는 공동의 서비스 기능을 하도록 했다. 이러한 경우 직접 통제를 하고자 한다면 많은 비용이 들 것이다.

이 장에서 살펴보듯이 최고의 리더는 권한을 위임하고 적절한 통제를 바탕으로 직원들이 기업의 목적과 가치에서 멀리 벗어나지 않도록 관리함으로써 실수를 최소화한다. 그러나 이러한 방식은 일상적인 차원에서 쉽지만은 않다. 최고의 CEO는 다양한 기준을 중심으로 관리자들이 실제로 통제와 자율성 사이에서 균형을 유지하는지 확인하고 도움을 준다. 여기서 리더의 과제는 심리적인 안전함과 책임감을 모두 전하는 업무 환경을 조성하는 일이다. 이는 리더가 익숙하게 다뤄야 할 또하나의 양극단이다. 한편에서 안전한 업무 환경을 조성하려면 책임감을 어느 정도 포기해야 한다. 그러나 이는 힘든 논의를 회피하거나 열정적인 직원의 사기를 꺾는 자기만족의 문화로 이어질 위험이 있다. 다른 한편에서 책임감을 강화하려면 심리적인 안전함을 어느 정도 포기해야 한다. 그러나 이러한 방식은 자칫 공포에 기반을 둔 문화로 이어질 위험이 있다.

하지만 글로벌 기술 서비스 기업인 코그니전트의 공동 설립자이자 CEO를 지냈고, 기술 투자 플랫폼인 레코그나이즈의 경영 파트너로 활동하는 프랭크 드수자는 안전한 업무 환경과 책임감 사이에서 균형을 잡는 데 성공했다. 코그니전트는 많은 기업이 기술을 현대화하고 업무 과정을 새롭게 설계하고 경험을 활용함으로써 빠르게 변화하는 세상에서 앞서가도록 도움을 주는 일을 한다. 드수자는 2007년 코그니전트 CEO로 취임하면서 당시 14억 달러였던 연매출 규모를 10배 이상 키워냈다. 그가 2019년 자리에서 물러났

을 때, 코그니전트 연매출은 160억 달러를 넘어섰다. 코그니전트는
『포천』 잡지가 선정한 '고속성장 100대 기업'에 11년 연속으로 이
름을 올렸다. 그는 강력하고 목적 지향적이면서 독립적인, 그리고
최고 성과를 지속적으로 올리는 리더를 양성하고자 했던 노력을 성
공 이유로 꼽는다.

드수자는 CEO로 취임하면서 많은 비즈니스 리더가 기쁜 마음으
로 직면하고자 하는 문제와 마주했다. 당시 기업은 고속성장을 이
어나가고 있었지만 여기서 규모를 더 확장하지 못하면 무리 중 하
나로 머무를 수밖에 없었다. 다시 말해 소기업처럼 민첩하게 움직
이기에는 규모가 크고, 또 주요 무대에서 경쟁하기에는 충분히 크
지 않은 수준에서 벗어나지 못할 것이었다. 그런데 당시 그 기업의
발목을 잡고 있던 것은 돈이 아니었다. 문제는 리더십이었다. 드수
자는 기업의 성장 속도보다 적어도 20퍼센트 더 빠르게 조직의 리
더를 키워나가야 한다고 생각했다. 코그니전트가 연간 50퍼센트로
성장하려면 매년 70퍼센트 더 많은 리더를 양성해야 했다.

드수자는 이를 위해 CEO로서 큰 위험을 떠안고 자신의 임기에
서 성패를 좌우하게 될 대담한 결정을 내리기로 했다. 그는 이렇게
지적했다. "저의 비즈니스 철학은 지금 제가 있는 이 자리가 제 소
유가 아니라 잠시 빌린 것이라는 겁니다. 우리 모두 지금 이 자리에
아주 잠깐 앉아 있을 겁니다. 그러므로 그 자리에 앉아 있을 권리를
매일 얻어내야 합니다. 그리고 권리를 인정받지 못하면 그 자리에

있을 수 없습니다. 자신보다 더 나은 사람이 있다면 물러나야 합니다. 기업에 대한 저의 책임, 그리고 모든 주주와 이해관계자에 대한 책임은 저 자신을 위해 일하는 게 아니라 기업 가치를 극대화하는 겁니다."

드수자는 유능한 리더를 서둘러 키워내기 위해 엔지니어의 접근 방식을 강조했다. 가장 먼저 직원을 고용할 때 역량이 뛰어나고 열정이 높은 사람을 찾았다. 그는 이렇게 떠올렸다. "저는 젊은 CEO로서 제 역할을 다하기에 역량이 부족하다는 두려움이 있었고, 그래서 저보다 더 똑똑하고 자격 있는 인재들을 주변에 두고자 했습니다. 그건 제가 배우고 성장하기 위한 실질적인 방법이었습니다. 개인의 역량만으로는 부족합니다. 제가 개입하지 않아도 주도권을 잡고 새롭고 복잡한 상황을 헤쳐나갈 인재가 필요합니다. 에드워드 데시, 대니얼 핑크, 짐 콜린스 같은 과학자나 작가 들이 내적 동기를 주제로 쓴 다양한 책을 읽었습니다. 내적 동기를 지닌 사람은 자율성을 추구하고 개인의 역량을 최고 수준으로 끌어올리고자 합니다. 그리고 목적의식을 중요하게 생각합니다. 역량이 뛰어나고 내적 동기가 높은 리더를 길러내는 일은 우리의 리더십 개발 과제의 핵심이었습니다."

드수자는 코그니전트 관리자들이 조직에서 성공할 수 있도록 자율성과 역량, 목적의식을 추구하는 업무 환경을 구축했고, 다음으로 한 발 물러서서 그들이 기업의 목적을 향해 나아가도록 지원했다.

그는 이렇게 말했다. "편안한 상태에서 자신만의 방식으로 일할 수 있도록 심리적 안정감이 강한 문화를 만들었습니다." 그는 관리자들이 자발적으로 기술을 개발하고 각자 업무에서 최고가 되도록 했다.

다음으로 실질적인 권한 위임과 엄격한 성과 관리 시스템을 결합해서 리더들이 얼마나 잘하고 있는지, 그리고 어디서 부족함을 드러내는지 확인했다. 여기서 핵심은 관리자들이 자신에게 주어진 자율성을 지속적으로 인식하도록 하면서 필요할 때 개입해 그들이 성장하도록 도움을 주는 것이었다. 드수자는 이렇게 덧붙였다. "우리 비즈니스 철학의 핵심은 소규모 고객을 위해 일하면서 그들에게 실질적인 도움을 주는 겁니다. 물론 모든 기업이 그렇게 말하죠. 하지만 우리는 그 철학을 실현하기 위해 모든 분야에서 최선을 다했습니다. 다시 말해 언제나 고객과의 관계를 강화하는 방향으로 의사결정을 내렸습니다. 이를 위해서는 조직을 하향식으로, 그리고 관료적인 방식으로 관리해서는 안 됩니다. 의사결정을 내릴 때마다 일일이 보고하도록 해서는 실현 불가능한 일이니까요."

드수자는 기업 리더들이 고객들과 긴밀한 관계를 유지하도록 필요한 자원을 충분히 지원했다. 또한 그들의 성과를 점검하는 시스템을 구축했다. 그는 리더들이 기업의 목적을 추구하도록 매출과 수익성, 직원 만족도, 고객 만족도를 네 가지 기본 항목으로 하는 리더십 상황판을 만들었다. 그리고 그 네 가지 항목을 내적 동기를 지닌 리더들이 기업의 목적을 향해 나아가고 기업의 가치와 조화를

  맥킨지 비밀 수업

이루게 만들어주는 기준으로 생각했다. 코그니전트에서 성공하려면 이 네 가지 기준 사이에서 균형을 유지해야 한다. 고객을 만족시키지 못하면 자신에게 주어진 숫자를 맞춘다고 해도 충분하지 않다. 그리고 고객을 만족시켰다고 해도 직원들이 불행하다면 그 리더는 팀의 에너지를 갉아먹고 있다는 뜻이다. 드수자는 말한다. "초반에 외부에서 영입한 관리자 대부분이 이러한 기준들 중 몇 가지에만 주목했습니다. 그들 중 일부는 경쟁이 치열하고 가혹한 기업에서 왔습니다. 거기서는 어떤 대가를 치르더라도 숫자를 맞춰야 했죠. 당연하게도 그들은 팀원을 관리하고 고객을 만족시키는 과제에서 어려움을 겪었습니다. 우리는 네 가지 기준 모두를 점검하고 개입함으로써 그들이 행동을 바꾸도록 만들었습니다."

또한 드수자는 코그니전트에서 성공하기 위해서는 숫자를 맞추는 것 외에도 더 많은 노력이 필요하다는 메시지를 전파하기 위한 상징적인 방안을 찾았다. 그는 고객 만족을 강조하기 위해 3천 명이 넘는 직원이 모인 자리에서 고객에게 최고의 가치를 선사한 직원을 인정하고 포상하는 기회를 마련했다. 또한 매년 코그니전트 최고의 고객 8~10명을 이사회와 함께 하는 전략 회의에 초청해 함께 일하는 과정에서 느낀 좋은 점과 나쁜 점에 대해 이야기를 나누도록 했다. 드수자는 이렇게 설명했다. "고객들을 이사회에 초청해서 우리가 고객을 대하는 방식을 진지하게 생각한다는 메시지를 조직 전반에 전합니다." 그리고 이들 고객이 이사회에서 말한 내용을 정리해

뉴스레터와 블로그를 통해서 모든 직원에게 전한다. 그 메시지의 핵심은 숫자를 달성해야 하지만, 고객 만족을 희생하면서까지 그래서는 안 된다는 것이다. 드수자는 강조했다. "고객은 우리가 따라가야 할 북극성입니다."

코그니전트는 이러한 방식으로 리더를 양성함으로써 산업 전반에서 존재감을 강화했고 재무적 성공 이상의 성과를 거뒀다. 그들의 접근 방식과 성공은 이제 기업의 경계를 넘어서고 있다. 드수자가 코그니전트를 떠나고 난 뒤로 14명이 넘는 임원이 다른 기업의 CEO로 자리를 옮겼다.

통제와 자율성 사이에서 균형을 유지하는 과제는 비영리단체 세계에서 더 힘들다. 여기서는 드수자가 수익과 손실 항목을 가지고 만든 상황판은 쓸모가 없다. 열정적인 대학 졸업생을 소외된 지역의 학교에 교사로 파견하고 그들의 리더십 기술을 개발하는 글로벌 네트워크 비영리단체인 티치포올Teach for All의 설립자 웬디 콥은 그녀가 말하는 집단적 리더십collective leadership을 자신의 북극성으로 삼고 있다.

프린스턴대학교의 공공 국제관계 스쿨에서 공부하던 시절 콥은 유명 사립 고등학교를 졸업한 동료들은 교과과정을 쉽게 따라가는 반면, 1세대 대학생first-generation college student(가구 구성원 중 처음으로 4년제 대학에 진학한 학생들을 일컫는 말—옮긴이) 동료들은 많은

       맥킨지 비밀 수업

어려움을 겪는 모습을 보고 유레카 순간을 경험했다. 미국 교육 시스템의 불평등에 강한 충격을 받은 콥은 미국 전역에 걸쳐 교사를 양성하는 기관의 필요성을 주제로 논문을 썼다. 논문의 핵심은 유명 교육기관에서 공부한 똑똑한 젊은 졸업생들을 저소득 지역의 학교에 교사로 파견해서 2년간 학생들을 가르치도록 하는 것이었다. 콥은 졸업을 하고 1990년 기업과 자선단체로부터 250만 달러의 후원을 받아 티치포아메리카Teach for America를 설립했다. 그리고 얼마 지나지 않아 티치포아메리카는 미국 유명 대학의 많은 졸업생에게 꼭 거쳐야 할 관문이 되었다. 2022년 티치포아메리카는 약 7만 명의 교사를 미국 전역의 공립학교로 파견했다. 그 목적은 소외된 지역의 학교로 STEM(과학science, 기술technology, 공학engineering, 수학mathematics) 과목에서 역량이 뛰어난 똑똑한 젊은 교사를 보내 학생들에게 도움을 주고, 소외된 지역의 학생이 겪는 어려움을 이해함으로써 교육자와 사회 혁신가, 정치인, 정책 전문가, 기업 경영자, 저널리스트로 성장시켜 사회 변화에 많은 영향을 미칠 수 있는 새로운 리더 세대를 만들어내는 것이었다.

티치포아메리카를 설립하고 얼마 지나지 않아 콥은 여러 대학을 잇달아 돌아다니며 학생들을 선발했고, 또한 미국 전역의 소외된 지역 학교들을 방문해서 프로그램을 소개했다. 그리고 지역에서 강한 영향력을 행사하고 있는 지사들을 중앙 집중적인 형태로 관리하고자 많은 시간을 투자했다.

이러한 티치포아메리카의 모형을 처음 해외에 적용한 사례로, 2002년 영국에서 티치퍼스트Teach First가 설립되었다. 2007년 콥은 전 세계적으로 티치포아메리카와 같은 기관을 요청하는 목소리가 높아지고 있다는 사실을 확인했다. 콥은 여기에 바로 대응하고 싶었지만, 동시에 그 일이 얼마나 힘들지 떠올리는 것만으로 강한 부담감을 느꼈다. 티치포아메리카를 설립하고 확장하는 여정이 얼마나 힘들었는지 누구보다 잘 아는 콥으로서 그런 조직을 세계적인 규모로 확장한다는 것은 상상하기조차 힘들었다. 그래도 결국 콥은 티치퍼스트 설립자와 손잡고 티치포올 설립을 위한 계획을 세웠다. 티치포올은 여러 지역이 서로 배움을 주고받으면서 독립적으로 운영해나가는 글로벌 네트워크였다.

2007년 9월 열린 클린턴 글로벌 이니셔티브Clinton Global Initiative, CGI에서 전 미국 대통령 빌 클린턴과 영국 총리 토니 블레어가 티치포올의 설립을 발표하기 전날 밤, 콥은 두려움에 휩싸여 있었다. "이런 생각이 들었어요. '이게 과연 될까? 우리는 구체적인 사안과 강력한 관리 시스템에 대한 집착으로 티치포아메리카를 확장해왔어. 그런데 이렇게 느슨하고 광범위한 네트워크를 통해서도 그런 영향력을 발휘할 수 있을까?'"

콥의 한 협력자는 잘될 거라며 그녀를 다독였다. "이미 주사위는 던져졌어요. 내일 발표가 있을 거고 이제 앞으로 나아가기만 하면 됩니다." 현재 티치포올의 글로벌 네트워크는 6개 대륙에서 60개국

   맥킨지 비밀 수업

이상의 전국적인 조직들로 구성되어 있으며, 각각의 조직은 평등한 교육 시스템을 정착시키고 모든 지역의 아이들이 잠재력을 실현하도록 지원하는 사업을 벌이고 있다.

콥이 티치포올을 성공적으로 설립할 수 있었던 것은 통제에 대한 집착을 내려놓고 전 세계 파트너들이 주인의식과 온전한 책임감으로 조직의 성공을 위해 일할 것으로 신뢰했기 때문이다. 콥이 이런 전략을 택한 부분적인 이유는 자신이 미국에서 사회적 기업가로 성공하는 과정에서 그런 접근 방식이 대단히 중요한 역할을 했음을 알고 있었기 때문이었다. 나아가 네트워크를 설립한 목적이 모든 아이의 잠재력을 실현시켜줄 강한 리더를 육성하는 일이라는 점에서도 그 전략이 반드시 필요하다고 믿었다.

티치포올은 이 접근 방식이 힘을 발휘하도록 통합적인 핵심 원칙을 세웠으며, 또한 리더들이 끊임없이 서로 배우고 그렇게 얻은 지식을 각자의 나라에서 가능한 분야에 적용하는 문화를 구축했다. 티치포올은 일반적인 조직처럼 관리와 통제에 투자하지 않고 배움을 활성화하고 리더십을 개발하는 데 투자했다. 콥은 이렇게 설명했다. "힘들고 복잡했습니다. 그 과정에서 많은 문제가 있었죠. 하지만 네트워크 접근 방식을 통해 더 빠르고 지속적인 개선을 이끌 수 있었습니다."

콥이 통합 원칙을 마련한 것은 공동의 목적과 변화를 향한 의지, 비전, 그리고 네트워크 구성원들이 전 세계적으로 관계를 형성하는 방식을 확인하기 위해서였다. 티치포올 글로벌 경영진은 여러 지역의 다양한 조직에 최고의 사례들을 소개함으로써 각자 최선의 의사 결정을 내리도록 도움을 주고 있다. 콥의 설명은 이렇다. "우리는 네트워크에 참여한 모든 협력자가 과거 사례로부터 배울 수 있기를, 그리고 그 지식을 각자의 나라에 적절하게 적용해서 혁신하고 적응해나가기를 기대합니다. 모두가 전 세계 여러 사례를 보고 자기 지역에서 노력하는 과정에서 새로운 에너지가 생겨납니다."

열정적인 사회적 기업가인 콥은 티치포올을 설립하면서 통제는 말 그대로 환상에 불과하다는 생각을 다시 한번 떠올렸다. 그녀는 한 발 물러서서 지역의 리더들이 문화적 요구와 경제적 상황을 반영하는 티치포올의 기반 안에서 자율적으로 접근 방식을 설계하도록 각자의 의사를 존중했다. 콥은 말했다. "언제 개입해야 할지 알기란 쉽지 않습니다. 지역 리더들이 자율적으로 접근 방식을 설계해나가도록 허용하는 것이 무엇보다 중요하기 때문이죠. 하지만 그렇다고 각국 조직들이 서로 똑같은 실수를 반복하도록 내버려둘 수도 없습니다." 예를 들어 인도의 지방정부들은 미국과 달리 교사에게 급여를 지급하지 않는다. 전반적으로 학교 시스템은 민간 주도로 돌아간다. 티치포인디아Teach for India 대표 샤힌 미스트리는 교사들에게 월급을 주기 위해 직접 나서서 모금 기구를 설립했다. 또한 정치적 변화에 호소함으로써 일부 지방정부가 교육비를 지급하도록 설득했다. 미스트리의 노력은 성공을 거뒀고 티치포인디아는 인도와 전 세계에서 성공 사례로 인정받고 있다. 그리고 비슷한 문제에 직면한 다른 티치포올 조직에도 영감을 주고 있다.

한 발 물러서서 편안한 마음으로 조직이 여러 선택을 내리는 과정을 지켜보려면 사람들에 대한 깊은 믿음과 그들의 결정에 대한 존중이 필요하다. 콥은 말한다. "저는 말 그대로 혼자서 모든 일을 했고 그게 얼마나 힘든지 누구보다 잘 알기에 이런 조직을 설립하고 이끄는 사람들에게 절절한 공감을 느낍니다. 우리가 티치포아메리카에 들인 노력을 참조해서 개선해나가는 사람들의 모습을 지켜보면서 티치포올 초창기에 제가 품었던 의구심이 아무 근거 없는 것이었다는 사실을 곧바로 깨달았습니다." 중요한 것은 혁신을 위한 무대를 만들고 핵심 원칙이 외면받을 때 중재에 나서는 노력이다.

집단적 리더십에서 한 가지 중요한 장점은 배움이 양방향으로 이뤄진다는 사실이다. 예를 들어 콥은 티치포아메리카도 티치포인디아에서 배울 수 있다는 사실을 확인했다. 티치포인디아가 설립되었을 무렵, 콥은 직접 인도로 날아가 미스트리를 여러 차례 방문했다. 티치포인디아는 티치포아메리카의 교사 육성 프로그램에서 많은 부분을 받아들이면서 동시에 인도 상황에 맞게 변형했다. 미국의 경우 프로그램의 교과과정은 주로 교사의 지식과 기술을 개발하는 데 집중했다. 그런데 미스트리는 여기에 교사의 태도를 개선하는 과정을 포함시켰다. 이를 통해 인도의 교사들은 소외된 지역의 학생들의 잠재력을 이해하고 힘든 상황에서도 높은 기준을 과감하게 고수하는 법을 배운다. 이러한 미스트리의 교사 양성 프로그램에 강한 인상을 받은 콥은 티치포아메리카의 트레이너 수십 명을 인도로 보내서 교사 양성 과정을 직접 지켜보도록 했다. 콥은 말한다. "시스템을 바꾸려면 집단적 리더십이 꼭 필요합니다. 우리는 이러한 리더십을 네트워크 전반에 걸쳐 보고 있습니다. 다양한 환경과 문화로부터 영향을 받은 똑똑하고 열정적인 사람들이 혁신을 이끌면서 효과적인 해결책을 내놓고 있습니다. 이들이 지속적으로 혁신하고 스스로 판단하기에 합리적인 방식으로 조직을 이끌어가도록 함으로써 우리는 더 많이 배우고 더 빨리 나아갈 수 있습니다."

사실 티치포올은 유능한 교사를 지역 학교에 파견하는 시스템의 단계를 훨씬 넘어서는 조직이다. 티치포올에서 2년간 교사생활을 마친 이들 대부분이 다양한 방식으로 교육 분야에 진출한다. 티치포올 네트워크를 졸업한 10만 명이 넘는 교사 중 74퍼센트가 교육 환경 및 교육과 관련된 구조적인 문제를 개선하는 일에 본격적으로 뛰어들었다. 콥은 말한다. "맨 꼭대기에 앉아 있는 한 사람의 힘만으로는 시스템을 바꾸지 못합니다. 집단적 리더십이 필요합니다. 다시 말해 조직 전반에 걸쳐서 자율성과 리더십을 근간으로 공동의 목적과 배움, 협력을 지향하는 다양한 사람이 필요합니다."

통제와 자율성 사이에서 균형을 잡기 위해 던져야 할 질문들

- 변화를 위해 나만이 할 수 있는 두세 가지 우선 과제는 무엇인가? 그 밖의 과제는 다른 사람에게 위임하고 있는가?

- 자신이 통제할 수 있는 일은 무엇인가? 통제할 수는 없지만 영향을 미칠 수 있는 일은 무엇인가? 그리고 통제할 수도 영향을 미칠 수도 없는 일은 무엇인가?

- 조직 내에서 누가 어떤 의사결정을 어떻게 내리고 있는지 분명하게 파악하고 있는가?

- 기업의 방향을 정한 뒤 성공을 위해 필요한 자원을 직원들에게 충분히 제공하고 스스로 한 발 물러나 그들이 주도적으로 이끌어가도록 여유를 허용하고 있는가?

- 직원들에게 직접 지시를 내리지 않고 그들 스스로 생각해서 일하도록 만들려면 어떤 질문을 던져야 하는가?

- 나 자신의 경험을 이야기하기보다 다른 이들이 서로 생각을 공유하고 해결책을 찾아내도록 만들려면 어떻게 해야 할까?

- 기업 내 다양한 부서의 직원이 최고의 사례를 함께 공유함으로써 같은 실수를 반복하지 않도록 만들려면 어떻게 해야 할까?

요약

최고의 리더는 조직을 통제하는 방식, 그리고 직원들이 주도적으로 움직이도록 권한을 위임하면서 그에 따라 필연적으로 발생하는 실수를 허용하는 방식 사이에서 적절한 균형점을 찾는다. 그리고 무엇보다 일관성을 유지하면서 어떻게 의사결정을 내려야 하는지, 그리고 어떤 핵심 원칙을 기준으로 조직의 목적과 가치를 타협하지 않는 선에서 모두 올바른 결정을 내리도록 만들 수 있을지 이해한다. 이를 통해 리더는 자신이 통제할 수 있는 일에만 집중한다. 그리고 이러한 접근 방식은 팀원들 모두에게도 해당된다. 리더는 팀원들이 통제와 자율성 사이에서 균형을 잡도록 도움을 주고자 이런 질문을 던진다. "우리는 무엇을 통제할 수 있는가? 조직 전반에 걸쳐 일관성을 지켜야 하는 부분은 어디인가? 통제할 수는 없지만 영향을 미칠 수 있는 일은 무엇인가? 통제할 수도 영향을 미칠 수도 없는 일은 무엇인가? 성공적인 리더가 되기 위해서는 어떤 기술과 태도, 역량이 필요한가?"

그러나 자율성과 통제 사이에서 적절한 균형을 유지하는 접근 방식도 리더가 조직 내 상황이 어떻게 돌아가는지 정확하게 이해할 때만 의미가 있다. 그렇지 않다면 프로젝트나 계획이 궤도에서 벗어날 때 어떻게 바로잡을 수 있겠는가?

10장

진실을 말하도록 격려하기
Encourage Truth Telling

모두에겐 상사에 대한 비밀이 있다

바우어포럼에 참가한 한 CEO는 1년 동안 조직 내부 사람들이 자신에게 실제 상황을 정확하게 보고하지 않았다며 고충을 털어놨다. 그는 CEO가 되고 나서 동료들이 모두 사라졌고 함께 이야기를 나눌 상대도 없어져버렸다고 했다. 그는 그런 상황에 당혹감을 느끼면서 언젠가 나쁜 소식이 갑자기 들려올까봐 두렵다고 했다.

포천 100대 글로벌 제조 기업을 오랫동안 이끈 한 바우어포럼 코치는 조직 외부에서 진실을 알아야 할 때도 있지만 그것만으로는 충분치 않다고 설명했다. 그 경험 많은 CEO는 불만을 토로한 젊은 CEO에게 전략이나 예산, 혹은 기획을 수립하는 회의를 할 때마다 이렇게 하라고 조언했다. "팀원들 모두 자신의 생각에 동의할 필요

는 없고 오히려 반대 의견을 기대한다는 점을 강조하면서 모든 사
안에 열띤 논쟁을 벌이는 분위기를 조성해야 합니다. 더이상 논의
가 필요 없는 제왕처럼 군림하지 말고 그들에게 뭔가를 배우고 싶
으며 그들의 의견을 존중한다고 말씀하세요."

그로부터 1년의 시간이 흘러 그 젊은 CEO는 우리에게 자신의 근
황을 알려왔다. 그는 직원들과 솔직한 대화를 나누기가 처음엔 무
척 힘들었지만 그들이 조금씩 회의에서 편안하게 이의를 제기하기
시작하면서 부정적인 사안에 대해서도 논의할 수 있게 되었다고 했
다. 경영팀 문화는 개방적으로 바뀌었고 그는 한 사람의 동등한 동
료로서 모두를 대표하는 CEO가 되었다.

그 코치가 바우어포럼 모임에서 지적했듯이 상사에게 나쁜 소식
을 전하고 싶어하는 직원은 없다. 그러다보니 경영자는 종종 실제
상황을 가장 늦게 접하는 사람이 된다. 그러나 진실을 말하지 않으
려는 직원들의 태도는 비즈니스에 치명적인 피해를 입힌다. 그것은
모든 구성원이 현재 상황을 똑같은 관점으로 바라보는 자세가 무엇
보다 중요하기 때문이다. 조직 전반이 대내외적 당면 과제에 대한
이해를 공유하지 못할 때, 업무를 효율적으로 처리하기 위해 필요
한 확신과 콜투액션Call to Action, CTA(사용자의 특정 행동이나 생각을 유
도하는 작업—옮긴이)을 실행에 옮길 수 없다. 팀원들이 중요한 정보
를 갖고 있지 않거나 공유하길 꺼린다면, 실수와 불확실성의 가능
성이 높아지기 마련이다.

　　　　　맥킨지 비밀 수업

이로 인해 치명적인 결과가 발생할 수 있다. 1961년 존 F. 케네디[23]는 공산주의 국가인 쿠바의 피그스만 침공을 승인했다. 그러나 미 정부가 훈련하고 무장시킨 쿠바 망명자들로 이뤄진 침투 부대를 통한 군사 작전은 준비가 제대로 이뤄지지 않았고, 쿠바 정부가 공습을 신속히 제압하면서 참패로 돌아갔다. 나중에 밝혀진 바에 따르면, 백악관 자문들은 케네디 대통령에게 침투 작전에 따른 잠재적 위험과 문제를 제대로 보고하지 않았다. 만약 케네디가 작전의 전체 그림을 이해했다면, 그러한 비극은 막을 수 있었을 것이다. 이후 역사가들은 왜 백악관 자문들이 위험성을 케네디에게 솔직하게 보고하지 않았는지, 왜 쿠바 망명자들로 이뤄진 침투 부대의 미비한 준비 상황에 대해 경고하지 않았는지, 그리고 왜 충분히 예상할 수 있었던 피델 카스트로 정권의 강력한 대응을 무시했는지를 놓고 논쟁을 벌였다. 일부는 자문들이 케네디에게 부정적인 소식을 전해서 자신의 충성심을 의심받거나 작전을 방해하고 있다는 인상을 전할까봐 두려워했다고 주장했다. 다른 역사가는 행정부에 깊이 뿌리내린 집단 사고나 복종의 문화로 인해 반대 의견이나 다른 아이디어를 제시하지 못했을 것이라고 지적했다. 진실이 어떻든 간에 케네디 자문들은 대통령에게 위험성을 제대로 보고하지 않았고, 이로 인해 작전이 재앙으로 끝나면서 케네디 행정부의 유산에 영원한 오점을 남겼다.

반대로 개방성을 표준으로 삼는 문화를 구축할 때, 조직은 큰 이익을 기대할 수 있다. 이와 관련해서 주목할 만한 사례로 2006년 포드 모터 컴퍼니의 상황을 들여다보자. 당시 손실을 기록하고 있던 포드가 보잉의 최고 경영자인 앨런 멀럴리를 영입했을 때, 그는 경영팀 회의를 통해서 프로젝트가 조직의 방향과 맞다면 승인하고 그렇지 않다면 취소하는 기준을 마련했다. 그런데 그의 임기 초반에 열린 한 경영팀 회의에서 모든 프로젝트가 승인되었다. 뭔가 이상한 느낌이 든 멀럴리는 기업이 손실을 계속 기록하는 상황에서 어떻게 모든 프로젝트를 승인했는지 임원들에게 따져 물었다. 그러자 한 용감한 임원이 자신의 입장을 승인에서 취소로 바꿨다. 그리고 이를 시작으로 임원들은 기업의 모든 문제에 대해 솔직하게 개인의 생각을 말하기 시작했다. 몇 년 뒤 포드는 흑자로 전환했다.

지금 무슨 일이 벌어지고 있는지 이해하려면 리더는 조직을 깊숙이 들여다봐야 한다. 접근성을 높이고 대화의 문턱을 낮추는 방법도 중요하지만, 그것만으로는 충분하지 않다. 포드 사례에서 살펴봤듯이 사람들은 비판을 받거나 불이익을 당할까봐 두려운 마음에 상사에게 현재 상황을 있는 그대로 알리지 않는다. 열번째 리더십 요소인 "진실을 말하도록 격려하기"에서는 리더에게 내부 자문 조직을 구축하고 그들의 이야기에 경청하면서 이를 적극적으로 활용하라고 말한다. 사실 이 조언은 CEO만이 아니라 조직 전반에 걸친 모든 리더에게 해당되는 말이다. 이를 실천하는 한 가지 방법은 "진실을 말하는 자"들로 이뤄진 비공식 네트워크를 조직하고 이를 통해 항상 현실감각을 유지하는 것이다. 이러한 비공식 네트워크는 조직 내 여러 부서와 지역 및 직급에 걸쳐 이뤄져야 한다. 이러한 네트워크가 잘 기능할 때, 리더는 솔직한 생각을 나누면서 기업의 미래에 관한 중요한 피드백을 얻을 수 있다.

많은 리더가 반대 의견을 환영한다고 말하지만, 팀원들이 실제로 자신의 주장을 반박할 때 그들은 방어적인 태도를 취하거나 확신 있게 의사결정을 내리지 못한다. 여기서 우리는 "기여적 반대 contributory dissent"라고 부르는 아이디어를 제안하고자 한다. 이 개념의 핵심은 팀원들의 시야를 넓히고 각자의 생각을 말하도록 격려함으로써 건전한 반대를 유도하고 의견 차이를 창조적 논의로 바꾸는 것이다. 이를 통해 리더는 의사결정과 복잡한 문제 해결 과정을 신속하고 합리적으로 이끌어갈 수 있다.

이와 관련해서 맥킨지는 오랜 연구와 경험을 바탕으로 리더가 건전한 반대를 끌어내기 위해 실행할 수 있는 여러 가지 방안을 다음과 같이 제시했다.[24]

지시가 아니라 동기 부여로 이끌기

- 구성원들이 아이디어를 내놓을 수 있는 권한을 위임하기: "아직 해답을 찾지 못했지만 모두의 아이디어로부터 최고의 방법을 끌어낸다면 함께 해결할 수 있다."

적극적인 독려로 반대 의견 유도하기

- 다양한 의견을 받아들이는 분위기를 조성함으로써 직원의
  기여를 인정하고 참여를 유도하기
- 반대 의견을 제시하는 것을 조직이 추구하는 분명한 가치
  에 포함시키기
- 의사결정 과정에서 개방적이고 제한 없는 논의를 보장하는
  규칙 만들기

공개적인 논의를 환영하기

- 반대 의견에 귀를 기울이고 이견을 제시한 사람에게 감사
  표하기
- 반대 의견을 사안에 대한 조직의 이해를 돕는 유용하고 즉
  각적인 기회로 받아들이기
- 반대 의견을 의사결정 과정의 일부로 포함시켜 이후 실행
  단계에 긍정적인 영향을 미치도록 만들기
- 사전 검토와 같은 신중한 방법을 통해 논의의 폭을 확대하
  고 집단 사고 억제하기

　이들 방안의 전반적인 목적은 직원들이 상사에게 진실을 말하도
록 만드는 것이다. 하지만 그런 모습은 사내 정치가 만연한 조직에
서는 찾아보기 힘들다. 회의에 참석한 사람들은 촉수를 뻗어 분위

　　맥킨지 비밀 수업

기를 민감하게 감지한다. 이러한 상황에서 리더가 할 일은 자신이 여기서 가장 똑똑한 사람이 아니며 건전한 대화와 건설적인 반대를 원할 뿐 아니라 반드시 필요하다는 믿음을 계속해서 강조하는 것이다. 2004년에서 2010년에 걸쳐 중장비 제조 기업 캐터필러를 이끌었고 지금은 바우어포럼 코치로 활동하는 짐 오언스는 자기만의 방식으로 직원들이 자신의 생각에 도전하게 만들었다.

오언스는 캐터필러를 이끌기 시작하면서 이 글로벌 대기업이 조만간 방향을 상실할지 모른다는 위험을 느꼈다. 그 기업은 15가지 목표를 세워두고 있었고 이들 대부분 도전할 가치가 충분한 것이었다. 그러나 경영팀은 뚜렷한 방향을 제시하지 못했다. 그리고 기업의 미래에 대해 관리자 집단으로부터 강한 지지도 얻지 못했다. 이에 오언스는 조직 구성원 모두가 기업이 지금 어디를 향해 나아가고 있는지 정확하게 이해하도록 함으로써 조직 전반에 활력을 불어넣고자 했다. 가장 먼저 전략기획위원회를 꾸리면서 자신의 직속 부하직원들은 의도적으로 배제했다. 그리고 모든 부서장에게 그들이 생각하기에 부서에서 가장 똑똑한 직원들을 추천해달라고 부탁했다. 그렇게 오언스는 엔지니어링과 제조 및 마케팅 부서에서 일하고 있는 여러 글로벌 관리자로 위원회를 조직했다. 여기서 오언스가 만들고자 했던 것은 기업의 최고 전략가 집단이었다. 전략기획위원회는 최종적으로 15명으로 구성되었고 이들은 1년에 걸쳐 한 달에 한 번, 금요일이나 토요일에 모임을 가졌다. 그해 말, 전략

기획위원회는 기업의 비전과 로드맵을 발표하면서 향후 5~6년 동안 조직을 전략적인 방향으로 나아가게 만들기 위한 그들의 계획에 대해 조직의 승인을 얻고자 했다.

오언스는 말했다. "초반에 했던 회의가 생각납니다. 이런 말을 했었죠. '저는 여기서 가장 똑똑한 사람이 아니며 우리 모두 그걸 알아야 합니다. 여러분 모두 기업의 다양한 분야에 대해 저보다 많이 알고 있습니다. 저는 열띤 토론을 기대합니다. 가능하다면 제 생각과는 다른 의견을 말해주세요. 만약 그게 불편하게 느껴진다면 위원회에 남아 있지 않아도 좋습니다.'" 회의에 참석한 몇몇 관리자는 오언스의 성향을 잘 알고 있었다. 그들은 실제로 오언스의 아이디어에 도전하기 시작했고, 그런 모습을 지켜본 다른 이들도 점점 흐름에 동참했다. 동시에 오언스는 위원회에 포함되지 않았던 관리자들에게 회의 내용을 계속해서 알려줬고, 그래서 위원회 계획을 최종 발표했을 때도 그들은 놀라지 않았다. 오언스는 이렇게 설명했다. "진실을 들으려면 자신의 생각을 분명히 드러내면서 누구든 다른 의견을 내놓을 수 있는 분위기를 조성하겠다는 확고한 의지를 보여야 합니다. 모두에게서 최고의 아이디어를 얻어내지 못한다면 그건 차선에 불과합니다."

전략기획위원회는 두 가지 과제를 내놨다. 하나는 아시아 지역에서, 특히 인도와 중국에서 리더 기업으로 자리잡기 위한 전략에 집중하는 것이었다. 그렇다고 북미와 유럽, 남미 지역을 소홀히 해도 좋다는 의미는 아니었다. 다만 건설 장비에 대한 수요가 폭발할 것으로 기대되는 아시아 지역에서의 성공에 더 주안점을 둬야 한다는 뜻이었다. 다른 하나는 28개 사업부 모두를 대상으로 매년 재무 스트레스 테스트를 실시해서 기업이 심각한 경제 침체를 버텨내고 최악의 시나리오에서도 수익을 올리도록 만드는 것이었다. 역사적으로 캐터필러는 호황과 불황의 주기를 겪어왔다. 미국 경기가 좋을 때 캐터필러도 좋았다. 반면 1980년대 초 경기가 침체했을 때는 3년 연속으로 하루 1백만 달러의 손실을 기록하면서 파산 직전에 몰리기도 했다.

이번 전략은 좋은 성과로 이어졌다. 아시아 지역에 새롭게 집중하면서 수익과 성장률 모두 증가했다. 그건 모든 팀이 같은 방향으로 나아갔기 때문이었다. 물론 매년 실시하는 재무 스트레스 테스트는 모든 관리자의 환영을 받지는 못했다. 2004년에서 2008년에 걸쳐 캐터필러는 높은 성장을 일궈냈기 때문에 많은 관리자는 재무 스트레스 테스트가 시간과 자원 낭비에 불과하다고 생각했다. 2008년에는 한 대규모 글로벌 채광 기업 대표가 모든 장비를 있는 대로 사들이라고 조언을 했다. 하지만 그해 후반 금융위기가 불어닥쳤고 2009년 캐터필러 매출은 급감했다. 하지만 모든 사업부가 이러한 상황에 대비해 수년 동안 계획을 세워놨기 때문에 캐터필러는 발 빠르게 대처할 수 있었고 2009년 1사분기에는 4만 6천 명을 해고해서 흑자를 유지할 수 있었다. 이후 경기가 회복되기 시작하면서 캐터필러는 해고한 직원 대부분을 재고용했고 비즈니스는 다시 성장을 시작했다. 2009년을 기준으로 캐터필러 주식은 22달러선에서 거래되었다. 그러나 2011년에 반등을 시작하면서 120달러선을 안정적으로 유지해나갔다. 오언스는 직원들이 상사에게 기꺼이 진실을 말하도록 격려하는 방식으로 예전에 등락을 반복했던 기업이 향후 10년 가까이 성장을 이어나가도록 만든 이중 전략을 완성했다.

일부 CEO는 직원들이 상사에게 진실을 말하도록 격려하기 위해 다소 미묘한 접근 방식을 사용한다. 뉴욕에 기반을 둔 한 언론 대기업 CEO인 피터는 바우어포럼 모임에서 힘든 도전 과제에 직면했던 이야기를 사람들에게 들려줬다. 그는 비밀과 중상모략, 사조직, 치열한 경쟁으로 악명 높은 조직 문화 속에서 어떻게 직원들이 활발하게 논의에 참여하도록 만들 수 있을지 고민했다. 당시 피터는 완고한 관리자들이 이끄는 독립적인 사업부들을 관리하고 있었다. 그는 이렇게 시작했다. "스스로 대단히 창조적인 인물이며 분명하게도 방안에서 '제일 똑똑한 사람'이라고 믿는 고위 관리자들을 독자적인 사고와 정보의 공유를 장려하는 조직 속으로 밀어넣을 때 무슨 일이 벌어질지 아마도 짐작이 가실 겁니다. 당시 누구도 각자의 상황에 대해 정확한 이야기를 하려고 하지 않았습니다. 진실을 숨기고 왜곡하는 문화였으니까요." 관리자들은 때로 자신의 의지를 관철시키기 위해 대표와 이야기를 나눠보지도 않고서 이런 말을 했다. "대표가 그걸 원한다고 했습니다." 한 여성 임원은 퇴직 후 가장 좋은 점이 복도에서 마주친 상대가 자신에게 건넨 인사말이 정말로 무슨 의미일지 고민하지 않아도 된다는 거라고 했다.

피터는 베일에 가려진 기업 문화 속에서 대체 무슨 일이 벌어지고 있는지 파악하기 위해 비공식적인 자문 네트워크를 조직했다. 그는 이렇게 설명했다. "공장을 한 바퀴 둘러보거나 전체 회의를 통해 상황이 어떻게 돌아가는지 다 안다고 생각한다면 그건 자신을 기만하는 겁니다. 대부분 조직 내부의 누군가가 수정하거나 걸러낸 몇 가지 질문에만 대답하고 다음 장소로 넘어가죠. 그렇기 때문에 정말로 무슨 일이 벌어지고 있는지 말해줄 사람이 꼭 필요한 겁니다." 이를 위해 피터는 조직 내 모든 직급의 직원들에게 먼저 다가섰다.

피터는 사람들과 같이 나가서 점심을 먹는다. 그리고 함께 어울려 농구도 한다. 직원들을 만날 때마다 멈춰 서서 그들이 어떻게 살아가는지 이야기를 듣는다. 친구 사이로까지 발전하지는 않더라도 피터의 이러한 태도는 삶의 다양한 이야기를 함께 나눠도 좋다는 인상을 직원들에게 심어준다. 피터는 인적 정보 네트워크를 통해 조직 내에서 무슨 일이 일어나는지 듣는다. 힘든 시절을 지나는 직원들이 있다. 가령 이혼을 하거나 배우자가 암에 걸리거나, 혹은 자녀가 심각한 병에 걸린다. 또는 경영팀 내에서 관계가 틀어진 사람들도 있다. 피터는 이렇게 설명한다. "그런 내막을 알지 못하면 먼저 다가가 도움을 줄 수 없죠."

피터의 이야기는 계속된다. "제 목적은 네트워크 정보원들에게 비밀을 보장함으로써 안심하고 모든 이야기를 하도록 만드는 것이었습니다. 그건 엿듣는 것이라기보다 질문을 통해서 상황이 어떻게 돌아가는지, 그리고 관리자들 관계가 어떤지 자연스럽게 공유하는 겁니다. 제겐 큰 도움이 됩니다. 만약 일반적인 채널을 통해 정보를 얻고자 했다면 모든 말은 저한테까지 오는 과정에서 수정되거나 걸러졌을 것이며 결국 원론적인 이야기밖에 들을 수 없었을 겁니다."

이러한 피터의 정보원 집단에는 생산부서 관리자와 홍보팀 차장을 비롯해서 조직 곳곳에 접근할 수 있는 여러 영업사원이 포진해 있었다. 그리고 가장 중요한 정보원은 다름 아닌 임원들의 비서였다. 비서들은 서로 이야기를 주고받으면서 조직 내에 무슨 일이 벌어지는지 훤히 꿰뚫고 있었다. 그러나 피터는 그들에게서 민감한 정보를 듣기 위해 의미 있는 관계를 먼저 형성해야 했다. 그는 말한다. "상대에게 진정한 관심이 있다는 사실을 보여줘야 합니다. 종종 그들에게 어떻게 지내는지 집안에는 별일 없는지 물었습니다. 그런 잡담을 나누다보면 대화의 문이 열리게 됩니다. 그때부터 비서들은 이런 이야기를 들려주죠. '지금 영업부에서 무슨 일이 벌어지는지 아신다면 아마 깜짝 놀랄 거예요.'"

피터는 이러한 정보를 절대 처벌의 목적으로 사용하지 않게 신중

맥킨지 비밀 수업

을 기했다. 그는 정보 네트워크를 통해 다양한 관점에 익숙해졌고 모든 의사결정의 상대편에는 결국 인간이 있다는 사실을 깨닫게 되었다.

팀이 성과를 내지 못할 경우, 일부 팀원이 불편함을 느끼거나 관심을 받지 못하거나, 혹은 존중받지 못한다고 느끼기 때문일 가능성이 있다. 4장에서 우리는 리더가 자신을 자극하는 요인을 확인하고 이러한 감정적 요인이 부정적인 행동으로 이어지지 않도록 주의해야 한다는 점을 살펴봤다. 마찬가지로 리더는 자신의 팀원들에게도 이를 적용해야 한다. 무엇이 그들을 자극하는지 확인하고 그 요인이 부정적인 행동으로 넘어가지 않도록 관리해야 한다.

어떤 팀원의 말이 다른 팀원의 본능적인 반응을 자극하기도 한다. 가령 자존감이나 개인적으로 중요한 가치를 위협할 수 있다. 한때 우리와 함께 일했던 한 경영자는 평화로운 분위기를 반드시 유지해야 한다는 강박 속에서 성장했다. 그래서 팀원들이 논쟁을 벌이거나 갈등이 벌어질 때, 그는 평화를 깨지 않기 위해 논쟁을 가로막거나 기업 입장에서는 최고가 아닌 선택을 내렸다. 그러나 그의 이러한 태도로 인해 팀원들은 종종 방향을 잃어버렸다. 그들은 새롭고 도전적인 아이디어를 제시하고 이와 관련해서 논의하기를 원했지만, 그럴 때마다 그가 나서서 중단시켰다. 그에겐 무엇보다 평화가 중요했다.

일반적으로 기업 경영진은 우선 과제를 정하고, 예산을 할당하고, 조직 내 상호관계를 정의하는 등 복잡한 사안과 관련해서 창조적인 반대 의견을 내놓거나 의사결정을 내리면서 많은 불편함을 느낀다. 그 이유는 이러한 사안이 기술적이거나 논리적인 방식으로 해결할 수 있는 문제가 아니기 때문이다. 이들 사안은 개인의 감정이나 정체성과 관련된 문제이기 때문에 자칫 역동적인 인간관계에 방해가 될 수 있다. 리더는 회의에 참석한 팀원들에게 서로 다른 고유한 자극 패턴이 있다는 사실을 인정해야 한다.

경영자들은 두려움 때문에 쉽게 자극받고 행동한다. 여기에는 예측 가능한 패턴이 존재한다. 어떤 경영자는 적극적으로 개입해서 통제하고 고압적인 방식으로 강하게 밀어붙임으로써 직원들과 맞서 싸운다. 또 어떤 경영자는 한 발 물러나 감정적으로 거리를 두거나 극단적인 논리를 들이대고 직원들의 주장에서 결함을 지적함으로써 그들과 멀어진다. 또다른 경영자는 미루거나 쉽게 동의하고, 혹은 관계가 어려워질 수 있다는 걱정에 도전적인 논쟁이나 피드백을 외면한다. 갑자기 갈등이 고조되면서 경영자들은 반사적인 반응을 보이고 복잡한 문제를 해결하는 데 어려움을 겪는다. 상황이 그렇게 흘러가는 이유는 사람들의 의도가 나빠서가 아니라 위협을 느끼기 때문이다. 그럴 때 경영자는 복잡한 비즈니스 문제를 해결하기 위해 안간힘을 쓰는 팀원들이 10대 청소년 같다는 느낌을 받는다.

그들의 반사적인 반응은 두려움에서 비롯된다. 여기서 해결책은 사람들이 부정적으로 느끼게 만들거나 그들을 판단하고 망신을 주는 게 아니라 호기심을 자극하는 것이다. 팀원들이 자신의 반사적인 행동 뒤에 숨어 있는 긴장과 관심, 두려움, 우려의 감정을 인식할 수 있도록 질문을 던져보자.

모두가 각자의 자극 요인에 대해 터놓고 이야기를 나누기 시작하면 이러한 유형의 부정적인 행동이 사라지게 된다. 팀원들 모두 어떤 말이나 행동이 각자의 부정적인 반응을 자극하는지 이해할 때, 팀의 협력을 방해하는 오랜 습관은 비로소 사라질 것이다.

우리는 런던의 한 금융 기업의 경영진에게 이틀에 걸쳐 롤플레잉 게임을 통해서 무엇이 자신을 자극하는지, 그리고 어떻게 그러한 자극에 대처할 수 있는지 함께 이야기를 나누도록 했다. 팀원들은 조금씩 편안한 마음으로 각자의 두려움과 불안에 대해 솔직하게 이야기를 나누기 시작했다. 여기서 그들은 사업부 책임자가 아니라 한 인간으로서 대화에 임했다. 한 법무팀 자문은 그 프로그램을 마치고 나서 이렇게 말했다. "월요일에 출근하면서 가슴이 설레기는 처음입니다. 우리는 오랫동안 함께해왔기 때문에 자연스럽게 협력하고 서로 친절하게 대한다고 생각했습니다. 하지만 지금은 그동안 서로를 잘 알지 못했다는 생각이 듭니다."

직원들은 때로 상사에게 실제 상황을 있는 그대로 보고하기를 꺼린다. 자신이 부정적인 역할을 맡아서 상사의 분노를 자극할지 모른다는 두려움 때문이다. 리더가 직원들과 교류하는 방식은 특히 힘든 비즈니스 상황에서 직원들의 솔직함과 개방성에 상당한 영향을 미친다. 리더가 신경질적이거나 부정적으로 행동할 때, 이를 지켜보는 직원들은 더이상 그에게 부정적인 소식을 전하려 하지 않는다. 물론 CEO가 나쁜 소식에 부정적으로 반응하는 모습은 이해 못할 바는 아니다. 어쨌든 리더는 항상 힘든 의사결정을 내려야 한다. 그 의사결정이라는 것도 대개 조직 내에서 어느 정도 결론이 지어진 상태다. 그럼에도 CEO는 모든 판단에 책임을 져야 한다. 게다가 많은 경우 의견이 51퍼센트 대 49퍼센트로 갈려 어느 쪽을 선택해도 무방한 상황이다.

트림블 CEO 롭 페인터는 대단히 복잡한 비즈니스를 하고 있다. 그 기업은 GPS를 사용해서 건설 장소를 선택하고, 자동화된 농기계로 생산량을 극대화하고 비료 사용량을 최소화하면서 데이터 분석으로 물류 배송을 최적화하는 일을 한다. 그래서 페인터도 51퍼센트 대 49퍼센트로 의견이 갈린 상황에서 결정을 내려야 할 때가 많다. 그는 중요한 의사결정을 앞두고 조직 내 상황을 파악하기 위해 경영팀보다 한두 단계 아래 직급의 관리자들과 이야기를 나눈다. 그는 말한다. "전 호기심이 많습니다. 권위적이지 않기 때문에 필요한 정보를 얻기 위해 아래 직급 직원들과 이야기를 나누는 것도 개의치 않습니다. 누가 최고의 성과자이고 누가 가장 똑똑한 사람인지, 제일 궁금한 점을 알려줄 사람은 누구인지, 그리고 부정적인 소식이라 해도 실제 상황을 있는 그대로 알려줄 사람은 누구인지 알고 싶습니다."

CEO 임기 초반 페인터는 힘든 결정을 내려야 하는 회의에서 팀원들로부터 항상 진실을 들을 수 있는 것은 아니라는 사실을 깨달았다. 그리고 스스로를 깊숙이 들여다보고 나서 자신이 문제의 일부였다는 점을 이해했다. 한 임원이 중요한 회의에서 실적과 관련한 부정적인 소식을 전했을 때, 곧바로 이렇게 반응했다. "항상 나쁜 소식밖에 없군요! 좋은 소식도 듣고 싶습니다. 문제를 해결하려고 이 자리에 있는 겁니까, 아니면 문제를 지적하거나 제게 책임을 떠넘기기 위해 여기 있는 겁니까?"

그로부터 한 달 후, 한 부하직원이 페인터에게 나쁜 소식을 전하기가 두렵다는 이야기를 했다. 그때 페인터는 이런 생각이 들었다고 했다. "'저런, 직원들이 내게 진실을 말하길 두려워하는 분위기를 만들어버렸군.' 그 순간 회의만이 아니라 조직 전반에 부정적인 영향을 미치게 될 말을 했다는 생각이 들었습니다. 그래서 사과를 했어요. '나쁜 소식은 듣고 싶지 않다'는 말은 저의 약점과 피로함을 드러낸 것이었다고 인정하면서 그 말을 취소하고 싶다고 했습니다. 그리고 있는 그대로를 제게 편안하게 이야기해달라고 부탁했습니다."

그렇게 털어놓고 난 후로 페인터는 사람들이 자신에게 더 솔직하게 이야기하기 시작했다는 사실을 확인했다. 하지만 그들의 신뢰를 다시 얻기까지는 꽤 오랜 시간이 걸렸다. CEO의 말은 조직 내 모든 곳에 긴 그림자를 드리운다. 페인터는 이제 말할 때마다 표현을 신중하게 선택하고 적절한 어조를 유지하면서 개인적인 감정과 짜증 때문에 나중에 후회할 말을 하지 않으려고 각별히 신경쓴다. 그는 이렇게 덧붙였다. "회의를 할 때마다 저의 발언에 항상 신경쓰고 있습니다. 제가 하는 말의 그림자가 얼마나 긴지, 그리고 그 말이 얼마나 빠르고 멀리 퍼져나가는지 깨달았거든요."

신뢰를 구축하고 팀원들 모두 건전한 관점으로 바라보도록 만드는 또하나의 방법은 비판자와 진실을 말하는 자, 그리고 좀처럼 말하지 않는 사람들이 의견을 제시하도록 격려하는 것이다. 이런 질문을 통해 그렇게 할 수 있다. "혹시 제가 놓친 게 있을까요?" 이 질문으로 팀원들이 위험을 미리 감지하고 실수를 애초에 피하도록 도움을 줄 수 있다. 그리고 어쩔 수 없는 실패로부터 빨리 배우고 의도적인 실패를 통해서 미래의 위험 요소를 제거하도록 만들 수 있다. 여기서 핵심은 실패를 비난하거나 망신을 주는 게 아니라, 신속하게 배우고 새롭게 출발하는 기회로 바라보는 것이다. 우리가 여러 바우어포럼 모임과 여러 다양한 고객 서비스 업무에서 배웠듯이 실패에서 얻은 교훈은 미래의 높은 성과를 위한 근본적이고 잠재적인 통찰력의 원천으로 남는다.

자신을 편안하게 생각하고 여러 면에서 자신과 비슷한 사람에게

맥킨지 비밀 수업

마음을 열어 보이는 것은 그리 어렵지 않다. 그러나 최고의 리더는 더 나아가 다양한 배경에서 성장하고 완전히 다른 생각을 가진 구성원들이 서로 잘 이해하고 솔직한 대화를 나누도록 만드는 방법을 안다. 그리고 사람들의 조언으로 정보와 지식을 얻고 가정과 필요조건을 중심으로 건설적인 논의를 이끄는 법을 안다. 또한 무엇보다 진정한 신뢰의 문화를 창조할 줄 안다. 이러한 문화는 서로의 차이와 장단점에 대한, 그리고 중요한 모든 과제를 추진해나가는 목적 지향적이고 선한 의지에 대한 이해에서 출발한다.

개방성을 높이는 한 가지 방법은 조직 내 깊숙이 자리잡은 고정관념을 뛰어넘는 것이다. 마크 필즈가 포드의 유럽 지역 고급 브랜드(애스턴마틴, 랜드로버, 링컨, 볼보 등) 사업부를 이끌기 시작했을 때, 각각의 브랜드를 담당했던 임원들은 그때까지 협력한 사례가 거의 없었다. 그러다보니 브랜드마다 사고방식과 고급 자동차에 대한 기준이 달랐고, 협력을 통한 비용 절감도 쉽지 않았다. 필즈는 모든 브랜드가 각자의 플랫폼과 구성요소, 소프트웨어 시스템을 들여다보고 고유한 브랜드 정체성을 해치지 않는 선에서 협력해나가도록 만들고 싶었다. 이들 임원 중 일부는 영국인이었고 다른 일부는 독일인이었다. 그리고 이들은 서로 협력할 의지가 별로 없었다.

필즈는 각 브랜드를 담당하는 임원들에게 신뢰를 구축하기 위한 모임을 갖자고 제안했다. 그리고 그 모임에서 다른 브랜드에 대한 그들의 인식을 그림으로 그려보도록 했다. 랜드로버 임원들은 재규어 책임자를 손에 마티니 잔을 들고 있는 모습으로 그렸다. 재규어 임원들은 랜드로버 책임자를 녹색 고무장화를 신고 방수 점퍼를 걸친 농사꾼으로 그렸다. 필즈는 말했다. "회의에 참석한 사람들 모두 웃음을 터뜨렸습니다. 상대방을 잘 알 때, 그 사람을 혐오하거나 불신하기란 쉽지 않습니다. 그렇지 않나요? 반면 상대를 전혀 모를 때, 우리는 쉽게 반감을 갖게 됩니다. 그 모임 이후 그들은 더 활발하게 협력하기 시작했습니다. 원활한 의사소통과 강한 팀워크를 가로막고 있던 편견이 사라졌기 때문이죠."

다시 바우어포럼으로 돌아와서, 모임에 참석한 한 CEO는 이렇게 물었다. "어떤 팀원이 개인적인 문제로 책임을 다하지 못해서 문제가 발생했다면요?" 모든 팀원의 심리 상태를 관리하는 것은 힘든 일이다. 리더는 그들의 개인적인 삶을 일일이 신경쓰지 않더라도 이미 할일이 너무 많다. 게다가 프라이버시 문제도 있다. 하지만 Z세대와 밀레니얼 세대는 이전 세대에 비해 개인의 행복에 더 관심이 많다는 점에서 직원의 정신 건강을 등한시하는 리더는 위험에 처할 수 있다.

미 해군 장성 출신인 바우어포럼 강사 에릭 올슨은 감정을 드러내지 않는 것으로 유명한 미 특수작전부대를 이끌고 조직을 구축하는 과정에서 공감의 중요성을 깨달았다. 아프가니스탄과 이라크 전쟁이 끝나고 몇 년이 흘러 올슨이 특수부대 최고사령관들에게 사병

  맥킨지 비밀 수업

들의 상태를 물었을 때, 그들 대부분 아주 양호하며, 또한 사병을 자랑스럽게 여긴다고 답했다. 하지만 올슨이 아내와 함께 여러 지역을 돌아다니며 사병들과 그들의 배우자를 직접 만나 대화를 해봤을 때, 긍정적인 이야기는 들을 수 없었다. 그는 많은 특수부대 요원이 "점점 지쳐가고 있다"는 사실을 확인했다. 올슨은 문제의 원인을 파악하기 위해 스스로 "감지팀sensing team"이라고 이름 붙인 특수팀을 꾸렸다. 이들은 9개월에 걸쳐 사병들과 그들의 배우자 및 자녀, 그리고 자녀들의 교사까지 만나 면담을 나눴다. 그리고 그 과정에서 혼인 상태의 별거, 경찰에 신고하지 않은 가정 폭력, 학교 폭력에 휘말리거나 학교에 제대로 적응하지 못한 자녀, 근무 외 시간 중 위험한 행동, 지금까지 보고되지 않은 자살 시도 등 다양한 문제를 발견했다. 이런 문제들은 팀의 역량과 단결에 심각한 영향을 미치고 있었다.

또한 특수팀은 특수부대 사령관들의 정책과 행동이 사병들의 피로를 가중시키고 있다는 사실도 발견했다. 올슨은 신뢰를 허물고 사기를 떨어뜨리고 최적의 훈련을 가로막는, 그리고 별거를 비롯해 조직의 혼선을 일으키는 여러 문제를 해결하고자 새로운 정책을 마련했다. 예를 들어 사병들이 혼란을 느끼는 가장 큰 이유는 일정 관리가 안정적이고 예측 가능한 방식으로 이뤄지지 않는다는 점이었다. 몇몇 부사관은 올슨에게 이렇게 보고했다. "지시가 있다면 앞으로 다섯 번의 크리스마스 중에서 서너 번은 작전에 참여하겠습니다. 하지만 어느 크리스마스 휴가를 집에서 보내도 좋은지 미리 알려주신다면 일정 관리에 어려움이 없을 듯합니다." 예를 들어 아프가니스탄에서 돌아온 뒤 가족과 함께 디즈니랜드에 가기로 계획을 세워놨던 한 사병은 파견 근무가 예상치 못하게 길어지자 큰 스트레스를 받았다. 그렇다고 특수작전부대 사병들이 그런 문제로 불만을 토로하지는 않을 것이었다. 결국 최고사령관들은 모든 계급의 리더들이 일정을 예측 가능한 방식으로 관리하도록 했다. 그리고 일단 일정에 대한 승인이 나면 상부에서 특별한 지시가 없는 한 바꿀 수 없도록 했다.

특수작전 사령관은 일정을 예측 가능한 방식으로 관리하는 것을 넘어서 심리학자와 영양사, 트레이너, 물리치료사로 구성된 지원팀을 마련해 훈련의 수준과 준비성을 높이고 부상 후 작전으로 복귀하는 속도를 높일 수 있도록 했다. 이후 사병들의 사기는 올랐고 이혼과 위험 행동, 자살 시도 건수는 크게 줄었다. 올슨은 말했다. "우리는 그저 충분한 관심을 기울이지 않았던 겁니다."

모든 리더는 특수부대 사령관들과 마찬가지로 직원들에게, 그리고 직원들이 삶에서 겪는 일에 더 많은 관심을 기울여야 한다. 물론 이는 프라이버시 침해 문제로 까다롭고 위험한 과제이긴 하다. 그렇더라도 리더는 팀원들 간의 관계를 살피고 관심을 기울임으로써 조직의 상태를 파악하는 방법을 찾아야 한다. 올슨은 말한다. "조직 문화를 관리하는 일은 최고의 리더라면 일상적으로 해야 할 중요한

     맥킨지 비밀 수업

과제입니다. 문화는 전략을 아침식사로 먹는다는 말이 있습니다. 모든 리더는 최적의 문화를 구축하고 유지하기 위한 전략을 세워야 합니다."

직원들이 진실을 말하도록 격려하기 위해
스스로 던져야 할 질문들

- 비판자, 진실을 말하는 자, 좀처럼 이야기를 하지 않는 자들이 의견을 제시하도록 격려한다면 어떤 이야기를 듣게 될까?

- 각 팀원의 개인적인 문제, 팀원들 사이의 관계, 업무 계획, 경쟁사의 움직임과 전략 등 모든 중요한 부분에서 어떻게 빈틈을 발견하고 메울 수 있을까?

- 누군가 실패했을 때, 그를 비난하는가? 아니면 빨리 배우고 회복하도록 다독여주는가?

- 반대 의견을 환영한다고 말하고, 이를 조직의 뚜렷한 가치에 포함시키고 있는가?

- 반대 의견을 제시하는 이들이 의사결정 과정에 참여해서 적극적으로 의견을 개진하도록 함으로써 이후 실행 과정에 긍정적인 영향을 미치도록 만들 수 있을까?

요약

최고의 리더는 진실을 말하는 사람들로 비공식 네트워크를 조직함으로써 현실감각을 유지하고 직원들이 실제로 어떻게 느끼는지 이해한다. 그리고 반대 의견을 적극적으로 받아들임으로써 논의의 문화를 조성하고 필요하다면 공개 토론도 환영한다. 리더는 이러한 투명성으로 조직 내 허점을 분명히 확인할 수 있다. 핵심은 실패로부터 회복하는 법을 이해하는 것이다.

11장

두려움 없이 배우기
Adopt Fearless Learning

실수를 연습하기

자신의 팀에 실수를 허용하고 있는가? 바우어포럼 모임에서 이 질문을 던지면 모두 이렇게 대답한다. "물론이죠." 그러나 좀더 깊이 생각해보라고 하면 많은 이가 정말로 바라는 것은 팀이 성과를 올리는 것이라고 인정한다. 한 기술 스타트업 CEO는 이런 질문을 했다. "실패를 최대한 줄이는 게 제 역할 아닌가요? 우리는 실수를 허용하는 사치를 누릴 여유가 없습니다."

이 말은 맞으면서 동시에 틀리다. 실패를 피하려 할 때, 우리는 중요한 것을 놓친다. 그건 직원들이 실패했을 때도 성공했을 때만큼 소중한 깨달음을 얻기 때문이다. 당신은 어쩌면 리더로서 상황이 잘못되었을 때 비난하는 성향일 수 있다. 그렇다면 실패에 대한 근본 원인을 찾아야 할 때, 당신은 이렇게 물을 것이다. "책임자가 누구입니까?" 그러나 선택한 방향이 착오로 드러날 때 리더는 다음과 같은 질문으로 방향을 유연하게 수정해야 한다. "무엇을 배울 수 있을까요? 우리의 취약점은 어디에 있을까요?" 20세기 경제학자 존 메이너드 케인스가 역사적으로 위대한 인물로 남을 수 있었던 부분적인 이유는 확신을 갖고 자기주장을 수정할 심리적 민첩성을 지녔기 때문이었다.[25] 누군가 그를 일관성이 없다고 비난했을 때, 케인스는 이런 대답을 했다. "사실이 바뀌면 제 생각도 바뀝니다. 당신은 어느 쪽인가요?"

우리 리더십 프로그램의 열한번째 요소인 "두려움 없이 배우기"에서는 유연성과 열린 사고방식, 변화하는 상황에 대한 적응력을 집중적으로 들여다본다. 리더와 그의 팀이 위험을 감수하고 실패할 때(언제든 일어나는 일이지만), 그들은 실수에서 배우고 재빨리 새로운 상황에 적응해야 한다. 많은 리더가 실패가 자명한 상황에서도 자신의 전략이나 아이디어에 집착해서 끝까지 포기하지 못한다. 일반적으로 그 이유는 전략이나 아이디어에 몰두해서 많은 시간과 노력을 들였기 때문이다. 그럴 때 방향을 수정하기란 힘들다. 어쩌면 직원들이 자신을 약하거나 우유부단한 인물로, 혹은 처음부터 올바른 계획을 세울 만큼 충분히 똑똑하지 못한 리더로 볼까봐 두려운 것일 수도 있다.

비즈니스 리더들은 예전에 성공했던 패턴과 계획에 집착해서 상황이 달라졌을 때도 과감하게 전략을 바꾸지 못한다. 반면 최고의 리더는 주변 세상을 편견 없이 바라보고 두려움 없이 배우며, 팀원들 역시 똑같은 방식으로 행동하도록 만든다. 다시 말해 리더는 기존 계획과 어긋나는 상황에 처했을 때 두려움이 없어야 한다. 리더는 실패를 두려워하지 않지 않을 때 성공한다. 그는 언제나 새로운 것을 시도한다. 그리고 뒤를 돌아보지 않고 앞을 내다본다.

전역한 해군 장성인 에릭 올슨은 두려움을 극복하고 역동적인 상황에 적응하려는 태도의 중요성을 잘 이해한다. 바우어포럼 코치이기도 한 올슨은 참석자들이 비즈니스 여건이나 세상이 변할 때 민첩하게 움직이도록 도움을 준다. 올슨은 군복무 시절 유연성의 가치를 배웠다. 그는 미국 특수작전사령부 사령관으로서 빈 라덴의 거처를 공격했던 날 밤, 고위 군사 자문의 자격으로 오바마 대통령이 작전 책임자로 임명한 CIA 국장 리언 패네타와 함께 CIA 작전 상황실에 있었다. 당시 아프가니스탄의 현장 작전 지휘관은 빌 맥레이븐 해군 중장이었다. 그날 작전 결과는 완벽하지는 않았지만 성공적이었다. 그건 공군과 지상군 지휘관들이 상황 변화에 따라 계획을 유연하게 수정했기에 가능했다.

나중에 올슨은 이렇게 밝혔다. "전투기 조종사와 특수부대 요원들은 정확한 장비와 더불어 고도로 훈련된 기술을 갖추고 있어야 합니다. 하지만 성공의 핵심은 원래 계획에 대한 집착을 과감하게 버리고 예비 계획으로 넘어가거나 새로운 계획을 수립할 역량을 갖춘 요원들로 팀을 꾸리는 겁니다. 지도와 지형이 일치하지 않을 때, 우리는 지도가 아니라 지형을 따라야 합니다."

올슨은 반복 훈련으로 작전 수행 능력을 높일 수 있지만, 현장 상황은 얼마든지 예상과 어긋날 수 있다는 사실을 경험으로부터 배웠다. 그럴 때 중요한 자질은 신속한 사고 능력, 그리고 기존 계획에 대한 집착에서 재빨리 벗어나는 마음가짐이다. 2011년 5월 2일 새벽, 두 대의 특수 블랙호크 헬리콥터에 타고 있던 24명의 해군 특수부대 요원들이 파키스탄 아보타바드에 있는 어두컴컴한 건물 위로 하강을 시작했다. 그곳에는 2001년 9월 11일 테러의 주범인 오사마 빈 라덴이 은신하고 있었다. 하지만 두 대의 헬리콥터 중 한 대가 인근의 텅 빈 주차장에 굉음을 내며 착륙했을 때 계획은 이미 어긋나고 말았다. 다른 헬리콥터는 미리 물색해놓았던 외부 장소로 방향을 틀었다. 두 특수부대 팀은 상공에서 작전을 수정하면서 서로 다른 방향에서 빈 라덴이 숨어 있던 건물 벽을 타기 시작했다. 요원들은 내부에 무장한 적군이 있다는 사실을 상기하면서 완전한 암흑 속에서 서로 긴밀히 협력해야 했다. 올슨은 말했다. "계획을 실시간으로 과감하게 수정했던 대표적인 사례였습니다. 하지만 그들은 잘 해냈습니다." 당시 그들은 기밀로 분류된 기술의 보안을 위해 충격으로 손상된 헬리콥터를 폭파시켰다. 빈 라덴은 죽었다. 그들은 부상당한 민간인을 치료했고 많은 컴퓨터와 서류를 압수했다. 이후 이송 작업을 지원하기 위한 헬리콥터들이 속속 도착했다. 그날 미국은 한 명의 사망자도 내지 않았다. 지상 작전은 그렇게 40분 만에 완료되었다.

빈 라덴을 공습했던 그날 밤 해군 특수부대가 보여준 정확성과 신속한 작전 변경은 기록으로 남아 있다. 그러나 그 결과가 실수에 대비한 수년간의 훈련에 따른 결과물이라는 사실은 비교적 잘 알려져 있지 않다. 특수부대는 문제가 발생했을 때 모든 팀원이 주도권을 잡고 임무와 과제, 혹은 프로젝트를 책임지면서 계획에서 어긋난 상황에 대처하는 훈련을 실시해왔다. 그리고 그 결과는 성공이었다. 그것은 사령관들이 자신의 부하들이 적절하게 행동할 것으로 확신했기 때문이었다. 비즈니스 세계에서는 리더들이 직접 개입해서 스스로 문제를 해결하려는 유혹을 이겨내지 못하곤 한다. 리더들의 의도가 선하더라도 이러한 방식은 팀의 사기를 저하하고 자율성을 위축시킨다. 그럴 때 팀원들은 과감하게 행동하기를 주저한다. 최고의 리더는 팀원을 올바른 자리에 배치하고, 그들이 업무를 처리하도록 지원하고, 다음으로 문제 해결을 가로막는 장애물을 제거하는 것이 자신의 역할임을 이해한다. 그러나 그것만으로는 충분하지 않다. 리더는 팀이 실수로부터 배우도록 허용해야 한다. 리더는 실수를 예상하고 실수로부터 회복하기 위한 비상 계획을 마련해둬야 한다. 그리고 실수를 떠나서 상황은 언제나 변한다는 사실을 받아들여야 한다.

물론 팀의 역량은 구성원들 개개인의 역량에 달렸다. 그러므로 충분한 신체적, 정신적 자질을 갖춘 인재를 선택하는 과제가 중요하다. 올슨은 팀을 선발하는 과정에서 낙관적인 성향으로 문제를 해결하는 사람들을 찾는 데 주목해야 한다고 말한다. 예전에 해군은 특수부대 훈련소에서 탈락률이 지나치게 높은 원인을 파악하기 위해 조사를 실시했다. 훈련소 과정에서 지원자의 약 75퍼센트가 말 그대로 종을 울렸다. 황동으로 만든 그 종은 훈련생이 더이상 버틸 수 없을 때 울리도록 훈련장 근처에 매달려 있다. 그런데 철저한 서류 심사 과정을 거쳐 훈련소에 입소한 지원자들은 이론적으로 과정을 수료할 역량이 충분했기에 탈락률이 그리 높은 것은 이상한 일이었다. 훈련 과정에서 신체적, 학습적 기준을 따라잡지 못해 탈락한 이도 있었지만, 탈락자 대다수는 자발적으로 포기를 선택했다. 그것도 힘들고 몸이 젖어 있거나 혹한의 상황에서가 아니라, 아침이나 점심 식사를 마치고 따뜻하고 쾌적한 상태에서 그런 선택을 했다.

이에 대해 해군은 이들이 장거리달리기나 수영, 혹은 사막에서 춥고 젖은 상태로 오랫동안 누워 있기 등, 다음에 있을 힘든 도전 과제나 훈련 단계에서 자신이 실패할 것으로 '예상'했기 때문에 그런 선택을 내렸다고 설명했다. 올슨은 덧붙였다. "실제로 실패해서가 아니라 실패를 예상했기 때문에 평생의 꿈을 접었다는 사실은 제게 충격이었습니다." 그런데 의아하게도 해군은 그런 조사 결과가 나온 뒤에도 특수부대 훈련 과정을 크게 수정하지 않았고 탈락률은 지금도 여전히 높다. 올슨은 이렇게 설명했다. "실제 상황을 맞닥뜨리기가 두려워서 포기했다면, 생명이나 임무의 성패가 달린 급박한 상황이 아니라 통제된 훈련 상황에서 포기한 것이 차라리 더 낫다는 판단을 내렸습니다. 공평한 훈련과 시험 환경에서 그만뒀다면, 우리는 그들의 실패에 대해 그리 유감스럽게 생각하지 않아도 되니까요."

이러한 점에서 훈련을 수료한 25퍼센트는 실패를 두려워하지 않고 성공을 향해 달려갔던 낙관적인 위험 감수자들이다. 이들 중 많은 사람이 고등학교나 대학교 시절 수구나 레슬링 선수로 활약했다. 그런데 한 가지 놀라운 점은 많은 이들이 또한 체스 선수로도 활약했다는 사실이다. 체스 선수로도 활동했던 운동선수가 특수부대 훈련소를 수료할 확률은 체스 경험이 없는 운동선수보다 훨씬 더 높았다. 그 이유는 이들이 뛰어난 문제 해결자였기 때문이다. 올슨은 이렇게 설명한다. "체스 선수들은 오후에 23킬로미터 달리기가 있다고 해서 점심시간에 포기하는 선택을 하지 않습니다. 그들은 몇 수 앞을 내다보고 생각하며 다음주나 다음달, 그리고 훈련소를 마친 후 무엇을 할지 미리 예상합니다. 그들은 전략적 사고가이자 현재만이 아니라 다음, 그리고 그다음 상황을 미리 예측하는 문제 해결자입니다."

해군이 성공적인 특수부대 훈련생들 사이에서 발견한 또 한 가지 특징은 과제가 아무리 힘들어도 끊임없이 해결책을 모색한다는 것이다. 올슨은 이렇게 언급했다. "우리는 문제를 해결할 방법이 언제

　　　　맥킨지 비밀 수업

나 있다고 믿는 인재를 찾고 있습니다." 이 순간 그는 자신에 관한 이야기를 들려줄 수 있을 것이다. 워싱턴주 타코마에서 자란 올슨은 북서태평양의 차가운 바닷물에서 수영하기를 무척 좋아했다. 그는 잠수복을 입고 싶었지만 그걸 살 형편이 되지 못했다. 신문배달로 번 돈으로는 잠수복을 살 수가 없었다. 그래서 그는 시애틀에 있는 하비스 다이빙숍을 찾아가서 네오프렌(잠수복을 만드는 원단—옮긴이)으로 가득찬 가방 두 개와 네오프렌 접착제 여덟 캔을 사 가지고 왔다. 그리고 네오프렌 원단을 자르고 붙여서 잠수복을 완성했다. 그건 그가 해군에 입대할 때까지 입었던 유일한 잠수복이었다.

성공의 핵심은 극한의 압박에서 회복하는 능력이다. 예를 들어 특수부대 수중 테스트에서 교관들은 훈련병의 마스크를 벗기거나 공기를 차단하거나, 혹은 무게 추를 더 달아서 가라앉게 만드는 방식으로 의도적으로 문제 상황에 처하게 만든다. 여기서 많은 훈련생이 20분 동안 잠수해야 하는 기준을 충족시키지 못한다. 이에 해군은 합격률을 높이고자 '더 빅 포The Big Four'라는 다음과 같은 의사 결정 시스템을 만들었다.

1. **목표 설정**: 거대한 도전 과제를 성취 가능한 작은 과제들로 나누기. 가령 먼저 마스크를 착용한 후 에어 호스에 대해 생각한다. 그렇게 하나씩 해결해나가는 과정에서 자신감이 붙는다.

2. **심리적 훈련**: 강한 압박에서 평정심을 유지하고 유연하게 대처할 수 있을 때까지 두렵고 힘든 상황(수중 공격을 받거나 기업에 중요한 프레젠테이션을 할 때처럼)을 계속 시각화한다.

3. **자신과의 대화**: 스트레스 상황에서 겁에 질린 목소리로 자신과 나누는 대화를 멈추고 이를 차분하고 이성적인 대화로, 즉 문제 해결에 도움이 되는 대화로 전환한다.

4. **차분함 유지**: 스트레스로 압박을 느낄 때 심호흡을 하면서 중심을 잡도록 노력한다.

해군이 훈련생에게 '더 빅 포' 원칙을 가르치고 난 뒤, 수중 테스트 합격률은 3분의 1이나 높아졌다. 최고 성과자들이 미지의 요소로 가득한 스트레스 상황에서 올바른 결정을 내릴 때, 그것은 저절로 이뤄지는 게 아니다. 그들은 지적 호기심이 높다. 언제나 상황을 분석하면서 선입견에 도전한다. 힘든 과제를 앞두고 더 많이 준비할수록 예상치 못한 문제가 발생했을 때 기존 계획을 더 빨리 포기하고 더 유연하게 상황에 대처할 수 있다. 특수부대에서는 이를 MRI 접근 방식이라고 부른다. 의사들은 MRI 기술을 활용해서 인체를 수많은 단면으로 구분하고 문제점을 찾는다. 마찬가지로 특수부대 리더는 모든 임무를 처음부터 끝까지 시간순으로 '구분해서' 문제점을 예상하고 우연의 요소에 대비한다.

실수는 조직에 중대한 피해를 입히기 때문에, 올슨은 요원들이 위험을 감수하고 실패해도 좋은 안전한 공간을 마련하는 방식으로 결속력을 높였다. 가령 예비 학습 훈련(빈 라덴의 은신처와 똑같은 건물을 지어놓고 공습 작전을 훈련하는 것처럼)을 종종 실시했다. 그리고 상황에 따라 민첩하게 방향을 전환해야 한다는 점을 팀원들에게 강조함으로써 태도와 겸손함의 가치를 각인시켰다. 물론 그렇다고 책임이 사라지는 것은 아니다. 올슨은 임무 수행 후 철저한 사후 검토를 통해 팀원들이 어디서 부족함을 드러냈는지 분석하도록 했고, 이를 통해 얻은 깨달음을 앞으로의 임무에 적용하도록 했다. 한 특수 요원이 임무에서 실패할 때, 팀 전체는 어떻게 신뢰를 회복할지를 놓고 논의한다. 물론 올바른 자질과 가치관을 지닌 인재들로 팀을 꾸리지 않았다면, 이 같은 신뢰를 회복하기 위한 논의만으로는 충분치 않을 것이다. 이러한 접근 방식은 비즈니스 환경에서도 충분히 활용이 가능하지만 아쉽게도 실제 사례는 찾아보기 힘들다.

그래서 성공을 위한 계획을 세우면서 동시에 모든 상황에 대비하는 것이 중요하다. 이 말은 비즈니스 세계에도 그대로 적용된다. 예를 들어 아마존의 경우, 개발팀은 아이디어를 내놓을 때마다 메모를 작성한다.[26] 그 메모는 6쪽을 넘어서는 안 되며 가상의 언론 보도자료 형태로 작성해야 한다. 일반적으로 새로운 프로젝트가 장기적으로 미칠 영향과 소비자의 관심을 끌어낼 수 있는 요인에 관한 내용을 담는다. 그리고 FAQ 형식으로 시장과 가격, 기능, 제조 과정 등 해당 프로젝트에 대한 구체적인 설명을 제시한다. 아마존의 모든 팀이 이러한 메모 작성에 꽤 공을 들인다. 최종적으로 경영진에 아이디어를 보고할 때까지 끊임없이 다듬는다. 아마존 설립자 제프 베이조스는 회의 시작에 앞서 20분간 모든 참석자가 메모를 먼저 읽어보도록 한다. 그러고 나서 프로젝트에 대해 논의하면서 철저하게 살펴본다. 아이디어에서 결함이 발견된다고 해도 실수를 비난받지 않는다. 다만 아이디어를 철저히 분석하면서 초반에 미리 결함을 발견하고자 한다. 또한 다른 팀원이 아이디어에서 문제점을 발견하거나 더 나은 해결책을 제시할 때, 팀은 이를 확인해서 즉각 수정한다. 이후 경영진이 프로젝트를 승인하면, 6쪽짜리 메모는 프로젝트를 본격적으로 추진하기 위한 지침이 된다. 그리고 그 팀은 제품이나 서비스 개발이 진행되는 과정에서 메모를 기준 삼아 원래 아이디어에 충실한지 점검한다. 킨들에서 파이어 TV, 그리고 알렉사에 이르기까지 엄청난 인기를 끈 제품들 모두 이러한 6쪽짜리 메모에서 시작되었다.

최근 두 기업의 합병을 이끈 한 CEO는 이렇게 지적했다. "팀이 실수에서 뭔가를 배울 수 있다는 말은 이론상으로 좋게 들립니다. 그런데 정작 직원들이 동의하지 않는다면요?" 그는 이어서 자신의 팀원들이 반대 목소리를 내고 전반적인 방향을 놓고 논쟁을 벌이기 시작하면서 중요한 프로젝트가 난항에 빠지고 말았다는 이야기를 들려줬다.

해군 장성 출신인 올슨은 팀원들이 다양한 주장을 제시하고 치열하게 토론하는 과정이 반드시 필요하다고 믿는다. 그는 이렇게 설명했다. "저는 다양한 경험과 관점의 잠재력을 믿습니다. 때로는 존재감이 크지 않은 사람이 중요한 의견을 내놓기도 합니다. 해군 특수부대에는 하급 사병도 최고의 아이디어를 낼 수 있고 최고사령관도 실수할 수 있다는 말이 있습니다."

그러고는 이렇게 덧붙였다. "논의 과정에서는 누구나 '목소리'를 낼 수 있습니다. 하지만 결과에 책임지는 사람만이 '투표권'을 행사할 수 있습니다. 일단 의사결정이 내려졌다면, 방향에 동의하지 않는 팀원은 배제해야 합니다. 기존 업무 방식을 넘어서서 생각하고 프로젝트나 조직을 앞으로 나아가게 만들 해결책을 찾아내는 것은 리더의 몫입니다." 빈 라덴 공습의 경우, 오바마 대통령은 공중에서 폭탄을 투하하거나 헬리콥터나 드론을 이용해서 미사일을 발사하는 방법 등 다양한 아이디어를 고려했다. 어쩌면 이들 방법이 더 안전했을지 모른다. 그래도 오바마는 특수부대를 통한 공습이 최고의 방법이라고 결론을 내렸다. 그 이유는 빈 라덴의 신원을 직접 확인할 수 있고 노트북과 휴대전화, 서류 등 중요한 기밀 자료를 확보할 수 있기 때문이었다. 오바마는 결과에 책임지는 리더로서 여러 자문의 아이디어 중에서 헬리콥터를 통해 지상군을 침투시키는 전략을 선택했다.

조직의 빠른 학습 능력을 점검하기 위한 질문들

- 기업 전략 및 주요 과제에 대한 확신, 그리고 유연성과 열린 사고, 상황 변화에 대한 적응력 사이에서 어떻게 균형을 잡고 있는가?

- 나는 실수를 배움의 기회로 바라보는가? 그리고 직원들이 실수를 통해 성장하도록 지원하는 업무 환경을 마련했는가?

- 내가 관리하는 리더들도 똑같은 역량을 개발하도록 충분히 투자하고 있는가?

- 사후 검토처럼 실수로부터 배움을 얻고 그것을 조직 전반에 공유하기 위한 학습 시스템을 만들어놨는가?

- 직원들이 기꺼이 개인적인 위험을 무릅쓰고 외부 관점과 진실을 받아들이도록 안전한 공간을 제공하고 있는가?

- 위험 요인을 확인하고, 실패 확률을 빠르게 예상하면서 시도와 배움을 위한 실험을 격려하고, 또한 건전한 반대를 받아들이면서 부족한 관점을 적극적으로 메우고 있는가?

- 두려움 없이 배우는 문화, 다시 말해 오랫동안 깊숙이 자리잡은 믿음과 가정에 의문을 던지고 수정해나가는 문화를 만들고 있는가?

요약

최고의 리더는 유연성과 열린 사고, 그리고 상황 변화에 대한 적응력의 중요성을 이해한다. 그리고 실수가 배움의 기회이며 배움이 없는 실수는 실패로 끝난다는 사실을 안다. 또한 팀 내부에 신뢰를 구축하고 직원들이 개인적인 위험을 감수하도록 안전한 공간을 마련하면서 외부의 관점과 진실을 적극 수용하고 태도와 겸손에 높은 기준을 요구한다. 최고의 리더는 건전한 반대를 환영하고 누락된 관점을 보충함으로써 위험 요인을 확인하고 실패 확률을 빠르게 예상하면서 시도와 배움을 위한 실험을 격려한다. 나아가 사후 검토 같은 학습 시스템을 마련해서 배움을 통해 실패로부터 회복하도록 한다. 이를 위해 책임의 중요성을 간과하지 않는 심리적 안전이 필요하다. 다시 말해 리더는 공평함과 배려 사이에서 균형을 잡아야 한다.

그러나 많은 CEO가 최고의 성과를 강조하면서도 가장 중요한 리더십 원칙을 종종 잊는다. 그것은 직원들 모두 한 인간으로 존중받기를 원한다는 사실이다.

12장

공감을 불어넣기
Instill Empathy

먼저 나서서 관심을 표현하라

제조 기업 배리웨밀러의 CEO이자 바우어포럼 코치인 밥 채프먼은 최근 모임에서 참석자들에게 다음과 같은 간단한 질문을 던졌다. "여러분 인생에서 가장 자랑스러워할 만한 일은 무엇인가요? 그리고 세상을 떠날 때 그 일이 자신의 인생에 대해 어떤 이야기를 들려줬으면 합니까?"

그날 모임에 참석했던 한 주요 기업의 CEO는 모교에 1억 2천만 달러를 기부해서 장학재단을 설립한 일이라고 답했다. 채프먼은 말했다. "훌륭한 일을 하셨군요." 그러고는 그 일이 왜 자신에게 그토록 의미 있는 것인지 물었다. CEO의 대답은 이랬다. "학생들을 위한 장학금을 통해 저는 실천가가 될 수 있죠. 그들에게 멘토가 되는 일, 그건 돈보다 더 가치 있는 일입니다. 제가 받은 것을 돌려주는 일이죠. 학업을 포기하려는 학생에게 개인교사를 붙여준 적도 있고, 취업을 원하는 이들에게 추천서를 써주기도 했습니다. 때로 그게 제가 해야 할 또다른 일이라 느끼고 동시에 스스로 변화를 만들어 가고 있다고 생각하면서 잠자리에 듭니다."

채프먼은 장학 프로그램으로 매년 몇 명의 학생에게 도움을 주는지 물었다. 그는 답했다. "네다섯 명 정도 됩니다." 다음으로 채프먼은 그의 기업에 얼마나 많은 직원이 일하고 있는지 물었다. "10만 명 정도 됩니다."

채프먼은 이렇게 물었다. "네다섯 명 학생에게 관심을 기울이는 것은 존경할 만한 일입니다. 그런데 전 세계 당신이 운영하는 공장과 사무실에 출근하는 10만 명의 직원은 어떤가요? 그들에게도 당신이 관심을 갖고 있다는 사실을 보여주고 있습니까?" 이제 CEO가 대답할 차례였다. 그는 오래 뜸을 들이고 나서 말했다. "물론 직원들에게 많은 관심을 갖고 있습니다. 하지만 그런 식으로는 생각해보지 못했군요."

그때 또다른 참석자가 끼어들었다. "모두가 직원들에게 관심을 기울인다고 말하지만 사실 그게 무슨 의미가 있을까요? 저는 직원들을 위해 돈을 투자하고 복지를 제공하지만 그들은 끊임없이 회사를 나갑니다." 그 말에 채프먼은 이렇게 답했다. "직원들이 직장을 그만두는 것은 급여나 복지 혜택 때문만은 아닙니다. 거울을 들여다보면서 자신이 직원들을 어떻게 대하는지 떠올려봐야 합니다."

채프먼은 기업의 리더들이 우리 리더십의 열두번째 요소인 "공감을 불어넣기"를 받아들이도록 만드는 일을 자신의 과제로 삼았다. 그는 경영자 대부분 직원을 우선시한다고 말하지만 현실적으로 쉽지 않은 일이며 진정한 관심을 기울이려면 기술과 용기가 필요하다는 사실을 잘 알고 있다.

그래도 노력해볼 가치는 있다. 2023년 맥킨지가 내놓은 보고서 「사람을 통한 성과 창출Performance Through People」[27]은 15개국의 다양한 산업 분야에 걸친 대기업 1천 8백 곳에 대한 분석을 통해 인적 자원 개발과 재무 목표를 동시에 강조하는 조직이 지속적으로 높은 성과를 올린다는 사실을 말해준다. 직원을 우선시한다고 해서 재무 성과를 포기한다는 말은 아니다. 오히려 재무 성과를 더 높여주는 역할을 한다. 실제로 직원을 우선시하는 시스템과 문화를 구축한 기업들은 직원들에게 복지 혜택을 제공하면서도 동시에 장기적인 수익 증가를 보이고 있다. 맥킨지 보고서는 이렇게 설명한다. "불확실성이 높고 인재가 귀한 시대에 리더는 조직을 근간으로 직원들을 위해 진정으로 노력함으로써 지속적인 이익을 확보할 수 있다."

직원에게 관심을 기울이는 노력은 또다른 차원에서도 도움을 준다. 맥킨지 연구가[28] 주목하는 높은 성과를 기록한 기업들은 재무 성과와 인적자원 개발에 동시에 집중하고 있으며, 이직률은 재무 성과에만 집중하는 기업들보다 5퍼센트 포인트 더 낮다. 성과에만 치중한 기업의 경우, 직원은 더 많이 떠나고 기업은 더 자주 해고한다. 이러한 모습은 이들 기업이 조직의 가치에 부합하는 인재를 채용하거나 새로 영입한 인재를 유지하는 과제에 서툴다는 사실을 보여준다.

대형 유통업체인 코스트코와 구글, 아웃도어 의류 기업인 파타고니아처럼 높은 성과를 이어가는 기업들은 다른 노력들과 함께 직원들을 잘 대우하는 것으로 성공을 거두고 있다. 코스트코의 높은 연봉과 복지 제도, 그리고 지원을 아끼지 않는 업무 환경은 이직률을 낮추고 업무 만족도를 높인다. 유명하게도 구글은 무료 식사와 사내 체육시설을 비롯하여 직원들의 행복과 건강 증진을 위한 다양한 혜택을 제공한다. 그리고 파타고니아는 탄력 근무제와 사내 탁아시설 및 자유로운 휴가 정책을 실시하고 있다. 비즈니스 조사업체인 그레이트플레이스투워크의 발표에 따르면, 파타고니아 직원 중 '91퍼센트'가 일하기 좋은 직장이라고 보고했다. 이는 57퍼센트를 기록한 일반적인 미국 기반 기업들과 뚜렷한 대조를 이룬다.[29]

혜택과 급여, 복지를 제공하는 정책도 중요하지만, 열정이 살아 있는 일터를 만들기에는 이것만으로 부족하다. 리더는 직원들의 우려와 요구, 실망의 목소리에 귀기울여야 하고 이를 달래주기 위한 방법을 찾아야 한다. 최대한 시간을 내서 직원들을 이해하고 그들의 행복을 위해 합리적인 선에서 최선을 다해야 한다. 그리고 이를 위해서는 직원이나 가족에게 건강 문제가 발생할 때 추가적인 휴가를 허용하고 직장 내 갈등을 완화하기 위한 방안을 모색해야 한다. 여기에는 직원들의 생산성과 정신 건강에 중대한 영향을 미치는 상사들을 관리하는 과제도 포함된다. 다시 말해 기업은 직원들을 가족처럼 돌봐야 한다는 뜻이다.

물론 힘들고 시간이 많이 드는 일이다. 특히 눈코 뜰 새 없이 바쁜 CEO에게는 더욱 그렇다. 하지만 연구 결과는 이런 노력이 수익으로 이어진다는 사실을 보여준다. 맥킨지는 가장 최근 실시한 조직건강도OHI,Organizational Health Index 설문조사를 통해 직원들의 탈진 상태와 기업 전반의 건강 상태를 들여다봤다. 그 결과는 건강 항목을 기준으로 사분위 그룹 중 맨 아래 속한 기업의 경우, 직원의 68퍼센트가 탈진으로 어려움을 겪고 있다는 사실을 보여줬다. 최상위 그룹도 탈진의 비중이 25퍼센트에 달하는 것으로 나타났다.[30] 이 수치 역시 낮지 않지만 그래도 경쟁력을 드러내기에 충분히 높다. 실제로 최고 사분위 그룹에 속한 기업들은 5년 동안 중간 그룹에 비해 3배 가까이 더 높은 투자 수익을 주주들에게 돌려줬다. 직원들이 탈진을 겪는다는 말은 충분한 관심을 받지 못하고 있으며 그들의 요구 사항이 제대로 충족되지 않았다는 뜻이다. 조직의 탈진 비중이 높을 때, 기업은 직원들이 최선을 다해 최고의 성과를 거둘 것으로 기대할 수 없다.

나아가 맥킨지의 「사람을 통한 성과 창출」 보고서는 재무 성과와 직원 모두에 집중해서 비교적 높은 성과를 올리는 기업들은 사장을 비롯한 간부들이 직원들의 업무 만족도를 높이는 과정에서 중요한 역할을 한다는 사실을 이해한다는 점을 잘 보여준다. 기업의 이러한 이해는 직원 행복에 큰 영향을 미친다. 그러나 안타깝게도 최근 설문조사에서는 응답자 중 4분의 3이 직장 내 최대 스트레스 요인으로 직속 상사를 꼽았다.[31] 직원 행복과 관련해서 현장 및 중간 계층 관리자의 태도가 특히 중요하며, 이를 위한 교육이 필요하다. 효과적인 리더십을 구축하고 리더의 부정적인 태도로 직원들의 사기나 업무 효율성을 떨어뜨리지 않기 위한 한 가지 방법은 360도 피드백 시스템을 구축하는 것이다. 그리고 또다른 방법은 CEO와 경영팀이 직원들에게 진정한 관심을 기울인다는 사실을 보여주고 해당 사례를 찾는 것이다. 최고의 리더는 말하는 것만큼 많이 들어야 하며 획기적인 아이디어(그리고 차세대 리더십)는 종종 업무 현장에서 일하는 직원들로부터 나온다는 사실을 잘 이해한다. 그는 직원들이 의견을 제시하고 기업의 비전을 구축하는 과정에 참여하도록 격려할 뿐 아니라, 문제가 발생했을 때 솔직하게 보고하는 업무 문화를 신중하게 유지해나간다.

밥 채프먼의 경우, 인적 가치와 경제적 가치를 모두 조화롭게 추구해야 조직을 효과적으로 이끌 수 있다는 생각을 뒷받침하는 구체적인 숫자가 있다. 채프먼은 1975년 배리웨밀러를 아버지에게서 물려받은 후 맥주 회사들을 대상으로 기계를 납품해서 1천8백만 달러 연매출을 어렵사리 유지했던 그 기업을 140곳이 넘는 기업을 인수하고 하나도 매각하지 않는 방식으로 시장을 다각화함으로써 완전히 바꿔놨다. 오늘날 세인트루이스에 위치한 배리웨밀러는 35억 달러의 연매출을 유지하면서 전 세계적으로 1만 3천 명의 직원을 고용하고 있다. 아직 상장기업은 아니지만, 채프먼은 기업의 주식 가격이 20년 넘게 연 10퍼센트 이상의 성장을 이어오고 있다고 말한다.

채프먼은 오랜 노력 끝에 자신의 직원 중심적 철학을 완성했다. 지금까지 그는 수차례 중대한 실수를 저질렀다. 1975년 아버지가 세상을 떠나면서 세인트루이스의 배리웨밀러를 물려받았을 당시, 그 기업은 미국 맥주 회사인 안호이저부시를 비롯하여 여러 맥주 회사를 대상으로 병 세척 기구와 저온 살균기를 판매했다. 그러나 1980년대에 들어서면서 과잉 설비로 어려움을 겪던 맥주 회사들이 주문을 줄이기 시작했다. 게다가 기존 비즈니스 관계보다 가격만 보고 구매를 결정했다. 미시간대학교에서 MBA를 받았던 채프먼은 1983년에서 1987년 사이 파산위기를 겪었다. 은행들이 그의 신용 한도를 줄이는 바람에 어쩔 수 없이 담보대출을 받아야 했다. 채프먼은 담보대출을 "어두컴컴한 골목에 봉투를 들고 서 있는 사람에게서 돈을 빌리는 일"이라고 설명했다. 기업의 역사를 자랑스럽게 생각했던 그도 역사가 미래의 생존을 보장하지 않는다는 사실을 인정해야 했다.

그는 기업을 성장시키려면 먼저 맥주 산업으로부터 다각화를 시도해야 한다고 결론을 내렸다. 그는 경험도 금융 자원도 없었지만 포장 기계 분야의 여러 기업을 인수하기 시작했다. 사실 이들 기업 은 어느 누구도 인수 의사를 보이지 않았고 심지어 매도자들이 나 서서 자금을 융통해주려고까지 했다. 채프먼은 말했다. "소규모 고 객과 기술, 시장에 집중해서 매출을 높이고 특정 시장에 변수가 생 겨도 충분히 버틸 수 있는 새로운 비즈니스 모델을 구축하고자 했 습니다." 그의 전략은 성공했다. 이후 배리웨밀러는 순항을 이어나 갔다.

그래도 채프먼은 더 잘할 수 있다고 생각했다. 그가 페라리 엔 진 비즈니스 모델이라고 부르는 것을 구축하고 난 뒤, 채프먼은 그 페라리를 몰기 위한 고급 휘발유가 필요하다는 사실을 깨달았 다. 그는 인적자원으로 시선을 돌렸다. 2000년 채프먼은 처음으 로 중대 발표를 했다. 그는 사우스캐롤라이나에 있는 한 제조업체 를 인수한 첫날 그곳을 찾았다. 그런데 그곳에서는 3월의 광란March Madness(NCAA 농구 경기가 열리는 시즌―옮긴이)이 시작되면서 다들 어느 팀이 4강에 올라갈 것인지를 놓고 내기를 걸고 있었다. 채프먼 이 몇몇 직원을 만나 커피를 마실 때도 그들은 경기 결과와 경기 내 용에 대해 이야기를 나눴다. 그는 당시를 이렇게 떠올렸다. "저도 커 피를 마시면서 이 기업을 인수했던 과정을 떠올려보고 있었습니다. 고객 서비스팀 직원들과 함께 이야기를 나누고 싶었죠. 특별히 할 말은 없었어요. 그런데 출근 시간인 아침 8시가 가까워지자 몇몇 직원이 자리를 뜨면서 분위기가 좀 어색해지더군요." 채프먼은 자리에 남아 있던 고객 서비스팀 직원 열두 명에게 이런 이야기를 했다. "우리도 광란의 3월 게임을 해봅시다. 일주일 동안 수리용 부품을 가장 많이 판매하는 직원에게 100달러 상금을 지급하겠습니다. 그리고 가장 많이 판매한 팀에도 100달러를 지급할게요."

그러자 직원들은 그걸 왜 할 수 없는지 스무 가지 이유를 댔다. 하지만 새로 부임한 사장인 채프먼이 강하게 밀어붙였기에 게임은 시작되었다. 그런데 놀랍게도 다음주 매출이 20퍼센트 뛰었다. 그리고 채프먼에 따르면, 즐거움은 1천 퍼센트 뛰었다. 서비스팀 직원들은 매일 출근해서 수동적으로 세일즈 주문을 기록하는 게 아니라 개인으로, 그리고 팀원으로 상금을 차지하기 위해 적극적으로 노력했다. 한 서비스팀 여직원은 채프먼에게 이렇게 말했다. "이제까지 제가 고객들을 항상 친절하게 대했다고 생각했거든요. 그런데 지금은 정말로 친절하게 대합니다."

첫 성과에 용기를 얻은 채프먼은 기업 내 다른 사업부에서도 똑같은 실험을 했다. 그리고 머지않아 직원들이 즐거운 분위기 속에서 공동의 가치를 만들어내는 긍정적인 모습을 확인할 수 있었다. "저는 이렇게 말했습니다. '게임보다 더 중요한 어떤 일이 지금 여기서 벌어지고 있군요.'" 이러한 경험에 영감을 얻은 채프먼은 이후 스무 명으로 구성된 경영팀 회의에서 여러 가지 리더십 원칙을 세웠다. 그리고 이를 한 페이지짜리 점검 목록으로 요약했다. 이 목록에는 다음 항목을 포함해서 직장에서 상호존중의 가치를 높이기 위한 열두 가지 원칙이 포함되었다.

- 조직에 열정과 낙관주의, 목적을 불어넣는다.
- 개인적인 의사소통으로 충만한 관계를 형성한다.
- 모든 팀원의 개인의 성장을 적극적으로 지원한다.

채프먼은 말했다. "우리는 그 목록을 독립선언문과 미국 헌법을 한데 섞은 것으로 보았습니다. 한 임원이 이렇게 말하더군요. '많은 기업이 영감을 주는 비전을 벽에 걸어두지만 아무도 실천하진 않죠.'" 채프먼은 이렇게 대답했다. "우리는 그걸 사무실 벽이 아니라 직원들의 가슴과 마음에 걸어둘 겁니다." 이를 위해 채프먼은 미국 전역을 돌아다니면서 그 리더십 원칙을 직원들에게 알리고 실제로 그 원칙을 실천하고 있는지 물어봤다.

채프먼이 5백 명의 직원이 일하는 위스콘신 북부에 위치한 공장을 방문했을 때, 임원들은 채프먼이 직원들에게 기본 원칙에 대해 이야기했을 때 모두 영감을 받은 듯했지만 다음날 아무런 변화가 없었다며 불만을 털어놨다. 그는 채프먼이 공장을 직접 방문해서 연설하지 않아도 직원들의 열정을 일깨울 수 있는 방법을 알고 싶어했다. 당시 자동차 마니아였던 채프먼은 클래식 스타일의 노란 쉐보레 SSR 레트로 픽업트럭을 몰고 있었다. 그는 공장 책임자들에게 조직의 가치(다른 직원과 고객을 대하는 태도)를 가장 잘 실천한 직원을 투표로 선정하면 일주일간 자신의 SSR를 몰 수 있는 특권을 주겠다고 했다.

자신의 고급 자동차를 일주일간 몰게 해준다는 건 자칫 과시적인 것처럼 보일 수도 있지만 실제로 공장 직원들의 사기에 큰 영향을 미쳤다. 채프먼은 자신의 화려한 노란색 트럭을 공장 문 앞에 세워 놓았고 책임자는 투표 결과를 발표했다. 승자는 회계부서에서 일하는 메리라는 직원이었다. 공장 동료가 메리의 성과를 소개하는 동안 그녀는 단상에 올라 있었다. 그리고 채프먼이 자동차 열쇠를 전달했다. 뛰어난 업무 능력을 인정받는 모습을 보러 회사를 방문했던 메리의 남편과 두 아이, 그리고 그녀가 다니는 교회 목사와 올케가 무대 뒤에서 함께 걸어나오자 그녀는 울음을 터뜨렸다. 채프먼은 이렇게 직원의 성과를 인정하는 방식이 해당 직원에게 대단히 의미 있을 뿐 아니라 직원 가족의 반응을 지켜본 다른 동료들에게도 큰 영향을 미친다는 사실을 깨달았다.

채프먼은 CEO로 있는 동안 그런 시상식을 5백 번이나 마련했다. 그리고 그때마다 다양한 고급 자동차를 몰 수 있는 특혜를 줬다. 부상을 받은 한 직원은 채프먼에게 이런 말을 했다. "제 평생 최고의 상이었습니다. 상을 받자마자 남편에게 전화를 걸어 소식을 전했습니다. 그리고 곧바로 차를 몰고 어머니를 모시러 갔죠."

그 상을 받은 또다른 한 IT 부서 직원은 채프먼에게 이런 이야기

맥킨지 비밀 수업

를 들려줬다. "버지니아 언덕 마을에 살고 있는 딸을 태우러 갔습니다. 가는 길에 주유소와 요금소, 드라이브스루 식당을 들렀을 때 서른 명 넘게 저한테 묻더군요. '어떻게 이런 차를 몰아요?' 저는 대답했죠. '좋은 태도로 직장에서 상을 받았거든요.' 사람들이 그러더군요. '저도 그런 회사에 한번 다녀보고 싶네요.'" 그 직원은 이렇게 덧붙였다. "안타깝게도 어머니는 세상을 떠나셨지만 차를 몰고 묘지를 찾아가 제가 상을 받았다는 사실을 보여드렸다는 걸 알아주셨으면 해요."

이러한 인정과 축하는 오늘날 배리웨밀러의 DNA에 각인되었다. 그 영향은 직원들의 사기 진작을 넘어선다. 스트레스는 결근과 이직의 주요한 이유다. 그리고 모든 질병과 만성질환의 약 74퍼센트는 스트레스에 따른 것이다. 자신이 좋아하는 일을 하는 사람들의 경우, 목표 달성이나 인원 감축으로 스트레스를 겪는 사람들에 비해 의료보험금을 청구하는 비중이 40퍼센트나 더 낮다. 월요일 오전에 심장마비 발병률이 20퍼센트 더 높다는 사실은 우연이 아니다. 직원들을 존중하는 문화가 배리웨밀러에 자리잡으면서 직원들의 건강 상태는 더 좋아졌다. 최근 배리웨밀러가 의료보험으로 지출하는 비용은 산업 평균에 비해 크게 낮다. 그래서 배리웨밀러는 숙련된 근로자를 고용하기 힘든 상황에서도 인재 영입에 별 어려움이 없다.

그리고 얼마 후 2008년 금융위기가 닥쳤다. 채프먼은 시장 수요가 꾸준하기 때문에 해고는 필요 없다고 이사회에 보고했다. 그러나 이사회는 지나치게 낙관적인 전망이라고 했다. 그리고 그 판단은 옳은 것으로 드러났다. 2009년 이탈리아 출장 중 채프먼은 한 대규모 고객이 주문을 보류했다는 이메일을 받았다. 충격을 받은 그는 호텔방에 주저앉아 그 의미를 곰곰이 생각해봤다. "우리가 직원들의 삶에 영향을 미치는 방식을 기준으로 성공을 평가하는 방식에 대해 고민해봤습니다. 직원을 해고한다면 그들에게 큰 상처를 주게 될 겁니다. 당시 시장에는 일자리가 없었으니까요. 감원 대상이 된 직원에게 해고는 인생 최악의 순간이 될 겁니다. 집으로 돌아가 가족들에게 이렇게 말해야만 하죠. '이제 해고를 당했으니 어떻게 살아가야 할지 모르겠어.'"

그러나 채프먼은 그때 유레카의 순간을 맞이했다. 그는 모든 임직원이 한 달 월급을 포기하면 아무도 해고하지 않아도 된다는 사실을 깨달았다. 물론 많은 사람이 한 달 급여를 포기할 여유가 되지 않을 것이었다. 그래서 채프먼은 거래 시스템을 생각했다. 즉, 비교적 나이가 많고 경제적으로 여유 있는 직원들이 경제적 어려움으로 급여를 포기할 여유가 없는 직원들의 무급 휴가를 대신 쓸 수 있도록 허용하는 것이었다. 그리고 무급 휴가에 따른 급여 삭감이 연봉의 12분의 1에 이를 때까지 원하는 만큼 다른 직원의 무급 휴가를 쓸 수 있도록 하는 구체적인 기준도 마련했다.

채프먼은 미국으로 돌아오자마자 자신의 구상을 발표했고 큰 호응을 얻었다.

배리웨밀러 직원들은 연봉의 12분의 1이 깎일 수 있다는 사실을 알았지만 그래도 고용 안전을 선택했다. 채프먼은 말했다. "이제 사람들은 그들의 동료인 메리와 빌의 입장에서 이렇게 생각합니다. '내가 무급 휴가를 받아들이면 메리와 빌이 일자리를 지킬 수 있어. 난 그들에게 지금의 일자리가 얼마나 절실한지 잘 알고 있어.'" 결국 배리웨밀러는 아무도 해고하지 않고 대침체를 버텨내면서 시장에서 위기의 강자로 주목받았다. 그들은 직원을 보살피고 유지하는 문화의 가치를 입증해 보였다. 채프먼이 오랫동안 자신의 리더십 기본 원칙을 알리고 다니지 않았더라면 금융위기에 대처하기 위한 아이디어를 떠올리지 못했을 것이다.

채프먼은 배려와 공평함 사이에서 균형을 잡았기에 힘든 상황에서도 성공할 수 있었다. 그는 해고 상황에 대처하기 위한 아이디어를 직원들에게 전달했고 당시로서는 가장 인간적인 해결책을 선택했다. 그러나 배려는 크지만 공정함이 부족한 조직도 좋은 성과를 올리기 어렵다. 직접적인 피드백 없이는 진실을 제대로 전달할 수 없고 그렇게 되면 책임도 기대할 수 없기 때문이다. 반대로 공정함은 충분하지만 배려가 부족한 조직도 다를 바 없다. 불안과 두려움으로 가득하고 실수를 숨기는 조직 문화가 자리잡기 때문이다. 최고의 리더는 배려를 위해 공정함을 희생하지 않아도 된다는 사실을 이해한다.

핵심은 직원들을 누군가의 소중한 자녀로 생각하고 내 자녀가 대우받기 원하는 방식으로 그들을 대우하는 것이다. 경영자들은 종종 "구조조정"이나 "규모 최적화"라는 표현으로 해고의 과정을 비인간화한다. 그러고는 칵테일파티나 일요일 오전 주일예배에 가서 좀더 나은 기분을 얻으려 한다. 그래도 대량 해고는 비인간적으로 이뤄진다. 해고된 직원이 책상을 정리할 때 보안요원이 와서 사무실 비품을 훔쳐가지 않는지 감시한다. 채프먼은 말한다. "직원들의 인생에 미치는 영향을 기준으로 기업의 성공을 평가할 때, 수백 명의 인생을 해고로 망쳐놓고 직원을 배려한다고 말할 수 있을까요?" 해고는 살아남은 직원에게도 피해를 준다. "구조조정에서 살아남았다고 해도 경제적으로 어려운 싱글맘인 옆자리 직원이 해고를 당했다면 다음은 자기 차례가 될 거라고 생각하게 됩니다. 소득에 대한 보장을 받지 못하기 때문에 더 높은 불안과 스트레스를 견디며 살아가야 합니다." 그러므로 중요한 것은 '무슨' 일을 하는가가 아니라 '어떻게' 하는가다. 진정한 관심을 보이면서 힘든 시기에 감정적인 어려움에 귀를 기울이고 덜어주려는 노력이 리더에게 가장 중요하다.

채프먼도 직원을 내보내야 했던 적이 있다. 그래도 그는 그전에 많은 개선의 기회를 줬다. 그는 말한다. "직원을 '해고fire'한다는 표현을 좋아하지 않습니다. 그건 총살형 집행대firing squad를 개발했던 프랑스에서 넘어온 용어이기 때문입니다. 그들은 사형수들을 총살형 집행대에 세워놓고 총을 쐈습니다. 반면 우리가 하는 일은 엄

맥킨지 비밀 수업

격한 교육이나 엄한 사랑이라고 부릅니다." 어떤 직원이 성과를 올리지 못할 때, 배리웨밀러 리더들은 끈기를 갖고 그가 달라질 때까지 가르친다. 그리고 대부분의 경우 성공한다. 채프먼은 이러한 접근 방식을 순환 버스에 비유한다. 버스가 정차할 때마다 기사가 동행할지 묻는다. 처음 몇 번은 아직 준비가 되지 않았다고 말하지만 결국에는 탑승을 선택한다. 그렇다고 배리웨밀러가 근로자의 유토피아라는 말은 아니다. 채프먼은 이렇게 설명한다. "한 직원이 다른 동료들을 분노하게 만드는 상황을 해결해야 할 때가 있습니다. 그래도 우리는 인간적인 방식으로 대처하려고 합니다. 말썽을 피우는 자녀를 훈육하는 것처럼 말이죠." 그는 이러한 접근 방식을 "용기 있는 끈기"라 부른다.

배리웨밀러 리더들은 조직 내부에서 관리자로부터 경영진으로 올라가는 여정을 거친다. 채프먼은 기업 안에 배리웨밀러대학을 설립했다. 여기서 리더들에게 기업의 가치에 관한 교육을 한다. 직원들의 말에 귀를 기울이고 그들을 존중하는 태도도 그러한 가치에 해당한다. 채프먼은 직원들을 배려하는 문화가 자신이 떠나면 사라질 것이라는 우려에 그 대학을 세웠다. 실제로 성공적인 기업이나 사회운동 단체에서 열정적인 리더가 물러나거나 세상을 떠날 때, 그런 일이 종종 일어난다. 채프먼은 후계자를 길러내기 위해 배리웨밀러의 모든 리더를 대상으로 대학의 집중 프로그램을 이수하도록 했다. 그는 이렇게 설명한다. "제가 회사 전용 제트기에 오를 때마다 조종사들은 저의 안전을 책임지기 위해 점검 목록을 철저하게 확인하더군요. 그런 생각이 들었습니다. '우리도 리더십 점검 목록을 만들어서 전 세계에 있는 우리 회사 건물에 누군가 발을 들여놓을 때마다 리더들이 그들의 안전을 책임지도록 하면 어떨까?' 그래서 리더십 점검 목록을 만들었습니다. 많은 직원을 책임지는 뛰어난 리더가 되려면 그 목록을 매일 챙겨야 합니다."

점검 목록 중 주요 항목으로는 듣기와 인정하기, 축하하기가 있다. 이 항목들은 공감하고, 겸손한 태도를 유지하고, 직원들의 우려에 귀기울이고, 또한 직원들을 소중하게 생각한다는 점을 시의적절하고 신중한 방식으로 알려주기 위해 리더가 익혀야 할 덕목이다. 또한 배리웨밀러대학에서는 "기여 문화"를 강조함으로써 리더들이 다른 사람을 위해 기꺼이 희생할 기회를 적극적으로 발견하도록 한다. 미국 군대에서도 이와 비슷한 아이디어를 활용한다. 미군은 동료를 위한 희생을 숭고하게 여긴다. 이러한 태도는 자신의 이익을 위해 동료를 희생시키는 사람이 보상을 차지하는 비즈니스 세계와 대조를 이룬다.

배리웨밀러대학은 비즈니스 이외의 분야에서도 마찬가지로 도움을 준다. 미니애폴리스에 위치한 배리웨밀러 사무소의 인사팀장은 채프먼에게 듣기를 주제로 한 3일간의 강의로 인생이 바뀌었다는 이야기를 들려줬다. 그녀는 이렇게 말했다. "제 생각과 마음을 열어줬습니다. 덕분에 두 살짜리 딸아이를 더 잘 키울 수 있게 되었어요.

10대 딸들과도 대화를 하게 되었고 아버지와의 관계도 좋아졌습니다."채프먼은 말했다. "이런 이야기는 우리가 조직을 이끌어가는 방식이 직원들의 인생에 큰 영향을 미친다는 사실을 말해줍니다. 그만큼 리더십에는 막중한 책임이 따릅니다."

배리웨밀러 사람들은 듣기, 다른 사람을 인정하고 축하하기, 희생의 문화를 받아들이기 등 다양한 인간적인 기술을 배운다. 이는 일반 대학에서는 거의 가르치지 않는 주제다. 채프먼은 말한다. "우리는 돈과 권력, 지위로 성공을 판단하는 세상에 살고 있습니다. 그러나 역동적인 글로벌 경제 속에 살면서도 다들 존중의 결핍이라는 전염병에 걸려 있습니다. 그건 공동체와 가정, 직장에서 어떻게 다른 사람을 배려해야 하는지 모르기 때문입니다. 사랑을 실천하는 최고의 방법은 자선단체에 기부하는 게 아닙니다. 그건 사람들에게 관심을 기울이고 올바로 대우하는 겁니다."

채프먼은 진정으로 인간적인 리더십Truly Human Leadership(채프먼이 제시한 리더십 철학에 배리웨밀러가 공식적으로 붙인 이름)을 언젠가 우리 사회가 주류 문화로 받아들일 날이 올 것으로 확신한다. 이를 위해 학교와 대학이 앞장서서 내일의 리더를 육성하기 위한 새로운 비전을 받아들여야 한다. 실제로 채프먼은 여러 비즈니스 스쿨은 물론 사립 초등학교와도 연계하면서 진정으로 인간적인 리더십을 뒷받침하는 인간적인 기술을 받아들이는 방법을 보여주고 있다. 그는 말한다. "우리 사회는 경제적 이익을 위해 스스로를 파괴하고 있습니다. 그건 돈이 행복의 원천이라 믿기 때문이죠. 하지만 우리는 그렇지 않다는 걸 알고 있습니다. 이제 우리는 자신이 이끌어야 할 사람들에게 관심을 기울이는 기술과 용기를 가진 리더를 길러내는 일을 시작해야 합니다.”

채프먼은 전통적인 비즈니스 스쿨 교육과 비즈니스 초창기 시절의 경험을 떠올린다. 당시 그는 오로지 자신의 성공을 위해 조직 내 구성원을 바라보는 법을 배웠다. 그러나 채프먼은 자신이 이끌어야 할 사람을 성공을 위한 수단이 아니라 누군가의 소중한 자녀로 바라봐야 한다는 깨달음을 얻고 나서 전통적인 비즈니스 리더에서 벗어나 인간 중심적인 리더로 나아갈 수 있었다. 그는 말한다. “모두 각자의 역할을 다하면서 안전하고 가치 있는 존재라고 느끼고 미래에 대한 희망을 품도록 만드는 것이 제가 할 일입니다.”

채프먼의 이러한 생각에 반대할 CEO는 아마 없을 것이다. 문제는 이것이다. 이러한 생각을 최선을 다해 실천할 것인가? CEO 대부분이 비용에 대해 별로 신경쓰지 않는다고 말하지만 사실은 그렇지 않다. 그들은 자신의 틀을 깨고 나와야 한다. 물론 이러한 투자는 수익을 보장하지 않는다. 그래서 많은 리더가 이를 부차적인 과제로 여기고 심지어 돈과 시간 낭비로 치부한다. 그러나 그건 잘못된 생각이다. 직원들이 기업의 장기적 성공에 신경쓰지 않을 때, 성공은 힘들다. 또한 CEO가 자신을 한 인간이 아니라 임무를 수행해야 하는 ‘고용인’으로 바라본다고 생각할 때, 성공은 마찬가지로 어렵다. 직원들 모두 리더의 열정과 관심, 주의를 인식해야 한다. 리더가 먼저 얼마나 직원들을 소중하게 생각하는지, 그리고 장기적인 성공에 주목하는지 보여줄 때, 직원들은 성공을 향해 나아갈 것이다.

자신의 노력에 인정과 감사를 받고자 하는 것은 당연한 욕망이다. 이러한 사실은 앞서 밥 채프먼과 배리웨밀러의 인정 프로그램에서 살펴봤듯이 비즈니스 세계에서 특히 의미가 있다. 2023년 발표된 갤럽 설문조사 결과에 따르면, 이러한 인정 프로그램을 운영하는 기업의 직원들은 조직에 더 오래 남아 있고, '항상' 혹은 '꽤 자주' 탈진을 느끼는 비중이 73퍼센트나 더 낮으며, 각자의 업무에 최선을 다하는 비중이 네 배 더 높다고 한다.[32]

하지만 조직 전반에 걸쳐, 특히 직원 수가 많은 조직에서 직원 모두에게 관심을 기울이기란 현실적으로 쉽지 않다. 최고의 자리에서 압박감을 느끼며 개인의 시간과 주의를 계속 집중해야 하는 리더는 어떻게 모든 직원에게 진정한 관심을 보일 수 있을까? 게다가 직원들의 요구 사항은 저마다 다르다. 리더는 서로 다른 직원을 서로 다르게 대해야 한다. 그들을 심리적인 차원에서 이해하는 법을 배워야 한다. 가령 샐리가 엄한 사랑을 잘 받아들이지만 조지는 직설적으로 말하면 당황하거나 입을 다물어버리기 때문에 더 조심스럽게 대해야 한다는 사실을 이해해야 한다.

트림블의 CEO 롭 페인터는 말했다. "약 1만 3천 명이 여기서 일하고 있고, 1만 3천 개의 서로 다른 인생 이야기가 있으며, 1만 3천 개의 서로 다른 개성이 존재합니다. 그러나 이러한 개별성은 제대로 주목받지 못하고 있습니다." 페인터는 코로나 기간에 화상회의로 많은 직원을 만났다. 그러면서 그동안 많은 직원이 겪고 있는 여러 어려움과 다양한 경험에 눈뜨게 되었다고 말했다. "그들의 인생 경험이 저와는 완전히 다르다는 사실을 깨달았습니다." 그는 개인의 차이를 이해하면서 다양성을 자신의 리더십 스타일로 통합하는 방법을 고민하기 시작했다.

그 과정에서 페인터는 자신의 직속 부하 열세 명 모두 개인적인 관계에 대해 서로 다른 요구와 생각을 갖고 있다는 사실을 확인했다. 그는 몇 차례의 360도 평가를 통해서 몇몇 임원은 자신과 더 깊은 인간적인 관계를 맺기를 바란다는 점을 알게 되었다. 그건 그가 전혀 생각하지 못했던 부분이었다. 자신은 개인적인 관계에 대해 별 부족함을 느끼지 못했기 때문이다. 페인터는 대화를 시작하면서 곧바로 업무 이야기로 들어가는 방식을 선호했다. 그러나 그렇지 않은 사람도 많다는 사실을 알게 되었다. 이들은 본격적인 논의에 들어가기에 앞서 주말에 있었던 일이나 자녀에 관한 이야기를 먼저 나누고 싶어했다. 페인터는 말했다. "미처 깨닫지 못했습니다. 우리 모두가 인생의 경험을 해석하는 필터를 갖고 있는데, 그 필터가 모두 똑같다는 본능적인 생각 때문이었습니다. 하지만 그렇지 않았습니다. 이제 저는 주변 사람들을 한 개인으로 바라보기 위해 더 많은 시간을 할애하고 있습니다."

페인터는 각자의 동기를 파악하기 위해 개인적인 관계에 대해 원하는 바를 직접적으로 물었다. 몇몇 팀원은 어느 정도의 개인적인 관계만으로도 충분히 만족했다. 그러나 두 사람은 더 깊은 관계를 원한다고 밝혔고, 페인터는 이들의 요구를 충족시키기 위해 노력했다. 그는 말했다. "진정성만 있다면 얼마든지 가능하다고 생각합니다. 상대에게 '주말은 어땠어요?'라고 물어놓고 대답에 별 관심을 보이지 않는다면, 차라리 질문을 하지 않는 편이 더 나을 겁니다." 물론 너무 바빠서 개인적인 대화를 나눌 시간이 없을 때도 있다. 그럴 때 페인터는 깊은 개인적인 관계를 원하는 팀원에게 이렇게 말한다. "몇 분 정도밖에 시간이 없지만요" 혹은 "짧게 물어볼 말이 있어요". 그러면 그가 바쁘다는 사실을 충분히 이해한 상대는 무시당했다는 느낌을 받지 않는다.

자신이 관리하는 직원들 모두를 개별적으로 이해하기는 어렵다. 회의를 시작하면서 "어떻게 지내세요?"라고 건네는 친근한 인사말 정도가 아니라 모든 직원의 이야기를 듣고 이해하려면 고도의 정신적 능력이 요구된다. 어떤 직원의 이야기를 귀담아들었다가 나중에 그를 만났을 때 다시 그 이야기를 떠올리려면 날카로운 기억력이 필요하다. 가령 신입 사원이 리더를 만나 자신의 인생 이야기를 했다면, 1년 후 다시 만났을 때 자신이 누구인지 기억해주길 기대할 것이다. 누군지 몰라본다면 사기 저하까지는 아니더라도 분명히 실망할 것이다. 그럴 때 리더는 진정한 태도로 이렇게 물어야 한다. "이름과 맡고 있는 업무를 다시 한번 말해줄 수 있을까요?" 페인터는 이러한 상황에서 분위기를 부드럽게 만들려고 이런 말을 한다. "제가 좀 깜빡깜빡해서요."

페인터의 설명에 따르면, 누군가를 만난 그 순간에 주의를 기울이면 그와 그의 자녀의 이름, 그리고 그가 맡고 있는 업무를 기억할 가능성이 높아진다. "주의와 관심을 기울일 때 저는 최고의 상태를 유지할 수 있습니다. 여러 일을 동시에 하거나 머릿속에서 많은 생각을 하지 않을 때 말이죠. 비즈니스 검토 회의에 참석할 때면 컴퓨터나 휴대전화 없이 공책과 펜만 들고 들어갑니다. 집중력 분산을 최대한 막기 위해서죠. 그래서 소셜 미디어도 끊고 링크드인 앱도 삭제했습니다. 멀티태스킹의 함정은 한 번에 한 가지 일에 집중하는 것보다 시간이 더 오래 걸린다는 겁니다. 하나에 집중할 때 이성적, 감정적 처리 모드가 활성화되기 때문이죠."

앞서 살펴봤듯이 CEO는 강력한 힘을 갖고 있고, 그래서 그의 말과 관심은 직원들 사기에 중대한 영향을 미친다. 핵심은 그 힘을 신중하게 사용하는 것이다.

일상 업무에서 직원 개개인에 관심을 기울이는 노력이 중요하지만, 직원이 30만 명이라면? 그런 경우라면 모든 직원과 개인적인 관계를 형성할 수 없다. 특히 비즈니스 현장에서 매일 고객을 만나는

   맥킨지 비밀 수업

직원과는 더욱 어렵다. IT 서비스 기업 코그니전트 CEO였던 프랭크 드수자는 자신이 이끄는 대형 조직의 사기를 끌어올리기 위해 그가 말하는 "영웅과 의식儀式, 전설"에 주목했다. 드수자가 CEO로 취임했을 무렵 코그니전트는 고속 성장을 이어나가고 있었다. 그리고 직원들의 60퍼센트는 조직에서 일한 지 18개월 정도밖에 되지 않았다. 그는 이렇게 떠올렸다. "이런 생각이 들었습니다. 이대로 계속 나아가면 지금의 기업 문화는 조만간 완전히 사라지겠군." 당시 젊은 CEO였던 드수자는 문화와 관련된 다양한 책을 읽으면서 기업 문화에 대해 깊이 생각하기 시작했다. 그러다가 그리 유명하지 않은 한 논문에서 기업 문화는 조직 내 영웅과 의식, 전설을 통해 널리 확산된다는 주장을 접하게 되었다.

조직은 "영웅과 의식, 전설"을 통해 진정성을 드러낼 수 있다는 점에서 기업 문화를 확산하기 위한 근본 모형으로 삼을 수 있다. 드수자는 말했다. "가치 선언문을 작성해서 벽에 걸어놓는 방법도 있지만 사실 그건 별로 효과가 없습니다. 그 이상의 노력이 필요합니다." 드수자는 경영팀과 함께 30만 명의 직원 가운데 영웅과 전설을 발견하고 이를 모범으로 제시하는 의식을 마련하고자 했다. 그는 말한다. "기업의 가치를 의식에 담아내고자 했습니다." 의식과 관련된 한 사례로, 드수자는 주요 고객이 보낸 것이든 현장에서 일하는 신입 사원이 보낸 것이든 모든 이메일에 최대한 빨리 답변하고자 했다. 그 아이디어는 어머니에게서 배운 습관에서 비롯되었다. 그의 어머니는 가족이 다른 곳으로 이사를 가게 되어도 알고 지내던 사람들과 관계를 이어가는 노력에 집중했다. 드수자는 이메일에 가급적 빨리 답변해서 자신이 그들을 중요하게 생각한다는 인식을 전하고자 했다. 그의 노력은 효과가 있었다. 조직의 모든 리더가 직원들에게 똑같이 행동하면서 서비스 중심적인 접근 방식을 보이기 시작했다. 그리고 이러한 태도는 고객을 대하는 표준이 되었다.

다음으로 드수자는 기업의 가치를 실천한 직원들의 노력을 인정하는 의식을 마련했다. IT 서비스 산업에서 가장 중요한 요소는 고객을 위한 프로젝트의 품질이다. 코그니전트의 경우, 엔터프라이즈 컴퓨팅 시스템을 업그레이드하고, 클라우드 컴퓨팅으로 전환하는 과정에서 자문을 제공하고, 다양한 기술적 과제를 해결하는 일이 그런 프로젝트에 해당한다. 드수자는 고객과 직원의 만족도를 동시에 높이는 방법을 모색했다. 그리고 가치 선언문이나 프로젝트 품질을 강조하는 메모를 작성하는 일반적인 방식이 아니라 영웅을 만들어내는 의식을 선택했다. 예를 들어 '올해의 프로젝트'를 대단히 의미 있는 행사로 마련했다. 여기서 여러 사업부에 걸친 팀들은 높은 고객 만족도나 우수한 기술, 정시 배송 등 자체적으로 최고로 선정한 프로젝트를 제출한다. 그리고 외부 심사위원들이 조직 전반에 걸쳐 올해의 프로젝트와 함께 올해의 직원을 선정한다. 그러면 코그니전트는 행사를 열어 선정된 프로젝트와 직원의 성과를 치하한다. 한번은 크리켓 경기장을 빌려서 직원과 가족 6만 명을 초청하여 영웅으로 선정된 직원들을 축하했다.

드수자는 말한다. "그런 행사를 통해 선정된 직원들의 사기를 높여줍니다. 그러나 그게 핵심은 아닙니다. 더 중요한 것은 직원과 가족 6만 명이 무대를 내려다보며 이렇게 생각한다는 겁니다. '어떻게 하면 내년에 저 자리에 오를 수 있을까? 어떤 노력을 해야 할까?' 상금도 없이 한 장의 인증서가 전부였지만 직원들이 열정적으로 참여하도록 만들었습니다." 다시 말해 직원들이 관심을 기울이게 만들려면 리더가 먼저 관심을 보여야 한다.

리더는 힘든 과제를 인간적인 방식으로 해결해나가는 과정에서 균형을 잡아야 한다. 과감하게 행동하고 솔직하게 피드백을 전해야 한다. 그리고 그 일에 열정적으로 임해야 한다. 조직에서 더 높이 올라갈수록 자신의 열정을 직원들에게 전달하기는 더 어려워진다. CEO와 임원은 때로 힘든 의사결정을 내리고 까다로운 논의에 참여해야 한다. 리더가 직원들에게 적극적으로 관심을 드러내지 않으면, 경영진에서 더 멀리 떨어진 직급의 직원일수록 의사결정과 논의의 결과물만 보고 리더의 열정은 느끼지 못한다는 사실을 기억하자. 하나를 위해 꼭 다른 하나를 희생할 필요는 없다. 고위 관리자일수록 직원들에게 관심을 드러낼 방법에 대해 깊이 고민할 필요가 있다.

공감을 불어넣기 위해 스스로 던져봐야 할 질문들

- 과제를(힘든 과제를 포함해서) 올바로 처리하는 것, 그리고 인간적인 방식으로 해결하는 것 사이에서 어떻게 균형을 유지하고 있는가?

- 조직의 가치를 가장 잘 실천한 직원의 성과를 인정하기 위해 어떤 보상을 마련해두고 있는가?

- 직원들의 개인적인 이야기를 진정한 마음으로 들으려는 의지와 인내심이 있는가? 그런 공감 기술을 개발하려면 어떻게 해야 할까?

- 인사 관련 결정을 내리는 과정에서 투명성과 공정성을 지속적으로 고려하는가?

- 공감을 잘하는 리더의 자질과 관련해서 우리 팀의 점검 목록에 어떤 항목을 포함시켜야 할까?

- 리더로서 공감을 바탕으로 행동하려면 어떻게 해야 할까?

- 공감을 드러내고 조언을 줌으로써 모든 팀원의 개인적인 성장을 적극 지원하고 있는가?

요약

1부에서는 열정적이고 인간적으로 행동하는 리더들의 사례를 집중적으로 살펴봤다. 2부에서는 이러한 리더의 자질을 바탕으로 업무 현장에서 직원들이 잠재력을 실현하는 방법을 살펴봤다. 그 여정은 열정을 자극하는 임무와 과감한 비전으로 시작된다. 리더는 이를 통해 명료함과 목적의식을 직원들에게 전한다. 다음으로 리더는 한 걸음 물러나서 직원들이 주인의식과 자율성을 바탕으로 각자의 업무를 수행해나가도록 해야 한다. 그리고 이를 위해 직원들이 역량(하드스킬과 소프트스킬)을 개발하도록 지원해야 한다. 자율성은 사실을 숨기지 않고 진실을 말하는 문화가 자리잡을 때, 대규모 조직에서 그 힘을 발휘할 수 있다. 그리고 투명성은 조직 내 모두가 자연스럽게 실험에 도전하고 이를 통해 배우도록 만든다. 또한 계속해서 발전하고 협력함으로써 높은 성과를 올리는 문화가 자리잡는다. 리더는 관심과 공감으로 직원들이 소속감을 느끼고 최선을 다하는 안전한 업무 환경을 조성함으로써 모든 노력을 뒷받침해야 한다.

내면으로부터 이끄는 리더십은 많은 보상을 주지만 동시에 스트레스를 주고 지치게 만든다. 다음 장에서는 우리가 말하는 "실행계획commitment plan"을 통해 지속적인 배움과 새로운 개발을 더욱 체계적이고 즐거운 활동으로 만드는 방법을 살펴보자.

리더십의 여정은 계속되어야 한다

이 책에서 소개한 이야기와 지혜는 리더들이 자신을 새롭게 개발하기 위해 시도했던 다양한 방식을 잘 보여준다, 어떤 이는 듣는 법을 배웠고 다른 이는 배우는 법을 배웠다. 그들은 두려움 없이 진정한 호기심으로 항상 기존의 믿음과 가정에 의문을 던질 준비를 하면서 배웠다. 일부는 에고를 내려놓고 팀과 조직이 실질적으로 움직이도록 만드는 가치를 창조하는 과제에 집중했다. 또 어떤 사람들은 모든 정황이 반대 방향을 가리키고 있을 때도 용기를 내서 과감한 변화를 시도하거나 생각을 바꿨다. 또다른 이들은 조직 내 사람들과 더 자주, 더 진정성 있는 관계를 형성하고자 많은 노력을 기울였다.

그렇다면 당신은 어디로 나아갈 것인가? 우리는 바우어포럼을 이끌고 수백 명의 맥킨지 고객과 함께 일하는 동안 최고의 리더들이라 하더라도 리더십을 구축하고 조직을 새롭게 개발하는 과제와 관련해서 우리가 이 책에서 강조한 열두 가지 새로운 기술을 단번에 익히기는 힘들다는 사실을 확인했다. 우리가 제시한 리더십 기술을 배우는 방식은 각자의 출발점과 내적, 외적 요인에 달렸다. 모든 리더는 제각각 다르다. 그들은 서로 다른 산업 현장에서(일부는 비영리 세상에서) 활동하며 서로 다른 상황에 직면한다. 산업이 변화하는 흐름을 관찰하기 위해서는 첨단 기술 기업을 이끄는 것보다 더 다양한 리더십 기술이 필요하다. 리더는 자신의 특수한 상황을 분석하고 그 상황과 자신의 리더십 스타일에 가장 적합한 기술을 배워야 한다.

우리는 특정 리더십 기술이 CEO의 삶의 주기에서 중후반보다 초반에 더 중요한 기능을 한다는 사실을 확인했다. 초반에 CEO는 모든 이해관계자(고객, 비즈니스 파트너, 이사회 동료 등)의 말에 귀를 기울이고, 어떤 과제를 우선 집중하고 어떤 목표를 세워야 할지 배우고, 과제와 목표를 어떻게 추구할지 이해해야 한다. 게다가 이해관계자들의 서로 다른 요구에 대처하고 장기적인 성공을 위한 과감한 변화를 통해 조직을 새롭게 개발하면서 동시에 이 모든 노력을 쏟아야 한다. 다음으로 CEO로서 경력의 중반에는 자기만족이 종종 고개를 든다. 이 단계에서는 목적의식을 갖고, 임원들이나 팀에 (그리고 조직 전반에) 열정을 불어넣고, 조직의 에너지 수준을 계속 높게 유지하는 과제에 집중해야 한다. 다음으로 CEO 경력의 마지막 단계에서는 뚜렷한 유산을 남기는 과제로 넘어가야 한다. 다시 말해 에고를 내려놓고 미래에 조직을 이끌어나갈 후계자를 발굴해야 한다. CEO 경력의 모든 단계에서 이타적인 리더십의 중요성을 간과해서는 안 된다. 이타적인 리더십을 발휘하기 위해서는 인간적인 리더십을 강화하려는 지속적이고 진정한 의지가 필요하다.

동시에 최고의 CEO는 한 가지 요소가 CEO 경력의 모든 단계에 걸쳐 중요한 역할을 한다는 사실을 이해한다. 그것은 끊임없는 개발과 배움이다. 그는 첫번째 단계가 중간과 마지막 단계만큼 빨리 흘러간다는 사실을 안다. 그리고 자기 자신과 조직에 끊임없이 도전한다. 그렇다. 최고의 리더라면 틀림없이 경력 초반에 과감한 변화를 시도했을 것이다. 그리고 중반과 후반에 두번째, 혹은 세번째 변화를 다시 시도할 것이다. 그 이유는 시장의 기회가 임기 첫 2년 동안만 열리는 것은 아니기 때문이다.

리더로서 이러한 경력의 단계를 이해하는 것도 중요하지만, 동시에 지금 자신이 어느 단계에 있든 CEO 자리에 올랐다는 사실에 흥분하지 말고 자신을 끊임없이 성찰하고 새롭게 개발하는 노력도 마찬가지로 중요하다. 이 말은 호기심을 키워나가면서 앞서 살펴봤던 다양한 마음가짐을 받아들여야 한다는 뜻이다. 이를 위해 균형점을 계속 옮겨가면서 리더십을 이루는 양극의 요소들을 동시에 수용해야 한다. 다시 말해 자신을 있는 그대로 드러내면서 과감하게 행동하고, 겸손하면서도 용감한 태도를 보이고, 직원들에게 더 많은 자율권을 허용하면서도 비즈니스에서 물러서지 않고, 변화를 추구하면서도 조직의 가치와 목적에 대한 확신을 고수해야 한다. 그리고 리더는 다양한 관점과 상반된 아이디어를 받아들이면서 서로 다른 관점과 아이디어의 상호의존성을 이해하는 시스템 사고가가 되어야 한다. 또한 모든 이해관계자의 관심사를 들여다봐야 한다.

마지막으로 CEO라는 중요한 자리를 떠날 준비가 되었을 때, 그것을 여정의 끝으로 바라보지 말자. 큰 조직의 리더 자리에서 물러나면서 특권과 주변의 관심, 보상(실질적인 보상과 심리적인 보상)을 내려놓는 것은 모든 CEO에게 대단히 힘든 일이지만, 그래도 임기 동안 개발한 기술이 앞으로 계속 조직에 도움을 주도록 해야 한다. 이 책에서 소개한 기술들(다른 사람의 말에 귀기울이고, 직원들의 잠재력을 실현하고, 다양한 견해와 아이디어를 조율하고, 겸손하고, 소속감을 느끼고, 과감한 변화를 추진하는)을 개발했다면, 생각보다 더 빨리 의미 있는 다음번 기회를 발견할 것이다. 자신의 유산을 자랑스럽게 생각하면서 앞으로 나아가자.

이 책에서 깊이 있게 살펴본 열두 가지 리더십 요소는 익히기 쉽지 않고 오랜 시간이 걸린다. 이틀간의 리더십 프로그램으로 개인적, 직업적 변화를 이뤄낼 수 있는 사람은 없다. 수년의 시간이 필요한 여정이다. 그동안 어떤 사람이 되고 싶은지, 어떤 개인적인 학습과 새로운 개발 방식을 추구할지, 어떤 형태의 팀과 조직을 구축하

     맥킨지 비밀 수업

고 싶은지 매일 고민해야 한다. 그래도 좋은 소식은 여정을 시작하기에 너무 이르거나 늦은 때는 없다는 점이다.

우리가 협력을 통해 살펴본 리더들, 그리고 바우어포럼에 참석한 CEO 대부분은 몇 주, 혹은 몇 달 동안 자기 자신과 조직의 변화를 위해 열심히 노력하고 난 뒤 결국 자기 자신을 혁신했다. 예를 들어 한 일본 CEO는 조직의 실질적인 변화를 추진하기 위한 확신을 갖고 바우어포럼 모임을 떠났다. 그는 이런 말을 했다. "거기서 만난 CEO들 모두 저와 비슷한 상황에 처해 있더군요. 제가 겪고 있던 어려움은 저 혼자만의 문제가 아니었던 겁니다. 덕분에 계획을 추진해나갈 용기를 얻었습니다." 우리 프로그램에서 얻은 깨달음을 가지고 사무실로 돌아간 그 CEO는 균형을 잡기 위한 기술을 익혀야 한다는 사실을 이해했다. 즉, 용감하면서도 겸손하고, 방향에 대한 자신감과 함께 혁신하고 위험을 감수할 자율성을 직원들에게 부여해야 한다는 사실을 깨달았다.

우리는 동시에 이후의 절차나 지속적인 배움 및 개선에 대한 개인적인 의지가 없을 때 상황이 결국 어떻게 흘러가버리고 마는지도 목격했다. 몇몇 리더는 자기 자신에 대해 얻은 깨달음을 쉽게 잃어버리면서 다시 과거의 습관으로 돌아갔다. 그들은 사람들의 말에 귀기울이지 않고 자신이 모든 정답을 알고 있다고 확신하고 직원들을 집요하게 관리하면서 그들에게 충분한 관심을 기울이지 않았다. 일반적으로 이러한 리더는 최고의 자리에 오래 머무르지 못하고 조직 내부의 지지 기반을 계속 잃어버린다.

그래서 우리는 참석자들에게 프로그램에서 얻은 깨달음을 계속해서 상기시켜줄 실행 계획을 세워보도록 한다. 리더들은 바우어포럼 같은 프로그램에서 동기를 부여받기는 쉽지만 일상으로 돌아가 여러 업무를 처리하는 동안 열정과 새로운 마음가짐을 쉽게 잃어버릴 수 있기 때문이다. 실행 계획이란 자기 자신과 경영팀, 그리고 조직 전반에 대한 약속을 말한다(자기 자신과 경영팀, 그리고 조직을 이끄는 우리의 3단계 리더십 접근 방식과도 맥락을 같이한다). 우리는 실행 계획이 이 책에서 얻은 교훈을 자신의 경력에 적용하려는 모든 독자에게도 도움이 될 것으로 확신한다.

실행 계획에 정답은 없다. 각자의 여정에 맞게 계속 다듬어나가야 한다. 여기서 핵심은 안전지대 가장자리에서 끊임없이 배우도록 자극하는 환경을 조성하는 일이다. 일반적으로 고위 리더, 특히 CEO 역할에는 많은 것이 요구된다. 그리고 책임은 대단히 무겁다. 때로 외로움도 느낄 수 있다. 그러므로 자기 자신을 관대하게 대하고 자신을 인정하고 자기 연민을 갖는 태도가 필요하다. 여기서 실행 계획은 스트레스를 줄이고 꾸준히 실천해나가도록 자극하면서 리더십 나침반으로 기능할 것이다.

실행 계획을 수립하면서 어떤 리더는 1부에서 살펴본 인간적인 리더십 요소에 주목할 것이다. 그리고 다른 이들은 2부에서 강조한 조직 변화를 위한 리더십 요소를 우선시할 것이다. 어떤 경우든 실행 계획은 열정을 불러일으키면서 자기 자신과 조직 모두에 다음과 같은 행동 및 변화의 항목을 담고 있어야 한다:

- 이해관계자들의 말에 귀기울이고 이야기에 담긴 의미를 곰곰이 생각해보기
- 다양한 관점과 집중해야 할 부분 및 시간의 틀을 고려하면서 자신의 역할을 분명하게 정의하기
- 직원들에게 많은 관심을 기울이는 인간 중심적인 리더가 되기
- 조직 내 구성원들 모두 상황을 있는 그대로 보고하도록 문화를 바꾸기
- 직원들이 자발적으로 업무를 추진하도록 더 많은 권한을 위임하기
- 자신을 끊임없이 새롭게 개발하고 미묘한 변화를 위해 항상 균형을 유지해야 한다는 생각을 떠올리기

확고한 실행 계획에는 열정을 불어넣는 요소와 함께 소망을 실현하는 '방법'도 담겨야 한다. 실행 계획에서 한 가지 중요한 점은 여정을 계속 이어나가게 만들어줄 다양한 도구를 갖추는 것이다. 우리가 세부적 실행micro-practice이라고 부르는 이러한 도구는 일반적으로 '자신을 이끌기' '팀을 이끌기' '조직 전반을 이끌기'의 연장선

상에 있다. 예를 들자면 다음과 같은 것들이다.

- **자신을 이끌기**: 일정을 분석해서 다음 항목에 시간을 할당하도록 수정하기. 업무/비즈니스 시간, 가족 및 친구와 보내는 시간, 영적인 시간(명상이나 마음 챙김 등), 다양한 개인 시간(수면과 운동, 취미 등).
- **팀을 이끌기**: 팀원을 만날 때마다 먼저 안부를 묻고 진심으로 대하기(예정된 만남의 시간 중 20퍼센트를 할애하자).
- **조직을 이끌기**: 창의성과 실험 정신을 독려하는 업무 환경 조성하기. 전체 메일을 통해 획기적인 아이디어를 칭찬하고 우선 과제를 중심으로 새로운 아이디어를 개발하기 위한 혁신 경쟁력을 높이기.

부록 336~357쪽에서는 우리가 선택한 100가지 구체적인 실행 목록을 소개한다. 귀를 기울이는 것이든 공감을 높이는 것이든 강한 열정과 용기로 변화를 과감하게 시도하는 것이든, 혹은 포용적인 팀 구성원이 되는 것이든 이 목록을 참조함으로써 실행 계획의 효과를 강화할 수 있다.

내부 및 외부 요인들이 변하고 CEO의 여정을 밟아나가는 동안 실행 계획을 계속 검토하고 새롭게 수정하는 노력이 필요하다. 계획이 부담스럽거나 우선순위를 다투는 요구들로 압박감이 들어도

맥킨지 비밀 수업

괜찮다. 이는 한 걸음 물러서서 시간을 갖고 자신의 실행 계획을 되돌아봐야 한다는 신호다.

바우어포럼 프로그램에 참석했던 북미 지역 대규모 포장업체의 한 CEO는 실행 계획을 수립하고 이를 실천에 옮긴 좋은 사례다. 그는 가족 소유의 비상장 기업을 이끌기 시작하면서 문화적 변화가 필요하다고 느꼈다. 당시 그 기업은 해외 시장 경쟁에서 플라스틱 생산의 지속 가능성을 위협하는 환경 규제에 이르기까지 다양한 비즈니스 과제에 직면해 있었다. 그는 조직이 더 빨리 움직이고 더 적극적으로 위험을 감수하면서 미래의 모든 시나리오(일부는 아직 예측할 수 없었던)에 대처하기 위한 역량을 갖춰야 한다고 생각했다. 동시에 유서 깊은 확고한 조직 문화에 대한 존중과 변화의 필요성 사이에서 균형을 잡아야 했다. 그는 바우어포럼을 마치고 새로운 활력과 기대감으로 자신의 자리로 돌아갈 준비를 했다. 그런데 프로그램에 참석했던 다른 CEO는 일단 사무실로 돌아가게 되면 모든 CEO가 직면하는 수많은 업무로 집중력이 흐트러질 때도 변화를 계속 이끌어가기 위한 계획을 세워놨는지 물었다.

프로그램에 참석했던 바우어포럼 코치들과 다른 CEO들은 그에게 실행 계획 초안을 칠판에 한번 적어보라고 했다. 그렇게 그 CEO는 바우어포럼에서 논의한 장기적인 수익과 높은 성장을 위한 조직 변화의 필요성(직원들을 안전지대에서 끄집어낼), 기업의 포장 제품이 남길 환경 발자국을 줄여줄 중대하고 과감한 변화를 위한 우선 과제, 그리고 최고의 성과를 추구하면서 문화적 변화를 의식적으로 이끌어가기 위한 비즈니스 운영 시스템을 갖고 자신의 일터로 돌아갔다(일반적인 실행 계획 사례는 323~325쪽 참조).

그 CEO는 실행 계획의 가치에 대해 이렇게 설명했다. "자신이 해야 할 일을 자신의 진정한 역할에 대한 단순한 그림으로 요약해서 보여줍니다. 전구에 불을 켜주는 것과 같죠. 그렇습니다. 모든 걸 실행하는 과정에 복잡하고 현실적인 문제가 등장합니다. 그러나 실행 계획을 세워놨다면 당장 오늘 해야 할 일이 아니라 리더로서 장기적으로 성공하기 위해 해야 할 일에 집중할 수 있습니다. 그럴 때 다가올 여러 가지 변화에 대처할 수 있습니다."

훌륭한 실행 계획에는 반드시 다음 세 가지 기본 요소가 포함되어야 한다:

- **자신을 이끌기**: 인간적인 리더십 자질을 어떻게 개발할 것인지 정하자. 인간성과 단호함과 같은 정반대되는 요소들 사이에서 균형 잡는 법을 배우고, 자신의 지식에 대한 확신과 함께 열린 마음으로 새로운 정보를 받아들이고, 통제하려는 욕망과 함께 팀원들에 대한 권한 위임을 동시에 고려하자. 또한 자신의 역할과 조직 전반의 우선 과제도 생각하자.
- **경영팀을 이끌기**: 자신의 경영팀 구성원들에게서 어떤 인간적인 리더십 자질을 보고 싶은지, 그리고 '들어가며'에서 살

펴봤듯이 어떻게 그들이 균형을 잡도록 만들지에 대해 적어보자. 자신이 그들의 롤모델이 되려면 CEO로서 어떻게 행동해야 할 것인가?

- **조직 전반을 이끌기**: 새로운 리더십 스타일과 마음가짐, 행동, 조직 관리에서 변화의 폭을 넓혀나가는 방법들을 목록으로 작성해보자. 가령 경영팀이 리더십의 변화를 받아들일 때, '팀원들이' 직속 부하직원을 비롯하여 조직 사다리를 따라 내려가면서 모든 직급의 직원들의 롤모델 역할을 하도록 요구하는 방법이 포함될 수 있다.

장기적 가치와 조직 건강을 강화하기 위한 일반적인 실행 계획 사례

주요 전략 과제: 비즈니스 운영 시스템(디지털 기반 운영 등) 개선과 고객 친화 및 고객 중심, 그리고 제품과 서비스 포트폴리오의 개선 등 다양한 변화를 통해 모든 이해관계자를 위한 유지 가능한 가치 실현하기

자신을 이끌기

1. 열정을 불어넣는 리더십 실천(참여와 비전 강화와 직원들에 대한

접근성 강화, 그리고 직원들의 잠재력 실현을 통해서)

2. 산업 내부, 외부의 혁신적인 리더로부터 정기적으로 배우기

3. '수익성 높은 성장'에 필요한 새로운 유연한 역량과 기술 익히기

경영팀을 이끌기

1. 팀원들이 솔직하고 건설적인 방식으로 논의에 참여하도록 하기

2. 일정 중 30퍼센트의 시간을 가르침에 할애하기

3. 내년 변화의 목표를 기준으로 성공 계획 수립하기

조직 전반을 이끌기

1. 합리적인 위험 감수를 치하함으로써 혁신적인 문화 구축하기

2. 단호한 리더십과 포용적인 리더십 사이에서 균형 잡기

3. 조직 전반이 계속해서 변화하는 고객 요구에 집중하도록 만들기

전략 기반의 전술적 행동을 위한 다음 단계

1. 미래의 시나리오를 그려봄으로써 전략적 기회 모색하기

2. 각각의 시나리오에서 다양한 시각으로 성공의 모습을 그려보기:

　　고객과 주주, 다양한 이해관계자와 재무 및 조직 건강의 차원에서

3. 과감한 변화를 정의하고 우선 과제로 삼기

원활한 업무 처리를 위한 운영 모델 구축하기

1. 집중해야 할 영역을 우선 과제로 정하고 이를 뒷받침하는 목표
   세우기

2. 목표와 관련된 프로젝트 설계하기

3. 책임을 부여하는 시스템 마련하기

의도적인 문화적 변화와 역량 구축하기

1. 직원들이 안전지대에서 벗어나도록 만들기

2. 실패로부터 빠르게 배울 수 있도록 독려하기

3. 개방성과 투명성 요구하기

최고의 리더는 실행 계획을 세우고 나서 동료와 다른 CEO, 친구, 외부 멘토와 코치(바우어포럼 코치를 포함해서) 등 자신이 신뢰하는 자문 집단의 도움을 받아 몇 달 혹은 몇 년에 걸쳐 실행에 옮긴다. 외부에서 얻는 도움의 가치는 아무리 강조해도 지나치지 않다. 우리의 설문조사 결과에 따를 때, 바우어포럼에 참석했던 사람들 중 절반가량이 프로그램을 마친 후 경영 코치Executive Coach(경영자의 도전 과제를 해결하고 개인 및 조직의 성과를 향상시키기 위해 도움을 주는 전문가—옮긴이)를 자기 개발을 위한 새로운 조언의 원천으로 삼았

다(조사 결과의 자세한 내용은 부록 358~360쪽 참조).

신뢰하는 멘토로부터 조언을 얻든, 자문가 집단에서 도움을 받든 간에 핵심은 월별이나 분기별로 회의를 소집해서 실행 계획의 진척 상황에 대해 함께 논의하는 것이다. 개인적인 변화는 대단히 힘든 일이다. 그러므로 리더는 스스로 신뢰하고 리더십 스타일과 경력, 성공, 개인적인 자질의 차원에서 존경할 수 있는 이들에게 도움을 요청해야 한다. 즉, 공감 능력이 뛰어나고 동시에 여정의 진척 상황을 객관적으로 바라보도록 만들어줄 엄격한 인물로부터 도움을 받아야 한다. 이상적인 차원에서 자신이 신뢰하는 그런 인물은 아마도 개인적인 차원에서 새로운 개발을 여러 번 성공적으로 이뤄냈을 것이므로 중요한 경험을 공유하고 변화를 위한 아이디어를 제안해줄 것이다. 여기서 중요한 것은 자신의 깊은 욕망과 대담한 아이디어를 놓고 솔직하게 이야기를 나눌 수 있는 안전한 통로를 찾는 노력이다. 이러한 공간을 일종의 음향판으로 생각해도 좋겠다. 즉, 자신이 누구이며 어떤 사람이 되고 싶은지, 그리고 무엇을 성취하고 싶은지 성찰해보도록 만들어주는 공간이다.

우리가 이 책에서 소개한 사례들은 비즈니스 스쿨이나 경영자 개발 프로그램, 혹은 많은 이가 좋아하는 경영 관련 서적에서 접할 수 있는 일반적인 유형의 사례와는 다르다. 우리와 함께 일했던, 그리고 『맥킨지 비밀 수업』을 위한 논의에 참여했던 리더들은 대단히 특별하고 대담한 일을 해냈다. 그들은 우리가 이 책에서 소개한 원칙을 받아들였고, 또한 더 나은 리더가 되는 법을 알려주고자 자신의 내면적인 갈등과 의구심, 희망, 실패, 그리고 개인적인 새로운 개발과 관련된 이야기를 공유해줬다.

우리는 독자들이 긍정적인 변화를 향한 오랜 여정을 시작하게 만들어줄 개인적인 깨달음을 얻길 바란다. 그렇다. 이는 도전적인 여정이다. 하지만 그렇다고 반드시 어렵지만은 않다. 그 여정은 더 쉽게 도전하고 더 적은 노력으로 성취하는 방법에 관한 이야기다. 그리고 자기 자신의 상황을 깊숙이 들여다보는 노력에 관한 이야기다(나는 행동과 신체적인 움직임에서 어떤 패턴을 드러내는가? 지금 이 순간 무엇이 위태롭게 느껴지는가? 어떤 마음가짐으로 살아가는가? 지금 이 순간 나는 어떤 존재인가?). 이는 자기 연민과 체계적인 실행을 위한 의지에 관한 이야기다. 또한 기존의 기술과 리더십 자질을 개선하면서 동시에 새로운 자질을 추가하는 과제에 관한 이야기다. 나아가 내면으로부터 이끄는 인간 중심적인 리더가 되기 위한 여정은 경험으로부터 최고의 결론을 이끌어내고 이를 개인적, 집단적 의지로 바꾸는 과제에 관한 이야기다. 동시에 자신을 성찰하는 시간 여유를 갖는 노력에 관한 이야기다. 우리는 이러한 깊은 성찰의 시간으로부터 중대한 변화를 시작할 수 있다. 그리고 이 여정은 자기 자신은 물론 지금 함께 있는 사람들에게 집중하는 노력에 관한 이야기다.

직원들이 열정을 갖고 자율적으로 움직이면서 여정을 따라가도록 설득하는 일은 리더의 중대한 과제이자 기회다. 우리가 분명히 알고 있는 한 가지는 어제의 설명서를 따라서는 이 과제를 성취할 수 없다는 사실이다. 이 책을 시작하면서 강조했듯이 리더는 먼저 내면으로부터 이끄는 법을 배워야 한다. 리더십이란 결국 개인적인 변화, 그리고 자신이 세상에서 보고 싶은 변화를 이끌어가면서 다른 이들에게 열정을 불어넣어 자신의 여정을 따르도록 만드는 일이다. 모쪼록 『맥킨지 비밀 수업』이 최고의 자아로 나아가는 여정을 밝히는 등대의 역할을 해주길 기대한다.

감사의 글

이 책의 표지에는 네 명의 이름만 실려 있지만 진짜 영웅은 시간과 경험, 지혜의 이야기로 지면을 채워준 리더들이다. 이 책에 기여한 모든 분과 그들의 팀이 보여준 열정과 참여, 협력, 열린 마음, 너그러움, 관심에 감사드린다. 우리는 그들의 이야기와 인간 중심적인 리더십에 대한 깨달음, 그리고 내면의 강인함을 함께 나누기 위해 이 책을 쓰게 되었다.

이 책이 완성되기까지 많은 분이 참여해주셨다. 가장 먼저 전직 『포천』 편집자이자 『베조노믹스』의 저자인 브라이언 두메인은 처음부터 우리와 함께했다. 브라이언이 없었다면 이 책에서 소개한 많은 이야기에 활기를 불어넣지 못했을 것이다. 다음으로 맥킨지 글로벌 퍼블리싱 리더인 라주 나리세티에게 특별한 감사의 마음을 전한다. 그의 가르침과 조언은 이 책을 쓰는 동안 우리의 사고방식에 중요한 영향을 미쳤다. 또한 우리의 탁월한 에이전트 린 존스턴은 아이디어를 구상하는 단계에서 전문적인 조언을 줬다. 그리고 펭귄 랜덤하우스의 뛰어난 팀원들에게, 특히 에이드리언 잭하임과 새브리 매닝, 니키 파파도풀로스에게 감사드린다. 또한 초고를 읽고 조언해준 메리 선에게 특별한 고마움을 전한다.

여러 후원자와 더불어 우리와 함께 논의에 참여해준 맥킨지앤드드컴퍼니의 많은 파트너에게 감사드린다. 내면으로부터의 리더십을 주제로 20년간 개척적인 연구를 추진한 조앤 라보에는 이번 프로젝트에 많은 기여를 해줬다. 그리고 파리던 도티왈라는 자신의 지혜와 경험, 연구 결과를 기꺼이 나눠줬고 이는 우리의 사고과정의 근간이 되어줬다. 맥킨지 글로벌 연구소와 인사 및 조직 솔루션 팀, 그리고 OHI 4.0의 동료들 모두 우리의 연구와 사고 확립에 꼭 필요한 협력자였다. 바우어포럼에 참석한 CEO들, 그리고 CEO 시절 직업적, 개인적 차원에서 얻은 깨달음과 바우어포럼을 진행하면서 얻은 경험을 공유해준 공동 교수진에게도 특별한 감사를 전한다. 또한 동료 파트너들에게도 고마움을 전한다. 너무 많아서 일일이 이름을 언급할 수는 없지만, CEO들과의 인맥을 공유해주고 바우어포럼 참석자로서, 혹은 추가 인터뷰 대상자로서 도움을 준 데 감사드린다. 우리는 그들의 든든한 자문 네트워크를 통해 최고의 리더들을 만나서 많은 깨달음을 얻을 수 있었다.

바우어포럼의 13년 역사에서 오랜 시간을 이끈 경험이 없었다면, 그리고 그 프로그램을 거쳐간 5백 명이 넘는 CEO들로부터 배우지 못했다면 우리는 이 책을 쓸 수 없었을 것이다. 클라우디오 페서는 2011년 말 안드레 안도니안과 가우탐 쿰라와 함께 바우어포럼을 설립한 뒤 이를 점차 전 세계로 확장해나갔다. 그의 비전에 대해, 그리고 많은 리더가 성장하고 내면으로부터 배워나가도록 도움을 준 것에 대해 페서에게 고마움을 표한다. 바우어포럼 프로그램을 일찍이 수료하고 오늘날 많은 영향력을 발휘하도록 규모와 범위를 확장하는 과정에 기여한 많은 파트너에게도 감사드린다. 특히 맥킨지 바우어포럼 코치들의 협력과 아이디어 공유에 감사드린다. 맥킨지 조직 내 여러 일선 리더에게도 감사드린다. 특히 최근 맥킨지 클라이언트 역량 지원팀을 이끌었던 우리의 동료인 호마연 하타미는 아이디어를 공유하는 전반적인 과정에 많은 도움을 줬다. 그리고 산티아고 레이먼드는 바우어포럼을 통해 우리가 시도했던 모든 일이 결실을 맺도록 지속적인 도움을 줬다. 팀 카터와 그레그 시바이, 프리얀크 수드, 줄리 윙, 소피아 쿰머스 등 맥킨지앤드컴퍼니의 많은 동료와 도움을 준 수많은 이에게 깊은 감사의 말씀을 전한다.

마지막으로 우리 모두는 맥킨지앤드컴퍼니를 오늘의 모습으로 이끌어준 마빈 바우어의 비전과 리더십에 감사를 표한다. 맥킨지앤드컴퍼니는 우리가 리더십과 경력을 성장시켜온 고향과 같은 곳이다. 여기에는 맥킨지의 유산을 구축한 뛰어난 리더들이 많이 있다. 그중에서도 우리의 개인적인 여정에서 신뢰 있는 자문가 역할을 맡아준 론 대니얼이 단연 으뜸이다. 그리고 과거에 맥킨지 글로벌 대표로 재직했던 이언 데이비스와 돔 바튼에게 감사의 마음을 전하고 싶다. 또한 오랜 세월에 걸쳐 바우어포럼과 조직의 발전에 힘써준 현 맥킨지 글로벌 대표 밥 스턴펠스에게 고마움을 전한다.

우리 저자들은 이번 프로젝트를 지원하고 응원해준 모두에게 다음과 같이 감사함을 전한다.

다나: 맥킨지에 입사한 이후로 세상에서 나는 가장 어려운 문제들을 해결하는 방법을 모색했다. 특히 엔지니어로서 기술 및 기술 전략에 집중했다. 10년간의 맥킨지 경력에서 나는 기술적인 문제도 그렇지만 정말로 어려운 것은 사람들과 관계를 맺고 조직을 움직이게 만드는 일이라는 사실을 깨달았다. 나는 리더십 프로그램에 직접 참여함으로써 나를 위한 새로운 장을 열 수 있었다. 이후 그 프로그램은 나의 개인적, 직업적 여정의 근간이 되어줬다. 그 모든 순간이 리더로서 배우고 성장하는 기회였고 이 일에 큰 보람을 느낀다. 이번 프로젝트에서 나를 지지해주고 나, 그리고 맥킨지와 함께 여정에 용감하게 뛰어들어준 고객들, 요가와 리더십 및 인간관계에서 내

스승이 되어준 분들, 그리고 물론 내 가족에게 고마움을 전한다. 그들이 없었다면 이 여정을 걷는 특권을 누릴 수 없었을 것이다.

한스-버너: 나는 경력 초반에 비즈니스와 정치, 역사 및 여러 분야의 리더들을 연구했다. 특히 가슴과 사고방식에 중점을 두고 조직에서 변화를 이끌고 사람들을 변화시킨 많은 리더로부터 배움을 얻고자 했다. 맥킨지에 들어온 후로 CEO를 비롯한 많은 리더와 함께 일하고, 또한 다양한 비즈니스 문제를 해결하면서 그들이 리더십 여정을 이어나가고 팀과 조직을 구축하고 열정을 불어넣는 과정에서 도움을 줬다. 이를 통해 인간 중심적인 리더십에 대한 나의 열정, 특히 나 자신을 재창조하는 여정에 대한 열정이 더욱 뜨거워지면서 업무적인 과제의 공통 기반으로 자리잡았다. 나는 군인으로서, 과학 분야에서, 그리고 가장 중요하게 비즈니스 분야의 리더십 여정에서 나 자신을 몇 차례 새롭게 개발했다. 이번 여정에서 나와 함께 일하고 배운 고객과 동료 들에게, 맥킨지의 코치와 스승 들에게, 그리고 특히 여정의 모든 단계에서 나를 응원해준 가족에게 감사드린다.

컬트: 나는 교육자 집안에서 성장하면서 인적자원이 그 어떤

자원보다 더 중요하다는 생각을 항상 마음속에 품고 살았다. 이러한 점에서 우리 저자들 외에도 바우어포럼을 비롯하여 전 세계 CEO들을 위한 포괄적인 자문 플랫폼을 구축한 많은 이에게 감사의 마음을 전한다. 내가 맥킨지에서 열정을 발견할 수 있었던 것은 전 세계 CEO들과 함께하는 인적 학습 과정의 수많은 실험과 협력 덕분이었다. 나와 동료들이 도움을 주고 받을 수 있는 특권을 허락해준 이들 CEO에게 개인적으로 많은 고마움을 느낀다. 그들이 보여준 신뢰와 배움의 자세, 그리고 관계에 대한 비전에 감사드린다. 그처럼 재능 있는 이들이 리더로서 보낸 세월을 이해하려는 시도는 나 자신의 (간접적인) 리더십 여정에서 중요한 일부가 되었다.

라미쉬: 나의 리더십 여정은 나의 목적을 위해 내면을 성찰하게 만들어준 여러 개인적인 사건에서 시작되었다. 나의 웃음과 낙관주의를 세상에 전하려는 목표야말로 매일 일어나 움직이게 만드는 원동력이다. 그 과정에서 내가 업무적으로 받았던 많은 도움에, 그리고 그 여정에서 나를 성장시켜준 가족과 친구들에게 감사함을 전한다. 또한 뛰어난 교사이자 스승이 되어준 동료와 고객 들에게 감사드린다. 마지막이자 마찬가지로 중요하게도 내 인생을 든든히 지탱해주고 있는 아내 채러타 조시에게 고마움을 전한다.

마지막으로, 우리 모두는 이 책에 관심을 보여준 독자들에게 감사드린다. 앞으로 계속해서 자신을 발전시켜나가면서 이후의 노력을 통해 더 많은 도움을 줄 수 있기를 소망한다. 우리는 이러한 마음가짐으로 여러분의 모든 피드백을 언제나 환영한다.

Leadership_Journey@mckinsey.com

세부적인 접근 방식

지금까지 우리는 리더들이 어떻게 자신을 새롭게 개발하는지, 어떻게 지금 상황에 집중하면서 관심을 기울이고 예민하게 인식하면서 호기심을 드러내는지, 그리고 어떻게 이러한 자질을 통해 영향력을 발휘하는지 살펴봤다. 그리고 그 과정에서 최고의 리더들 모두 저마다 방식은 달라도 우리가 개인적인 운영 모형이라고 부르는 것을 계속해서 개선해나가기 위해 일반적이면서도 다양한 세부적인 접근 방식을 의도적으로 활용한다는 사실을 확인했다, 이는 곧 '자기 자신을 바라보고 다른 사람에게 자신을 드러내 보이는 방식'을 말한다. 리더는 자신을 최고 수준으로 높여주는 자기만의 의식을 매일이나 매주 혹은 매월 실천함으로써 이를 실행에 옮길 수 있다. 그리고 목적과 명료함, 그리고 지속적으로 확장하는 영향력을 바탕으로 이끌어나간다.

우리는 이러한 생각을 염두에 두고서 백 가지의 세부적인 접근 방식을 선정했다. 그리고 이들 방식을 탁월한 리더가 되기 위한 세 가지 범주, 즉 자신을 이끌기, 다른 사람과 팀을 이끌기, 그리고 조직을 이끌기로 구분했다. 물론 우리의 목록은 완벽하지 않고 누군가에게 효과 있는 방식이 다른 사람에게는 아닐 수 있다. 우리가 소개하는 세부적인 접근 방식들 중 무엇이 자신의 상황과 리더십 스타일 및 전반적인 업무 방식에 적합한지 판단해보자.

자신을 이끌기

다른 사람들을 이끌기 위해서는 먼저 자기 자신에 대한 인식을 개선함으로써 자신을 이끄는 역량을 갖춰야 한다. 이를 위해 무엇이 자기 에너지를 높여주는지, 스스로 무엇을 가치 있게 여기는지, 어떤 감정이 편하거나 불편한지를 깊이 이해해야 한다. 이와 관련해서 깊은 성찰과 솔직한 자기 관찰이 필요하다.

1. 행동보다 존재
- **자신의 목적과 가치를 기억하기**: 소중하게 생각하는 다섯 가

지 가치와 개인적인 '목적 선언문'을 접착식 메모지에 적어서 거울이나 책상처럼 자주 보는 곳에 붙여놓자.
- **마음 챙김 수련**: 침묵이나 사색, 혹은 다양한 명상법 등 자신을 깨어 있고 내면에 집중하게 만들어주는 방법을 찾아보자.
- **'되어보기' 목록 작성하기**: 직원들이 자신에게 무엇을 바라는지 스스로 물어보고 이를 실행해서 구현하고자 하는 1~3가지 가치를 적어보는 것으로 하루를 시작하자.

2. 생산적인 성찰과 고독을 위한 휴식

- **아침 사색**: 휴대전화를 놓고 산책을 나가서 새로 시작되는 하루와 해야 할 일, 주요 우선 과제에 대해 생각하자. 강아지가 있다면 산책 동반자로 삼자!
- **회의 후 검토**: 중요한 회의나 모임이 끝나고 곧바로 다음 업무로 넘어가지 말고 스스로 이렇게 물어보자. "어떤 감정이 들었던가? 화가 났던가? 그랬다면 어떤 부분에서 그렇게 느꼈으며 어떻게 반응했는가?"
- **일기 쓰기**: 하루 15분간 그날의 생각과 행동을 성찰해보자. 언제 최고의 자아였는지, 무엇이 부정적인 반응을 자극했는지 생각해보자. 내일의 성취 가능한 우선 과제에 주목해보자.

3. 사람들로부터 피드백을 구하고 받아들이자

- **진실을 말하는 핵심 그룹 만들기**: 개인적인 삶과 직업적인 삶에서 자신이 최고의 모습일 때와 그렇지 않을 때 자신이 어떻게 행동하는지 사람들에게 자주 물어보자. 그리고 자신의 행동이 그들에게 어떤 영향을 미치는지 이야기를 나눠보자.

- **기다리지 않기**: 사람들의 기억이 생생할 때 가능한 한 신속하게 피드백을 요청하자.

- **앞을 내다보기**: 성장 목표와 우선 순위를 다른 사람들과 공유하고, 미래를 내다보는 조언을 구하자.

4. 끊임없이 배우기

- **목표 세우기**: 책이나 오디오북, 혹은 팟캐스트 등 사람들에게 무엇을 읽거나 듣는지 물어보고 이에 관한 목표를 세워보자(가령 한 달에 3~5권 읽기).

- **지식의 지평 넓히기**: 여유 있게 시간을 잡고(가령 주말에 4시간, 혹은 한 달에 한 번 금요일 오후) 자신의 전문 분야를 벗어나 우선 과제와 관련된 다양한 주제를 깊이 있게 파고들자.

- **현장에서 배우기**: 단순히 보고서를 읽기보다 비즈니스 현장에서 일하는 사람들(애널리스트나 고객, 공급업체)을 직접 만나보자.

- **전문가들과 교류하기**: 정보가 풍부한 이들과 대화를 나누자. 뭔가를 가장 빨리 배우는 방법은 검증된 전문가와 두 시간 동안 함께 산책하는 것이다.

5. 낙관주의 받아들이기

- **감사하는 마음 갖기**: 하루를 시작하거나 마무리하면서 감사해야 할 다섯 가지를 떠올려보자.

- **해결책에 집중하기**: 자신이 무엇을 통제하고 영향을 줄 수 있는지 발견함으로써 초점을 문제에서 해결책으로 옮기자. "무엇이 문제입니까?"라고 묻지 말고 "나/우리가 무엇을 해결해야 할까요?"라고 묻자.

- **낙관주의자들을 주변에 두기**: 비즈니스 안팎에서 자신의 감정을 고양시키고 열정을 불어넣어주는 사람들에게 체크인 쪽지Check-in Note(프로젝트나 업무 상황을 기록하거나 전달하기 위해 사용하는 간단한 메모—옮긴이)를 보내자.

6. 영감을 주는 새로운 자원 찾기

- **뛰어난 리더를 롤모델로 활용하기**: 역사와 소설, 전기, 혹은 유명 연설문 등 폭넓은 독서를 통해 뛰어난 리더들로부터 배우자.

- **사람들과 즐거운 시간을 보내기**: 비즈니스 동료들의 초대에

적극 응하고 가능하다면 개인적인 친분도 쌓자.

- **취미 개발하기**: 일주일에 두 시간(평일 저녁이나 이른 아침)을 할애해서 직장과 가정을 떠나 자신에게 에너지와 충족감을 가져다주는 활동을 하자.
- **최고의 아이디어를 얻을 수 있는 공간 찾기**: 저녁에 샤워하거나 양치하면서 자신에게 질문을 던져보자. 어쩌면 다음날 눈을 떴을 때 대답을 발견하게 될지 모른다.

7. 가까운 이들에게 마음 열기

- **일정 공유**: 자신의 주간 일정을 배우자나 가족, 친구들에게 알리자.
- **생각 공유**: 자신의 생각이나 일기의 주제에 대해 배우자나 가족과 함께 주말에 이야기를 나누자.
- **체크인 노트**: 하루를 마무리하면서 평소 관심은 있지만 한동안 보지 못한 이들에게 짧은 메일이나 문자를 보내자.
- **중요한 문제에 우선적으로 집중하기**: 몇몇 집안의 우선 과제(가령 휴가나 아이들과 관련된 특별한 행사, 일간이나 주간으로 꼭 해야 할 일)를 확인하고 이를 업무만큼, 혹은 업무보다 더 중요하게 여기자.

8. 신체적, 정신적, 영적, 감정적 건강 강화하기

- **일정 관리를 위한 확고한 규칙 마련하기**: 개인적으로 중요한 우선 과제(식사와 명상, 가족, 운동 등)를 위해 마련한 시간을 지키고 누군가 이를 방해하도록 내버려두지 말자.
- **전반적인 건강 습관을 위한 시간 효율적인 방법 찾기**: 트레이너를 비롯해서 피트니스 앱, 혹은 온라인 식품 서비스를 적극 활용해보자.
- **인체공학적 습관**: 휴식시간에 잠시 스트레칭을 하거나 입식 책상을 사용하자.
- **자신을 알기**: 특별한 문제가 없다고 해도 코치나 심리치료사의 도움을 받아 자신의 정신 건강 상태를 규칙적으로 점검하자.

9. 활력을 되찾는 방법

- **의식적인 호흡법 수련**: 눈을 감고 내면에 집중하면서 심호흡을 통해 평온함을 느껴보자. 발이 바닥에 닿는 촉감을 느껴보자. 호흡에 집중하면서 천천히 코로 숨을 들이마셨다가 멈추고 다시 입으로 길게 내쉬면서 몸을 이완하자. 평온과 집중이 느껴질 때까지 반복하자.
- **꺼두는 시간 정하기**: 업무적으로 가능하다면 매일 정해놓은 시간에 사무실을 잠깐 벗어나거나 컴퓨터를 끄자. 배우자

가 있다면 퇴근길에 전화를 걸어 하루 일과에 대해 이야기를 나누자. 그러면 집에 도착해서 업무로부터 완전히 벗어나 감정적인 여유를 누릴 수 있다.

- **수면에 대한 신중한 접근**: 가능하다면 매일 7시간 이상 잠을 자자. 잠을 잘 때는 휴대전화를 다른 방에 두고 재충전을 위한 가장 소중한 시간을 방해받지 않도록 하자.
- **마음 챙김 수련**: 여러 회의 사이에, 혹은 하루를 시작하거나 마무리할 때 잠깐 시간을 내서 명상과 기도, 묵상으로 마음가짐을 새롭게 하자.

10. 일과 삶에서 최적의 균형 잡기

- **일하는 공간과 생활하는 공간 분리하기**: 집안에 업무 공간을 따로 마련해두자. 침실이나 거실처럼 편안한 생활을 위한 공간에서 일하지 말자.
- **기술 장비의 경계를 설정하기**: 업무용 휴대전화와 개인용 휴대전화를 따로 사용하자. 식사나 수면 시간에는 알람을 꺼두자.
- **업무 시간의 경계 설정하기**: 연락 가능한 시간을 포함해서 자신의 일상적인 업무 시간을 비서나 동료들에게 알리자.
- **물리적 신호 활용하기**: 일과를 시작하면서 업무용 복장을 갖추고 하루를 마무리하면서 평상복으로 갈아입는 방식으로 일과 삶을 구분하는 물리적 신호를 자신에게 보내자.

다른 사람과 팀을 이끌기

리더십의 본질은 관계에 있다. 훌륭한 리더는 인간 중심적이며 사람들과 교류하는 방식을 의식적으로 개선해나간다. 그리고 구체적인 실행으로 다른 사람 및 팀과의 개인적이고 생산적인 관계를 강화한다.

1. 주의를 기울이기

- **적극적인 경험**: 상대방의 질문을 구체적으로 다시 설명해달라고 요청함으로써 상대의 말을 정확하게 이해하고 그의 핵심적인 생각과 감정, 믿음, 관심사를 파악하자. 섣부른 판단은 접어두고 대화에 의식적으로 집중하면서 상대의 말을 이해하고 자신의 의견을 전달하는 데 최대한 집중하자.
- **주의 분산을 경계하고 멀티태스킹을 멈추기**: 회의중에는 휴대전화를 치워놓자. 알람을 꺼두고 메일함을 열어보지 말자.
- **되돌려보기**: 상대의 이야기를 자신의 언어로 다시 풀어보면서 추가 설명을 요구함으로써 그의 이야기를 정확하게 이해했는지 확인하자.
- **머리 비우기**: 회의가 시작되기 전 자신의 생각을 적어봄으로써 회의중 그 생각으로 주의가 흐트러지지 않도록 하자.

회의를 마치고 나면 그 생각이 자연스럽게 다시 떠오를 것
이다.

2. 배움과 성장 가속화하기

- **코치 되기**: 다양한 배경의 몇몇 사람(너무 많으면 온전히 집중
할 수 없다)의 멘토가 되어 그들에게 관심을 기울이자.
- **목표 물어보기**: 일대일 코칭이나 피드백 회의를 시작하면서
경력이나 직업적 목표에 대해 물어보자. 대답을 적어두고
나중에 종종 확인하자.
- **중요한 자리로 인도하기**: 이해관계자들과 함께 하는 주요한
회의에 자신의 제자를 데려가서 배우고 역량을 개발하도록
하자.

3. 피드백 주기

- **피드백 내용을 기록해두기**: 앞으로 있을 피드백 회의를 위해
주요 회의가 끝나고 5분간 각 팀원이 어떻게 회의에 참여
했는지에 대한 자신의 생각과 사례를 적어놓자.
- **정기적인 일정 잡기**: 기존의 평가 기준을 바탕으로 피드백을
체계적으로 전달하기 위한 일정을 마련하자(가령 2주일에
한 번).
- **자신이 잘하고 있는지 물어보기**: 피드백 회의에서 직원들에

게 어떤 지원이 더 필요한지 물어보고 대답을 주의깊게 듣자. 그리고 긍정적이고 건설적인 모든 피드백에 감사를 전하자.

4. 팀원들의 자신감과 주인의식 강화하기

- **반대 의견 독려하기**: 팀 회의를 시작하면서 다양한 의견을 중요하게 생각한다는 점을 강조하자. "제가 무엇을 잘못 알고 있나요?" 혹은 "제가 무엇을 놓치고 있나요?"와 같은 질문을 종종 던지자.

- **모두 논의에 참여하게 만들기**: 충분한 시간을 갖고 논의를 통해 의사결정을 하자. 말이 없는 직원들이 의견을 내놓도록 격려하고 주도적으로 참여하는 직원들은 여유를 갖도록 조언하자.

- **기여를 인정하기**: 팀의 성공에 도움을 주고 긍정적인 기여를 한 직원들을 구체적인 사례를 들어 칭찬하자.

5. 중요한 성과와 사소한 성과 모두 인정하기

- **직원들이 성과를 알아보도록 만들기**: 대화의 분위기를 불만 제기에서 다른 직원의 성공을 축하하는 쪽으로 이끌자. 그리고 모두가 동료의 성공으로부터 배우고 안전지대를 벗어나 과감하게 위험을 감수하도록 격려하자. 직원들이 자신

맥킨지 비밀 수업

의 업무에서 무엇을 가장 자랑스럽게 여기는지 물어보자.

- **다가서기**: 출장이나 휴가 동안 팀원들에게 전화를 걸거나 이메일을 보내서 기여에 감사를 표하고 성공을 축하하자.
- **성공을 축하하는 분위기 만들기**: 공식적인 축하 행사를 마련하고 배움을 강조하자. 예를 들어 경영팀에서 이번주의 직원을 선정하게 하거나 연말 시상식을 통해 조직 전체에서 가장 많은 표를 얻은 직원을 치하하자.

6. 자신이 하지 않아도 될 일은 위임하기

- **내려놓기를 배우기**: 매주 금요일 달력을 확인하면서 자신만이 할 수 있는 일을 기준으로 어떤 회의에 꼭 참석했어야 했는지 평가해보자. 그렇지 않은 회의를 확인하고 팀원들에게 자율적으로 회의를 이끌어나가길 기대한다는 당부의 말을 전하자.
- **팀원들의 경쟁력 파악하기**: 시간을 투자해서 각 팀원의 기술과 역량을 파악하자. 그리고 그들이 자신의 경쟁력에 걸맞은 다양한 업무를 주도적으로 이끌어나가도록 하자. 문제가 터졌을 때 직접 해결하기보다 적절한 책임자에게 넘기자.
- **의사소통을 원활하게 만들기**: 팀원들이 꼭 알아야 할 정보만 전달하자. 팀 외부 사람과 교류하고 나서 얻은 정보를 잘 처리할 수 있는 적당한 팀원에게 전달하자.

7. 주변 사람을 믿고 신뢰를 드러내기

- **진정성을 보여주기**: 자신의 의도와 생각, 감정, 그리고 소중하게 생각하는 가치를 있는 그대로 드러내자. 이러한 투명성으로 신뢰를 쌓을 수 있다.
- **신뢰를 드러내기**: 고위급 회의에서 자신의 의도를 정확하게 전달하면서 그들을 신뢰하며 성공을 기대한다는 말을 전하자. 그들이 당신의 개입 없이도 목표를 달성하도록 여유를 주자.

8. 참석하기

- **기업 및 팀 행사에 참석하기**: 자신의 업무적, 개인적 삶을 우선시하고 균형을 유지하는 선에서 최대한 시간을 내서 주요 행사에 참석하자.
- **시간 엄수**: 회의들 사이에 휴식시간을 잡아서 지각하는 일이 없도록 하자. 몇 분 늦을 것 같으면 팀원들에게 미리 알려서 양해를 구하자.

9. 취약성 모형화하기

- **말과 감정의 일치**: 감정을 표현하는 법을 배우자. 이는 미술이나 음악과 같은 창조적인 활동을 통해 가능하다. 또한 감정을 전달하는 법을 배우자. 영감을 주는 이야기를 들었다

면 다른 이들에게 전하자. 그리고 적절한 순간 관심을 보이자.

- **내면을 드러내기**: 팀 회의를 시작하면서 자신의 생각과 감정을 전하자. 무엇에 열광하거나 관심을 갖고 있는가? 마찬가지로 다른 이들도 그렇게 마음을 열도록 격려하자. 대화의 수준이 높아질 것이다.

- **개인적인 이야기**: 가장 힘든 순간은 언제였는지, 그리고 그 경험이 자신의 리더십에 어떤 영향을 미쳤는지, 혹은 실패했을 때 어떤 상황이 벌어졌는지에 관한 이야기를 사람들에게 들려주자.

- **모르면 모른다고 하기**: 모든 정답을 갖고 있지 않아도 괜찮다. 억지로 대답을 만들어내지 말자. 투명한 태도를 유지하면서 답을 구할 수 있는 원천을 팀원들에게 소개하는 일에 집중하자.

10. 이타적 리더십의 표출

- **스포트라이트 넘기기**: 주요 연설이나 시상, 새로운 프로그램 발표, 혹은 전체 이메일 발송을 직접 하기보다 팀원에게 맡기자.

- **힘든 과제를 떠안기**: 어떤 프로젝트가 격렬한 반대에 직면하거나 다른 우선 과제와 경쟁을 벌여야 할 때는 팀원들에게 맡기지 말고 직접 이끌자.

조직 이끌기

조직을 이끌기 위해서는 다른 사람이나 팀을 이끌 때와는 다른 형태의 구체적인 실행이 필요하다. 여기서 리더가 이끌어야 할 인원의 규모는 훨씬 더 크며 수백 혹은 수천 명에 이르기도 한다. 조직을 이끄는 어려운 과제를 성공적으로 추진하기 위해서는 의사결정과 문화적 영향력, 그리고 설득력 있는 비전을 구체적이면서도 분명하게 제시하기 위한 다양한 역량의 전략적 조합이 요구된다.

1. 가치와 목적을 강화하기

- **직원들에게 물어보기**: 직원들을 만날 때마다 목적의식을 느끼고 있는지, 조직에 대한 소속감을 얻기 위해 무엇을 가장 중요하게 여기는지 물어보자.
- **조직 전반에 가치와 목적을 강조하기**: 기업의 가치와 목적을 떠올리고 강조하는 기회를 정기적으로 마련하자. 예를 들어 기업 가치를 응용해서 회의실 이름을 짓거나 기업 가치와 목적을 실현한 직원에게 감사를 표하거나, 혹은 매년 하루를 목적과 가치에 대해 숙고하는 날로 정하는 등의 방법이 있겠다.
- **조직 전반에 걸쳐 가치와 목적을 인식하기**: 조직 전반에 걸쳐 대화나 글을 통해서 직원들의 일상 업무를 폭넓은 사명과

연결 짓자. 예를 들어 전체 이메일을 통해 조직의 가치와 목적을 실천한 직원의 이야기를 소개하거나 연말 시상식에서 그 가치를 잘 보여준 직원을 치하하자.

2. 확실한 의사소통 기술

- **유능한 이야기꾼**: 자신의 메시지를 일화를 통해 전달하자. 자신이 널리 알리고자 하는 가치나 행동과 관련된 일화라면 더 좋다.

- **코치 영입**: 의사소통 전문가의 도움을 받아 글이나 말을 통한 자신의 의사소통 기술을 검토하고 개선하자.

- **자신의 메시지를 이해하기**: 주요 회의나 프레젠테이션 전에 5분간 강조하고자 하는 핵심 내용을 한 문장이나 간략한 표현으로 요약해보자.

- **외부인을 통해 시험해보기**: 메일 발송이나 연설에 앞서 명확하지 않은 부분에 대해 배우자나 자녀, 혹은 친구로부터 피드백을 받자. 주제를 잘 알지 못하는 사람도 쉽게 이해할 정도로 충분히 분명한가?

- **'왜'로부터 시작하기**: 프로젝트나 과제의 핵심 목적이나 동기를 분명하고 간결하게 설명해서 이해관계자들이 전체 아이디어를 쉽게 이해하도록 하자. 다음으로 '무엇'을 제시하고 나서 '어떻게'를 언급하자.

3. 조직 전체를 위한 롤모델

- **개방적이고 인간적인 리더**: 자신의 개인적인 발전 계획을 공유하고 과거에 있었던 업무 실수나 힘든 상황에 관한 이야기를 들려주자.

- **중요한 행사에 참석해서 반응을 보여주기**: 꼭 참석해야 하거나 자신이 해결해야 할 과제가 있는 모임을 우선적으로 고려하자. 특히 지원이나 격려, 도움이 필요한 힘들고 중요한 상황이라면 꼭 시간을 지키자.

- **업무 시간에 관한 기준을 마련하기**: 전화와 이메일을 주고받는 시간을 업무 시간으로 제한함으로써 직원들의 개인 시간을 지켜주자. 개인이 처리해야 할 긴급 사안이 아닌 이상 휴가중에는 이메일에 답변을 하지 말도록 당부하자. 어떤 형태의 기준이든 구체적으로 세워서 모든 구성원이 따르도록 하자.

4. 역량 개발과 끊임없는 배움

- **배움에 관해 질문하기**: 팀원들에게 "지난주 또는 지난달 무엇을 배웠습니까?"라는 질문을 종종 던지자. 그리고 팀원들 역시 그들의 부하직원들에게 똑같은 질문을 던지도록 해서 이러한 분위기가 조직 전반으로 확산되도록 하자.

- **학습 주제 공유하기**: 최근 자신이 배우려는 주제를 투명하게

공개하고, 기업 전반에 퍼질 때까지 모든 직급의 직원들도 그렇게 하도록 만들자.

- **학습 의식 마련하기**: 체계적인 학습 활동을 일과 또는 조직의 정기적인 의식으로 통합하자. 예를 들어 일주일에 한 시간을 학습 시간으로 지정하거나 '사후 검토' 시간을 미리 정하거나, 혹은 부서들 간에 서로 사무실을 방문하도록 하자.
- **변화를 겪는 이들에게 열정을 불어넣기**: 업무에 변화가 있거나 승진한 직원을 대상으로, 되돌아보는 시간과 체계적인 학습 프로그램을 제공하자. 그들에게 어떻게 달라지고 싶은지 물어보자.

5. 이해관계자들을 끌어들이기

- **개인적인 자문위원회**: 리더십 코치나 고위 임원, 멘토 등 여러 자문가로부터 다양한 이해관계자를 끌어들이기 위한 조언을 구하자.
- **이동 시간 활용**: 출장을 떠나기 전 일정을 조율해서 전체 이동 시간의 30~40퍼센트는 고객이나 공급업체, 투자자 및 여러 외부 이해관계자와 동행하자.
- **'왜'를 통한 연결**: 외부에서 이해관계자를 만날 때마다 무엇을 중요하게 생각하는지 물어보고 이를 자신과 조직이 중요하게 생각하는 가치와 연결 짓자.

6. 포용적인 리더

- **다가가기**: 매주 조직 내 새로운 사람을 만나거나 행사에 참
  석해서 그들의 동기나 취약성과 관련해서 직면하고 있는
  도전 과제, 그리고 새로운 아이디어를 받아들이는 개방성
  에 관한 이야기를 듣고 공감하고 이해하자.

- **다양한 관점을 격려하기**: 전체 회의나 부서 회의를 진행하는
  동안 다양한 배경과 경험, 전문성을 지닌 직원들로부터 적
  극적으로 정보를 구하자. 특히 소수집단 출신 직원에게 주
  목하자. 말이 많은 사람들은 자제시키면서 말이 없는 이들
  에게 의견을 물어보고 귀기울이자.

- **모범을 보여 이끌기**: 모임에 참여하기를 원하는 이들을 받
  아들여서 포용적인 태도를 보이자. 다양한 사람을 만나
  악수를 나누면서 질문하자. 존중과 열린 마음, 공평함을 보
  여줌으로써 모든 직원을 위한 긍정적인 분위기를 조성하자.

- **포용을 위한 목표 세우기**: 포용이 조직에 의미하는 바와 관
  련해서 직원들에게 책임감을 부여하자. 비즈니스 목표를
  주의깊게 수립하고 고객 전반과 이해관계자 집단의 요구에
  귀기울이자.

7. '섬기는 리더'로서의 마음가짐

- **직원들을 우선시하기**: 조직 내 모든 리더가 업무 효율성을

  맥킨지 비밀 수업

높이기 위해 무엇이 필요한지 직원들에게 묻자.

- **장애물 제거하기**: 직원들이 장애물을 보고할 때, 리더가 현장에서 문제를 해결할 수 있도록 미리 훈련시키자. 가령 관련된 자원을 관리하는 담당자나 도움을 줄 수 있는 직원을 연결시켜주는 방법이 있겠다.

- **모든 과제에 의지를 드러내자**: 하루를 '중요한' 날로 정해서 직원들을 위한 문을 활짝 열어두자. 공식적인 변화를 겪고 있는 직원이 있다면, 그와 함께 하루를 보내자.

8. 성장 마인드 개발하기

- **혁신을 격려하기**: 창의성과 실험을 독려하는 업무 환경을 조성하자. 전체 이메일을 보내서 혁신적인 아이디어를 인정하고 혁신을 위한 논의를 통해 우선 과제를 중심으로 새로운 아이디어를 개발하자.

- **기술 변화 받아들이기**: 비즈니스에 영향을 미치는 디지털 동향과 관련해서 매주 업데이트를 받자. 전문가들의 조언을 신속하게 구하고, 필요하다면 전략을 수정하자. 그리고 조직 내 주요 인물과 정보를 공유하자.

- **실패로부터 배우기**: 직원들이 실패로부터 배운 사례를 널리 알려서 민첩하게 움직이고 위험을 기꺼이 감수하는 조직 문화를 구축하자.

9. 조직에 즐거움을 불어넣기

- **관계 형성을 위한 행사**: 조직 내 모든 직급의 구성원들이 함께 즐거운 시간을 갖는 행사를 마련하자. 볼링 대회나 연례 사내 올림픽, 혹은 부서별 운동회가 좋은 사례다.

- **유머를 격려하기**: 어려운 메시지를 회피하기 위해서가 아니라 직원들이 마음을 열고 사안을 덜 심각하게 받아들이도록 유머를 활용해보자. 실수를 했을 때 자신을 기꺼이 웃음거리로 삼아 조직 내부의 농담으로 만들어보거나 정기 회의에서 대중문화에 관한 이야기를 꺼내자. 사진을 순식간에 재미있게 편집할 줄 아는 직원을 찾아보자.

- **즐거운 시간**: 대규모 행사를 진행하기에 앞서 경품이 걸린 게임으로 직원들이 일어나서 많이 움직이도록 하자.

- **깜짝 이벤트 준비하기**: 도시락을 주문해서 사무실을 떠나 축하 행사를 하거나 스트레스를 풀면서 동료애를 다지는 기회를 마련해보자.

10. 단호하되 충동적이지 말 것

- **자문 구하기**: 중요한 의사결정을 앞두고 3~5명으로부터 조언을 구하자. 여기에는 조직 안팎의 인물을 모두 포함하는 게 좋다.

- **광범위한 자문 구하기**: 중대한 조직 변화에 착수하기에 앞서

다양한 업무와 직급, 전문 분야에 걸친 여러 사람으로부터 폭넓은 자문을 구하자. 설문조사나 포커스 그룹, 특별 프로젝트팀을 활용해보는 것도 좋다. 조언을 신중하게 고려하되 기계적으로 받아들이지는 말자.

- **하룻밤 묵히기**: 중요한 의사결정을 발표할 때, 이메일이나 메모를 작성하고 나서 24시간을 기다리자. 그리고 전송 버튼을 누르기 직전에 자신의 감정 상태와 태도에 주목하자.

바우어포럼 리더십 설문조사와 주요 결과

우리는 2018년부터 2023년에 걸쳐 바우어포럼 참석자를 대상으로 설문조사를 실시했다. 이를 통해 그들이 리더십과 관련해서 어떤 어려움을 겪고 있는지, 그리고 바우어포럼에서 무엇을 얻었는지 확인하고자 했다. 이제 그들이 들려준 이야기를 소개한다.

리더들이 바우어포럼에서 언급한 최대 도전 과제는 개인적인 문제였다.

바우어포럼 논의 과정에서 꺼냈던 리더십 도전 과제의 유형은 무엇입니까?

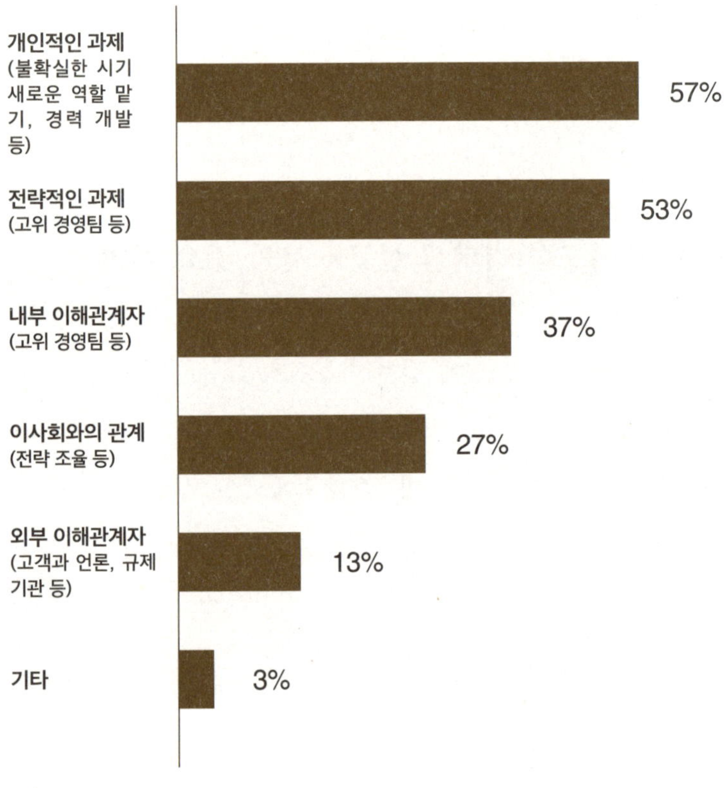

참석자들이 바우어포럼에서 얻은 최고의 깨달음은 기회를 바라보는 폭넓은 관점, 그리고 리더로서 겪는 어려움이 자신만의 문제가 아니라는 사실이었다.

리더로서 관점이나 태도와 관련하여 바우어포럼을 비롯한 여러 교육 프로그램을 받고 나서 가장 많이 변한 부분은 무엇입니까(상위 5가지)?

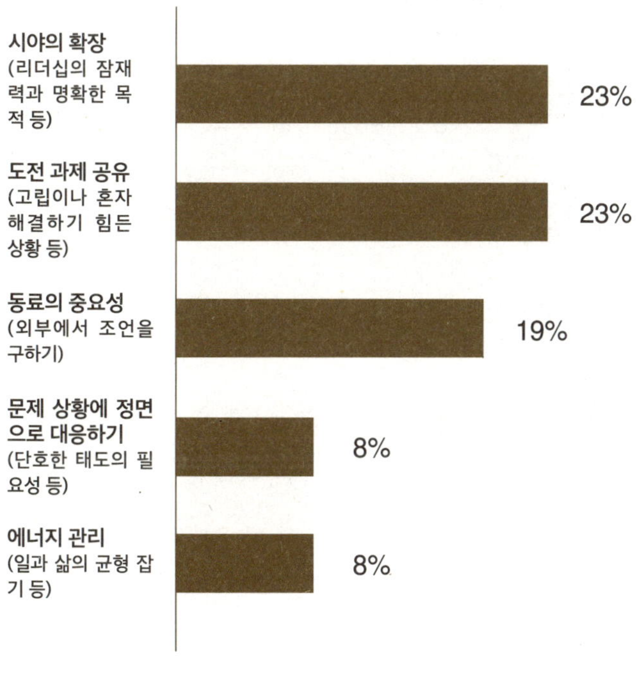

많은 참석자가 바우어포럼을 마치고 난 후 동료와 협력하고 배움을 이어나가면서 리더십 역량을 개선하고 있다.

바우어포럼 이후로 어떤 새로운, 혹은 기존 아이디어를 우선적으로 실천하고 있습니까(상위 6가지)?

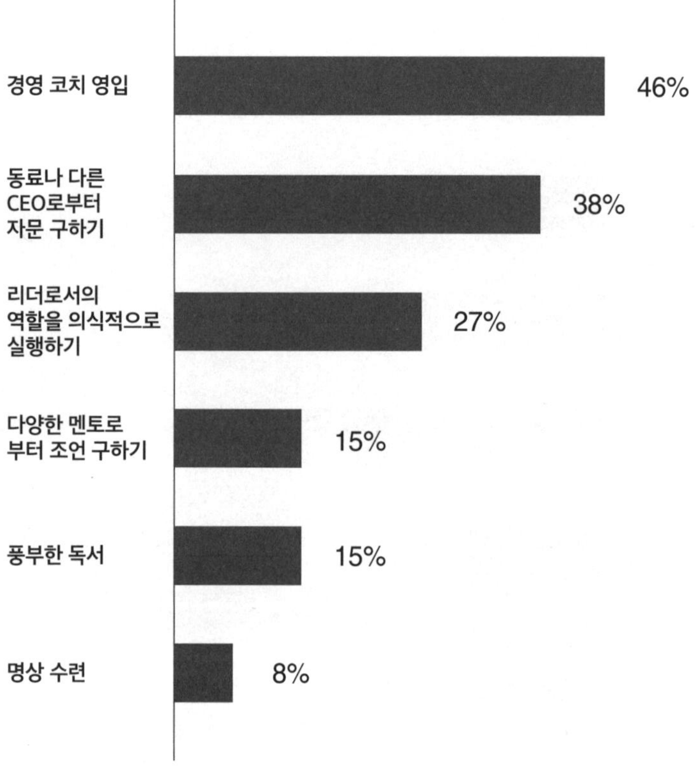

맥킨지 비밀 수업

맥킨지 바우어포럼 CEO 리더십 개발 프로그램의 효과: 개괄적인 소개

평가-CEO들은 서로의 상황에 대해 논의함으로써 자신이 처한 상황을 분석한다	깊은 성찰-새로운 개발 과정의 첫 단계로 자기 평가 실행하기	다음과 같은 지속적인 새로운 개발을 위한 실행 계획을 가지고 떠난다

• 산업과 기업
• 생태계
• 이사회와 경영팀
• 이해관계자
• CEO로서, 그리고 개인으로서의 여정
  – 이사회와 이해관계자들로부터 분명한 권한을 위임받았는가?
  – 현재 그들이 처한 개인적인 상황과 그들이 바라는 상황은 무엇인가?
  – 우선 과제와 도전 과제는 무엇인가?
• 바우어포럼에서 논의하고 해결책을 찾고자 하는 주요 안건과 우선 과제, 권한의 핵심 요소, 리더십 실행 계획(자신, 팀, 조직을 이끌기)
• 자신의 피드백과 다른 이들의 피드백을 기반으로 자기 인식 개선
	CEO들은 자신과 자신의 팀, 조직 전반에 대한 기대를 드러내고 함께 논의한다:
	• 긍정적인 요인 vs. 장애물
	• 믿음과 가정 vs. 현실
	• 에너지와 열정을 부여하는 요인 vs. 발목을 잡는 요인
	
	CEO들은 새로운 개발 과정에 착수한다:
	• 동료 CEO들과 코치들은 해당 리더가 설명한 야심과 긍정적인 요인, 그리고 부정적인 요인(CEO 개인과 생태계에 대한)에 대해 깊이 생각하고 집단 학습에 참여한다.
	• 신뢰에 기반을 둔 대화 '주고받기'를 통해 발전과 집단 학습을 위한 조언을 제시한다.
	• CEO들은 '깊이 파고들기'를 통해 조언을 받아들이고 자신의 생각과 깨달음에 대해 이야기한다.
		자신과 팀, 조직 전반을 이끌기 위한 실행 계획:
		• 자기 자신과 조직 전반에 인간 중심적인 리더십 접근 방식 구축하기
		• 개인적인 '되어보기' 프로필 작성하기. 여기에는 자기 인식과 취약성, 공감이 포함된다. 이제 이러한 특성을 조직 전반에 불어넣자
		• '겸손과 단호함'을 비롯하여 균형을 잡기 위한 다섯 가지 행동 익히기. 다음으로 이를 다른 사람들과 공유하기
		• 심층적인 학습에 참여하고 경험의 폭을 확대하여 유연한 리더가 되기 위한 노력
		• 이정표와 '점검' 목록을 기반으로 계획 수립하기
		
		새로운 개발을 지속적으로 이어나가기 위한 로드맵
		• 바우어포럼 코치와 동료 CEO들은 자문으로 기능하면서 정기적으로 도움을 준다.
		• 맥킨지 파트너들은 바우어포럼의 경험과 깨달음을 요약하는 메모를 작성하고 CEO의 실행 계획을 강화한다.
		• 필요한 경우 CEO들은 친구나 코치에게 자문을 구한다.

리더십 개발 접근 방식과 경험: 내면으로부터 이끄는 법을 배우기

주

들어가며

1. Development Dimensions International, "Leaders in Transition: Progressing along a Precarious Path," 2015, https://www.ddiworld.com/research/leaders-in-transition-progressing-along-a-precarious-path.

2. Joyce Chen, "CEO Tenure Rates," Harvard Law School Forum on Corporate Governance, https://corpgov.law.harvard.edu/2023/08/04/ceo-tenure-rates-2/.

3. Rasmus Hougaard, Jacqueline Carter, and Rob Stembridge, "The Best Leaders Can't Be Replaced by AI," *Harvard Business Review*, January 12, 2024.

4. Anu Madgavkar, Bill Schaninger, Dana Maor, Olivia White, Sven Smit, Hamid Samandari, Jonathan Woetzel, Davis Carlin, and Kanmani Chockalingam, "Performance Through People: Transforming Human Capital into Competitive Advantage," McKinsey Global Institute, February 2023, https://www.mckinsey.com/mgi/our- research/performance-through-people-transforming-human-capital-into-competitive- advantage.

5. Madgavkar et al., "Performance Through People."

1부. 자신으로부터 시작하기

6. Roy Delgado, *New Yorker*, October 5, 2007.

7. Peter D. Kaufman, *Poor Charlie's Almanack: The Essential Wit and Wisdom of Charles T. Munger* (South San Francisco, CA: StripePress, 2005).

8. "The Retreat from Moscow," britannica.com, https://www.britannica.com/event/Napoleonic-Wars/The-retreat-from-Moscow.

9. Chuck Tannert, "John DeLorean Reinvented the Dream Car. Then He Totaled It," *Forbes*, July 26, 2019, https://www.forbes.com/wheels/news/john-delorean-reinvented-the-dream-car-then-he-totaled-it.

10. Brian Draper, "Positive Energy," High Profiles, February 11, 2011, https://highprofiles.info/interview/ellen-macarthur.

11. Doris Kearns Goodwin, *Team of Rivals: The Political Genius of Abraham Lincoln*(New York: Simon & Schuster, 2006).

12. Patricia Sellers, "So You Fail. Now Bounce Back!", *Fortune*, May 1, 1995.

13. William B. Barrett, "Food Bank Network Ousts United Way as America's Largest Charity," *Forbes*, December 13, 2022, https://www.forbes.com/sites/williampbarrett/2022/12/13/food-bank-network-ousts-united-way-as-americas-largest-charity/?sh= 1f49bc655b1d.

14. Sam Abuelsamid, "Auto Industry Crisis Leads to Job Losses Even at Strong Companies," Autoblog, December 20, 2008, https://www.autoblog.com/2008/12/20/auto-industry-crisis-leads-to-job-losses-even-at-strong-companie.

15. Walter Isaacson, *Leonardo da Vinci* (New York: Simon & Schuster, 2017).

16. Brian Dumaine, *Bezonomics: How Amazon Is Changing Our Lives and What the World's Best Companies Are Learning from It* (New York: Scribner, 2020).

17. Dawn Gilbertson, Allison Pohle, and Kevin McAllister, "The Best and Worst Airlines of 2023," *Wall Street Journal*, January 24, 2024.

18. Tim Bontemps, "Michael Jordan Stands Firm on 'Republicans Buy Sneakers, Too' Quote, Says It Was Made in Jest," ESPN, May 4, 2020.

2부. 자신을 넘어서기

19. Gerben A. van Kleef, *The Interpersonal Dynamics of Emotion*, published online by Cambridge University Press, April 5, 2016, https://www.cambridge.org/core/books/abs/interpersonal-dynamics-of-emotion/social-effects-of-leadership/D40CAA59355BE6384796D286881F1625.

20. Dawn Chmielewski, "No More Red Envelopes: Netflix to End DVD Mail Business," Reuters, April 18, 2023, https://www.reuters.com/technology/netflix-winds-down-dvd-rental-business-2023-04-18.

21. Judy Savitskaya and Jorge Conde, "What Is a Bio Platform For?", Andreessen Horowitz, January 8, 2021, https://a16z.com/what-is-a-bio-platform- for.

22. Dave Zangaro, "Hurts' Inspiring Message After Losing the Super Bowl," NBC Sports Philadelphia,

23. Stephen Bates and Joshua L. Rosenbloom, "Kennedy and the Bay of Pigs," Kennedy School of Government Case Program, 1998.

24. Ben Fletcher, Chris Hartley, Rupe Hoskin, and Dana Maor, "Into All Problem-Solving, a Little Dissent Must Fall," McKinsey & Company, February 2023.

25. Keynes is widely cited as the source of this quote, although historians cannot document it.

26. Brian Dumaine, *Bezonomics: How Amazon Is Changing Our Lives and What the World's Best Companies Are Learning from It* (New York: Scribner, 2020).

27. Anu Madgavkar, Bill Schaninger, Dana Maor, Olivia White, Sven Smit, Hamid Samandari, Jonathan Woetzel, Davis Carlin, and Kanmani Chockalingam, "Performance Through People: Transforming Human Capital into Competitive Advantage," McKinsey Global Institute, February 2023, https://www.mckinsey.com/mgi/our-research/performance-through-people-transforming-human-capital-into-competitive-advantage.

28. Madgavkar et al., "Performance Through People."

29. Great Place to Work website, July 2019, https://www.greatplacetowork.com/certified-company/1000745.

30. McKinsey Organizational Health Index team, 2023.

31. Mary Abbajay, "What to Do When You Have a Bad Boss," *Harvard Business Review*, September 2018.

32. 18 Employee Recognition Statistics You Need to Know, *Workhuman*, September 2023, https://www.workhuman.com/blog/employee-recognition-statistics/.

옮긴이

박세연

서울대학교에서 원예학을, 고려대학교에서 철학을 공부하고 글로벌 IT 기업에서 마케터와 브랜드 매니저로 일했다.『어떻게 민주주의는 무너지는가』『나는 AI와 공부한다』『죽음이란 무엇인가』등 100여 권의 책을 우리말로 옮겼다.

맥킨지 비밀 수업

15년간 단 600명에게 허락된 리더십 교육

1판 1쇄   2025년 9월 17일
1판 2쇄   2026년 1월 23일

지은이 다나 마오르·한스-버너 카스·컬트 스트로빈크·라미쉬 스리니바산
옮긴이 박세연 | 감수 맥킨지 한국오피스
책임편집 신기철 | 편집 최지영 황문정
디자인 엄자영 | 저작권 박지영 형소진 주은수 오서영 조경은
마케팅 정민호 서지화 한민아 이민경 왕지경 정유진 한경화 정경주 김혜원 김예진 이서진
브랜딩 함유지 김은솔 박민재 이송이 박다솔 조다현 김하연 이준희
제작 강신은 김동욱 이순호 | 제작처 천광인쇄사

펴낸곳 (주)문학동네 | 펴낸이 김소영
출판등록 1993년 10월 22일 제2003-000045호
주소 10881 경기도 파주시 회동길 210
전자우편 editor@munhak.com | 대표전화 031) 955-8888 | 팩스 031) 955-8855
문학동네카페 http://cafe.naver.com/mhdn
인스타그램 @munhakdongne | 트위터 @munhakdongne
북클럽문학동네 http://bookclubmunhak.com

ISBN 979-11-416-1300-6 03320

• 잘못된 책은 구입하신 서점에서 교환해드립니다. 기타 교환 문의 031)955-2661, 3580

www.munhak.com